世纪最猛

列强BOSS 养成史 2

小学生阿萌　著

河南文艺出版社

图书在版编目（CIP）数据

世纪最猛列强 BOSS 干仗史.2/小学生阿萌著. —
郑州：河南文艺出版社，2014.1
ISBN 978-7-80765-947-1

Ⅰ.①世… Ⅱ.①小… Ⅲ.①战争史–世界–通俗
读物 Ⅳ.①E19-49

中国版本图书馆 CIP 数据核字（2013）第 282201 号

出版发行　河南文艺出版社
本社地址　郑州市鑫苑路 18 号 11 栋
邮政编码　450011
本社网址　http://www.hnwycbs.cn
电子信箱　master@ hnwycbs.cn
售书热线　0371-65379196
承印单位　河南省瑞光印务股份有限公司
经销单位　新华书店
纸张规格　700 毫米×1000 毫米　1/16
印　　张　16.5
字　　数　235 000
版　　次　2014 年 1 月第 1 版
印　　次　2014 年 1 月第 1 次印刷
定　　价　26.00 元

序

话说曾有一款电脑游戏名曰"红色警戒"，玩家无数，风靡一时，堪称经典。在虚拟世界中，美、苏、英、法、德、日（第三代新增的）等列强乱打一气，不亦乐乎，大兵嗷嗷叫，坦克满地跑，飞机漫天舞，战舰浪滔滔……

游戏终归是游戏，玩赢了内心欢畅，玩输了可以重来，玩家们在游戏中爽之又爽。真实历史上的列强打架，其实更好玩，绝对是情节曲折、故事生动、人物精彩、场面雄浑，外加雷事迭出、囧事不断。不过在这好玩的背后，是残酷、血腥甚至变态。现实中战争游戏的骨灰级玩家便是那些列强 BOSS，他们或倚强殴弱，或争霸互殴，或组团群殴，一切，都是为了利益。

如果说奥运、世博、世界杯，是地球人民尽显和谐欢乐的场景的话，那人类史上的这些疯狂互殴便是截然相反的画面——地球人民悲剧了……

战争，似乎离今天的中国老百姓很遥远，和咱们上学、上班、过日子没啥关系，它只存在于书里、游戏里、影视剧里、纪录片里或国际新闻里，或是曾经的历史，或是当今那些老外整的事儿，比如前不久踹翻爱好制服诱惑（一群女保镖）的利比亚 BOSS 卡扎菲的那场著名群殴。

但您可知道，近代以来，这世界历史就变成互动的了，那种各国"自扫门前雪"的时代，早已一去不复返了。大国一闹腾，全世界都得跟着瞎晃！

比如某国经济出了问题，就会导致全球经济波动并直接让咱老百姓的日子过不顺（如工资、房价、油价）；

再如某国要打架，一打，就停不了手了，就变成了大规模群殴，不但政治家和军人们忙得团团转，还会殃及无辜，同样影响咱老百姓过日子。

咱这个世界今儿个为啥是这种样子，都和上世纪美、俄（苏）、英、法、德、日等列强鼓捣出的那些大战有直接关系！在这些由老外导演的战争中，有好几次都将咱中国卷了进去，对中国历史可谓影响深远。

看似遥远的战争，其实或多或少地影响着你我的生活。

要想看懂今天的世界，必须了解过去的战争。

今儿个咱就给大伙讲讲史上最猛的战争世纪——离咱们并不遥远的20世纪一些列强 BOSS 干仗的事儿。

虽说战争是军人的事儿，但军人并不能真正决策和主导战争。如果问，一场战争中最重要的人物是谁，那答案肯定是交战双方的最高 BOSS。比如咱一提到楚汉战争，首先会想到的人物就是项羽和刘邦；提到三国混战，首先就会想到曹操、刘备、孙权；提到解放战争，就会首先想到毛泽东和蒋介石。外国的战争呢？外国历史上还有些战争甚至直接以 BOSS 的名字命名，比如"亚历山大东征""拿破仑战争"等。所以说研究战争，BOSS 们的言行绝对是重点中的重点。

提起20世纪那些大国 BOSS，多数人的印象估计是：一帮大叔（或老头）高高在上、西装革履、严肃乏味，既不如娱乐明星有趣，也不如动漫人物好玩。我要告诉诸位看官的是，这帮老外 BOSS 并没有您想的那么无趣，他们其实真很有意思，而且几乎每位 BOSS 都干过影响咱中国历史的事儿，有被咱欢呼赞美的好事，也有被咱深恶痛绝的坏事，要不说这现代历史是互动的呢。

咱如果勇猛地摘掉他们的领导帽子，狠狠地把他们拽下神坛，那您会惊奇地发现，他们中有医生、有农民、有工人、有画家、有作家、有教授、有律师、有富二代、有越狱犯、有工程师、有公司老总、有萨克斯手……

您可以想象一下，医生干仗、农民干仗、画家干仗、教授打仗、工程师干仗……听起来有点怪吧，但事实就是如此。

他们性格各异，爱好不一，有的精神错乱，有的智商诡异；有的冷酷扭曲，有的温柔多情；有的猛如野兽，有的面如糨糊；有的形如酷男，有的貌似傻逼；有的嗜烟如命，有的好色成瘾；有的热爱音乐，有的迷恋生物；有的小时候对抗校长，有的小时候棒打后爹……

在20世纪战争舞台上带头折腾的，就是这帮极品。

在这部作品里，咱没有去正面描述战争的场景和细节，而是以人带史,从主导战争的BOSS和他们身边的"军师"以及麾下将军们的性情喜好、生活八卦、暴力思维、干仗趣事等犄角旮旯入手,告诉您一个不一样的世纪战争。

在这里,您会了解到,在20世纪舞台上拳打脚踢的美、俄(苏)、英、法、德、日六强,哪国的BOSS最爱干仗,最擅干仗。他们干的那些仗对当今世界格局有着哪些深远影响,这些仗对咱中国的历史又有啥影响。

第一次世界大战、第二次世界大战、朝鲜战争、越南战争、阿富汗战争、英阿马岛战争、海湾战争、科索沃战争……列强BOSS为啥要导演这些荼毒生灵的暴力大片呢?在暴力过程中,他们是如何决策、如何指挥的呢?哪个BOSS表现最好,哪个BOSS表现最烂?

列强BOSS在干仗时都使用何种武器?谁的坦克最猛?谁的飞机最牛?谁的战舰最强?还有谁拥有独一无二的高科技终极武器?

暴力过程中,给BOSS们出谋划策的"军师"都是啥样的精英?这些外国的"诸葛亮"又是如何摇动羽毛扇,晃动不烂舌的?为BOSS们冲锋陷阵的大将都是啥样的猛男?这些外国的"关羽、张飞、赵子龙"哪位战力最强?BOSS们又是如何操控这些猛将为他们效命的?

以八卦角度侃军政牛人,以玩家分析扯世纪战争。

精彩故事,尽在本书!现代高科技国际时尚版的"春秋战国"隆重上演!

目录

越狱高手的神话
——苏联领导人斯大林和二战

轮椅压扁法西斯
—— 美国总统罗斯福和二战

"密苏里骡子"出征"思密达"
—— 美国总统杜鲁门和朝鲜战争

"玉米饼大叔"的丛林厄运

——美国总统约翰逊和越南战争

那对"邪恶"的粗眉毛

——苏联领导人勃列日涅夫和阿富汗战争

彪悍姐的华丽风暴
——英国首相撒切尔夫人和英阿马岛战争

公司老总痛扁职业杀手
——美国总统老布什和海湾战争

风流狠辣"丑闻帝"

——美国总统克林顿和科索沃战争

不是结尾的结尾

越狱高手的神话

——苏联领导人斯大林和二战

1.小时被暴力,长大玩暴力

在联手把"画家"希特勒暴打致死的三大猛男中,家庭出身最惨、奋斗历程最艰、执政年头最久、手里权力最大、干仗死人最多的就是斯大林。

从外貌上说,此君乃一"异形",面生麻点,左臂萎缩(和德皇威廉二世差不多),左脚畸形(脚趾连生)——小时候曾被同学开玩笑说是"魔鬼的蹄子"。

从心理上来说,此君也很"异形",冷血到底,杀人如玩。

小时候,他被他爹虐——常被辱骂和毒打。

长大后,他又被政府虐——由于总憋着想"造反",多次被当局逮捕流放,而且还很有种地多次越狱,堪称犯人中的狠角色。

升级为世界上地盘最大国家的 BOSS 后,终于轮到他虐别人了——数不清的人被他送到阴间,其中包括无数他的"前好友兼现敌人"希特勒的部下。

下面咱就说说这位从越狱犯成长为大元帅的牛人的干仗故事。

斯大林的人生巅峰时,不但被苏俄人奉为无敌天神,还被其他诸多红色国度顶礼膜拜,神吹他的歌曲泛滥,以他名字命名的广场、街道和城市泛滥,他的画像和雕塑泛滥,全世界媒体提到他尊姓大名的次数泛滥……

这位一身军装的大胡子在克里姆林宫里得意扬扬地嘬着烟斗,整天脑子里琢磨的最重要的问题就是怎么把他看着不爽的,或对他有威胁的国内外敌人弄死。

此时的斯大林权势如日中天,威名响彻全球,而他童年时代和青年时代却惨得一塌糊涂。有历史学家说，斯大林之所以变成一个暴虐、冷血、坚忍、多疑的人物，就是年轻时那些遭遇给刺激的，于是乎，心理"变态"了。

斯大林原来不叫斯大林，原名忒长——约瑟夫·维萨里昂诺维奇·朱加什维利。他 1879 年 12 月 21 日生于一穷鞋匠家庭，射手座。他那个出身可怜的当农奴的娘总是爱怜地喊他"宝贝索索"。

"宝贝索索"是格鲁吉亚（曾是苏联的加盟小弟，苏联解体后独立成为共和国）人，家里穷得叮当响，他爹是一个爱好酗酒和打架的鞋匠，灌点酒精就进入疯魔状态，把老婆和孩子揍得嗷嗷叫，最终在一次激烈的斗殴中被别人一刀捅死。

"宝贝索索"在毒打中成长，也继承了老爸的"优良传统"——爱好打架，尤其是群殴，他的同学回忆说他虽然瘦弱，但打架时战术高超，最擅长出其不意地在强敌背后拳打脚踢。

"宝贝索索"出生时不仅瘦弱，脸蛋上还长了麻点，腿脚还有点小残疾，后来又由于意外导致左臂萎缩。

家庭的贫困和生理的残疾让他非常自卑，自卑过火了就变得冷酷无情、坚毅顽强，发誓一定要混成人上人。

小时候爱好打架的"宝贝索索"，稍长大一些突然变温柔了，有情调了，喜欢写诗歌，爱好读书，寻章摘句。后来他给自己起了一个新名字——科巴，这是文学中的人物，相当于格鲁吉亚版的梁山好汉。

少年时代的"科巴"在神学院学习，研究上帝，不过他对上帝兴趣不大，却被一个德国大胡子的思想迷住了，这位德国大胡子就是马克思。

处于青春躁动期的"科巴"顿时领悟到：拯救世界不靠上帝，拯救俄国不靠沙皇，只有建立无产阶级才是正道！信老马，有饭吃！

15 岁那年，"科巴"变成职业革命者，20 岁时他由于"思想反动"被神学院开除，从此闯荡江湖，投身革命，过上了惊险刺激、坎坷动荡的日子。34 岁那年，他正式改名为"斯大林"，意思是"钢铁之人"。名如其人，这位革命版的江湖好汉，确实够硬，铁骨铮铮，坚忍不拔，他"砸"你一下，你非死即伤，你若"砸"他一下，疼得半死，终生难过。　·

当时俄国最具魅力的革命者是布尔什维克领袖列宁，这是一位为了革命放弃了所有个人爱好（如下棋、音乐、溜冰等）的金牛座牛人，一腔热血，胆大包天，上大学时就敢带人围攻校长，被敌人誉为"极度危险的家伙"。

有一次伟大的列宁同志边骑自行车边思考革命问题，一不留神和公交车相撞，人家愣是在没有任何人前来搀扶的情况下，爬起来拍拍屁股跟没事儿人似的，毅然跨上车子，继续前进，显示出一位无产阶级革命导师非凡的英雄气概和超人的斗争能量。

斯大林被列宁同志的巨大魅力所深深折服，迅即成为这位矮个子大脑袋革命领袖的铁杆粉丝，积极追随列宁同志，随时准备为革命献身。

随着革命事业的蓬勃发展，列宁也极为看好这位比自己小9岁的大胡子粉丝，不断提拔，给予重用，使得斯大林在布尔什维克中的地位节节攀升。

每当遇到要和罪犯打交道的时候，列宁第一个就会想到斯大林，因为斯大林和罪犯有共同语言。这是为啥呢？

原来在革命造反岁月里，斯大林折腾得犹如电影——率众群殴、制造爆炸、谋杀敌人、抢劫钱财（筹集革命资金），为此曾多次被捕，锒铛入狱。

在阴森可怖、肮脏黑暗、臭气熏天、刑具惊悚的监狱里，斯大林和狱友们打得火热，忽悠这些罪犯和他一起搞革命。

由于不听话，斯大林屡被看守毒打，身被数创，也绝不低头。

没有自由的日子里，斯大林除了被关监狱就是被流放，流放处都是杳无人烟、冰天雪地、鸟不拉屎的人间地狱，但他竟然都能神奇地逃跑。当然，几年后他会再次被捕，接着毒打一顿，接着流放，然后再次逃跑……

往来循环，斯大林一共七次被捕，六次被流放，五次越狱成功，成为"罪犯"中的极品，玩暴力的圣手，一代越狱的大侠！要么说，列宁同志总是让他和罪犯打交道呢。

2.现实版的恐怖大片

1917年，斯大林终于不用再越狱了，因为列宁领导的十月革命大获成功,人类史上第一个红色国家闪亮登场,为革命立下汗马功劳的暴力高手斯大林成为苏俄第一代领导集团中的重要成员——民族事务人民委员(人民委员即"部长")。

1918—1920年,厌恶红色的欧美诸国和热爱沙皇的国内贵族纷纷群殴列宁政权(即"苏俄国内战争"),斯大林被列宁派到前线指挥战役,他再次拿出和罪犯打交道的本事,教导罪犯们不要帮助"反革命"而要为革命而战。

对于那些不听话的"危险分子",斯大林能忽悠的就忽悠,不能忽悠的直接枪毙。

这位"钢铁战士"以他的残酷手段为保卫新生的苏维埃再次立功。

1918年,39岁的斯大林同志被列宁同志任命为南方战线总指挥,负责保卫伏尔加河下游的南俄重镇——察里津。斯大林带着比他小22岁的新娘子娜佳(第二任夫人,此时新婚不久)直奔战场,指挥干仗。

在机枪、大炮和装甲列车颤动大地的轰鸣声中,在战友和敌人厮杀倒下的成堆尸体中,斯大林度过了一个极度血腥的蜜月,也取得了一场名垂青史的胜利。

察里津保卫战打赢了,列宁同志乐坏了,他振臂高呼:"高举红旗,奋勇向前……社会主义俄国是不可战胜的!"

7年后,察里津,这座斯大林蜜月期间战斗过的城市改名为"斯大林格勒"(斯大林的名声臭了之后,这座城市又于1961年改名为"伏尔加格勒"),到了40年代的二战期间,这座城市又将迎来一次规模更大、名声更响、影响更深的血战,这个时候斯大林早已是俄国的最高BOSS,但那位曾经陪他在这座城市战斗过的老婆娜佳却已去世多年,而且还是自杀……

苏俄国内战争结束后,斯大林更受列宁重视,于1922年4月被选为苏联共产党的总书记。

俗话说物极必反,和自己的这位铁杆粉丝、好学生兼好部下相处久了,列宁逐渐发现情况有些不对头——斯大林这厮能力虽强但粗暴专断,如果任其发展、掌握大权,后果不堪设想。于是列宁打算把斯大林从苏共总书记的位子上搞掉，但为时已晚，这时候的列宁已经病得爬不起来了，手里的权力也一天天萎缩。

在列宁病危期间，斯大林没少干"挟天子以令诸侯""假传圣旨""结党营私"的事儿，他还严禁任何人接近列宁，包括列宁的夫人克鲁普斯卡娅。

有一次，克女士探望老公，斯大林得知后把她臭骂一顿，列宁知道后气得半死。这就是粉丝对偶像、下属对领导、学生对老师的所作所为。

1924 年 1 月 21 日，全世界无产阶级的伟大导师、苏俄第一代领导人列宁同志在孤独中见了马克思。从此，昔日的越狱高手斯大林开始全面施展他的暴力才华，把那些他看着不顺眼的人、他怀疑有二心的人、对他地位有威胁的人集体送到列宁和马克思待的地方。

美国驻苏联大使曾这样评价斯大林：他的眼神总是特别的慈祥温和。人们很难把这种温柔和他的所作所为联系起来。

20 世纪 30 年代起，这位盖世无双的暴力高手闪动着他那温柔的眼神，悠闲地待在克里姆林宫内，一边享受着抽烟斗的快感，一边在烟雾中不停地签发杀人命令。这些命令都相当简单，诸如"干掉他们""立即逮捕""全部逮捕""同意枪毙""马上执行"……

即便烟斗熄灭了，斯大林也还是捏着它，烟斗之于斯大林，就相当于雪茄之于丘吉尔。有人说，斯大林政治生涯中，唯一不怀疑的伴侣就是他的烟斗。

俄罗斯史上最令人毛骨悚然的真实恐怖大片上演了！

自 30 年代中期起，列宁去世后的苏共六大 BOSS 中，有四位被斯大林逮捕枪毙，即加米涅夫、季诺维也夫、布哈林和李可夫，一位逃到墨西哥后被特工用破冰斧劈碎了脑壳，即"苏俄红军之父"托洛茨基，只有一位安然无恙，且活得滋润，因为这位就是斯大林本人。

随着苏共五大 BOSS 的消亡，斯大林把他的杀人游戏升级，苏联安全人民委员会（即闻名全球的"克格勃"的前身）的子弹就跟不要钱似的玩命乱射。

到 30 年代末，共有 100 多万苏共党员和 3 万多名红军军官被处决，苏军首批元帅总共五名，一口气被弄死了仨，其中就有号称"红色拿破仑"的年仅 44 岁的名将图哈切夫斯基元帅。这些遇难者多数在死前都享受了监狱酷刑的待遇。

斯大林对他的公民是一视同仁的，他的暴力不仅仅针对党政军的领导们，平民百姓也在所难免。在大清洗的同时，斯大林精心鼓捣出来的"农业集体化"政策（强迫农民加入集体农庄，反对者杀之）又导致数百万农民丧生。

为了斩草除根，斯大林还大搞"株连九族"，在逮捕枪毙"人民公敌"后通常还会整死"公敌"的爹妈老婆或兄弟姐妹，甚至远亲也不放过，其中最典型的一个例子就是"红军之父"托洛茨基的家人几乎全部被害，就连他孙子的保姆也遭了殃。

对于被杀者的未成年的孩子们，斯大林是"仁慈"的，他只是把他们关起来养着——长大后再杀。

在残酷对待"敌人"的家人这一点上，斯大林再次表现出了公正无私，因为他对自己的老婆孩子也好不到哪里去。

1932 年的一次宴会上，斯大林当众羞辱自己的老婆娜佳，具体怎么个羞辱法，众说纷纭，有人说是斯大林喊老婆"喂，你过来!"有人说是斯大林把烟头和橘子皮扔到老婆脸上，也有人说斯大林用脏话骂了老婆……

不管怎么说，反正他是干了一件令老婆极伤自尊的事儿。斯大林夫人回家后马上自杀了。

斯大林的儿子雅科夫曾多次被老爸责骂，自杀未遂后斯大林竟嘲笑儿子枪法不准，斯大林的女儿因为爱上一个高龄犹太人遭到斯大林仇视，把女儿的男友关进监狱……

3.吓得皇军直跳河

经过一番腥风血雨，一代越狱高手斯大林成为地球上面积最大国家的至尊领袖，一言九鼎，俨然帝王。

当然,斯大林也不是一点好事都不干,他在残酷清洗血腥镇压的同时,也领导着苏俄这个新生的并不发达的大国连搞了好几个五年计划,终于把苏联带上了世界第二大工业强国的宝座。这正是:杀人发展两不误,减少人口还致富。

就连一贯鄙视独裁推崇民主的美国,也对斯大林领导下的苏联取得的巨大成就赞不绝口。

斯大林还建立了强大的陆海空军事力量,苏联红军成为世界上人数最多、实力最强的国家武装之一,在红星照耀下,英勇无畏地保家卫国,当然,有时也会搞点侵略爽一下。苏联能成为地球上数一数二的军事强国,斯大林当居首功。

就在斯大林一面祸国殃民,一面功勋卓著的时候,地球上另外三个暴力高手开始疯狂扩军兴风作浪并组团闹事,恨不能包圆全世界。

这三位 BOSS 便是擅长绘画的纳粹德国元首希特勒、"二奶"泛滥的意大利法西斯"领袖"墨索里尼和热爱"海鲜"的日本昭和天皇裕仁。

20 世纪 30 年代,意大利蹂躏了埃塞俄比亚和阿尔巴尼亚,德国蹂躏了奥地利和捷克斯洛伐克,日本蹂躏了中国并觊觎整个亚洲,三个国家还于 1937 年结成了《反共产国际协定》。您听这名——"反共产",这当时世界上唯一大搞共产的国家不就是斯大林领导下的苏联吗?!

在克里姆林宫办公室,斯大林叼着烟斗徘徊着,现在他脑子里已经开始思考对付外国人的事儿了。

斯大林很希望资本主义世界内部打起来,只要别惹到苏联就好,但德日意三国偏偏玩起了"反共产",斯大林必须做好打仗的准备了。

1937 年,苏联的军事预算拨款从原定的 40 亿卢布猛增到 175 亿卢布,同时大力生产新式武器和军事装备。这里咱顺便提一下,虽然斯大林狂搞武器装备,但一直到苏德战争爆发时,他手里的干仗家伙如枪械、坦克、飞机啥的,还是比不上希特勒的,好在战争期间,苏军一边和德军玩儿命,一边迅猛发展武器,终于成为地球上堪与美国匹敌的军事装备最牛的国家。

斯大林狂增军费的第二年,就有一帮勇敢无畏的家伙对这位大胡子烟斗控蹬鼻子上脸了,这帮人倒不是对共产主义恨之入骨的希特勒分子,而是正在积极祸害中国的大日本帝国皇军。

一群自认智勇双全天下无敌的日军精英决定招惹一下苏联,看看这个地球上面积最大国家的实力到底咋样。他们于 1938 年 7 月 31 日在中苏朝交界处的张鼓峰开始闹事。

人高马大的苏联红军被五短身材的日本皇军成功激怒,曾在 20 年代来华担任孙中山首席军事顾问的苏军名将布柳赫尔元帅挥师反击,揍得日军惨不忍睹,被迫停手。而布柳赫尔元帅打赢这仗的两个月后,就被斯大林"清洗"掉了。

第二年 5 月 11 日,不长记性的皇军在中蒙交界处的哈勒欣河地区搞了一次更大规模的挑衅。导演此战的"皇军精英"是被誉为干仗牛人的关东军参谋辻政信,此人激情高呼"皇军以一当十""皇军一个师团能抵苏军三个师团",结果一交手,一贯遵从武士道精神的日军士兵见到比他们那种劣质坦克强上百倍的苏联坦克冲来时,都吓得魂飞胆丧,有的直接跳河淹死。

哈勒欣河之战(也称"诺门坎之战")日军挂了 6 万多人,参战的航空兵几乎被灭光。没事找抽型的皇军彻底见识了苏联红军的厉害,从此再也不敢招惹斯大林了。

哈勒欣河痛打日本鬼子后,斯大林亲切会见了指挥这次战役的苏军将领,对他进行嘉奖,还一起分析了国际形势,接着封他为苏联最大军区之一基辅军区的司令员。

会见中,斯大林一直面带微笑和蔼可亲,把这位大将激动得久久不能入睡,留下了深刻记忆。

在未来更残酷的大战中,这位痛殴日军的大将会成为斯大林麾下第一名将和斯大林最为依赖的军事人才,也是二战期间名声最响、人气最旺的苏联元帅。

这位军事家的名字叫朱可夫。关于他的故事,咱后面还会细表。

4.大胡子和小胡子互加好友

对斯大林来说,不知天高地厚的日本人只是小打小闹,不成气候,欧洲的希特勒才是危险的大敌。

斯大林很清楚,希特勒这人和自己有很多相似的地方:残酷无情、狡诈多端、野心勃勃,都属于从最底层的落魄草根奋斗成个人崇拜满天飞的大腕。

当英法等国一直纵容希特勒,不怀好意地盼着希特勒和斯大林这对"魔头"互相掐起来的时候,老谋深算的斯大林一下子就看出来了:这万恶的西方资本主义国家是想坑爷啊!

斯大林脑子一转,决定先下手为强!

既然你们英法希望我和希特勒互殴,那我就偏偏和希特勒来个亲密接触!

巧的是,此时的希特勒为了避免两线作战,特想稳住苏联,也决定暂时和斯大林互加好友。

1939 年 8 月,德国外长里宾特洛甫访问莫斯科,斯大林笑着对他说:"我们互相骂得很厉害吧。"接着苏联外长莫洛托夫和里宾特洛甫签署了《苏德互不侵犯条约》。

维亚斯切拉夫·米哈伊洛维奇·莫洛托夫是斯大林最倚重的下属之一,生于 1890 年,逝于 1986 年,双鱼座。老莫名字的意思是"锤子",和他领导名字的意思"钢铁"比较配,都是够猛够硬型。

这位脑袋长得像炮弹(丘吉尔的形容词)的外交高手冷酷无情,又智商极高。他铁齿铜牙,舌芒于剑,具有惊天撼地的忽悠才华。

斯大林搞"大清洗"整人的时候,莫洛托夫积极支持协助,1930 年被提升为人民委员会主席,即总理,1939 年兼任外交人民委员,即外长,成为当时苏联除斯大林之外权力最大的政坛巨头,更成为斯大林外交上的第一助手。

"锤子"对"钢铁"无比忠诚,劳苦功高,然而"钢铁"对"锤子"并非完全信任,甚至还把"锤子"的犹太老婆抓了起来,"锤子"后来承认:如果"钢铁"再多活几年,自己十有八九难逃厄运。

"锤子"莫洛托夫这辈子最著名的外交杰作就是《苏德互不侵犯条约》,这份文件除了表示两国友好外,还有一个秘密约定,即斯大林和希特勒瓜分波兰(西波兰归希特勒,东波兰归斯大林)并划分了两人在其他东欧地盘的势力范围,比如芬兰等地归斯大林等。

斯大林打算把和希特勒划分的那部分属于自己的地盘,变成一个能给苏联带来安全的缓冲地带,而希特勒则认为拿下东欧能成为他未来进攻苏联的一个门户。

两位胡子领袖的想法都很美好。

1939 年 9 月 1 日,斯大林名义上的好哥们儿希特勒率先动手——出动大军入侵波兰,两天后英法对德宣战,人类史上的第二次超级群殴即第二次世界大战全面爆发。

波兰这只小羊羔哪里是德国猛虎的对手,瞬间就被咬得半死,首都华沙沦陷。

就在波兰小羊羔奄奄一息的时候,另一只猛虎扑了上来。

9 月 17 日,斯大林根据事先与希特勒签署的秘密约定,下令苏联红军从东面侵入波兰,此时的小羊羔哪里还挡得住第二次蹂躏?"咩"地惨叫一声,死了!

波兰终于被希特勒和斯大林成功瓜分。

这里顺便说一下,小羊羔波兰在历史上也不全是无辜的,它和俄罗斯因为民族、地盘等原因已经互相敌视了很久很久,这段历史和孙猴子被压五行山的年头一样——500 年之久!

早在 16 世纪他们就恨不能灭了对方。而苏俄成立后,波兰更是对苏俄恨之入骨,1920 年还打过一仗,结果竟是苏联红军于华沙城下严重受挫。但这次,世道变了,苏俄已今非昔比,波兰也牛气不再。

此后,小羊羔波兰从悲剧转化为惨剧,希特勒对波兰人和波兰的犹太人进行灭绝,1940 年 6 月在波兰南部建立了后来闻名全球的杀人工厂——奥斯维辛集中营,斯大林也不甘落后,于 1940 年 4—5 月和他的心腹"锤子"莫洛托夫等人签署命令,在卡廷森林(俄罗斯斯摩棱斯克附近)将两万多波兰俘虏全体枪杀,被害者包括波兰军官、医生、律师、教授、记者和难民。

后来苏联贼喊捉贼,说这种变态事只有希特勒的人才干得出来。搞得世界上还真有不少人以为是纳粹德国所为。直到苏联快解体前的1990年,苏联领导人戈尔巴乔夫才承认这事儿是苏联人干的。

转眼到了2010年4月,俄罗斯总理普京和波兰总理图斯克参加了卡廷惨案70周年纪念活动。普京,这位出生于斯大林去世半年前的苏联前克格勃成员,严厉谴责了苏联的暴行。

倘若斯大林地下有知,不知当作何感想?

5.被"北极兔"狠揍的"北极熊"

波兰沦陷后,两位顶级暴力高手小胡子希特勒和大胡子斯大林都开始将自己的暴力行动升级。

小胡子的"闪电战"势如破竹,迅速劈烂了丹麦、挪威、荷兰、比利时、卢森堡和法国。

大胡子则把目标锁定了芬兰——这个鼓捣出了"桑拿"(即"芬兰浴","Sauna"一词便出自芬兰语,意为"无窗小木屋")的北欧国家。

1939年10月,即希特勒挑起二战的一个月后,斯大林叼着烟斗笑眯眯地对芬兰政府说:亲,我希望你们能修改一下边界——从靠近我们苏联重要城市列宁格勒的地方后退20多公里,并且把你们西南部的汉科港租借给我们苏联,为此,我们愿意拿出两倍面积的地盘给你们作为交换。好不好?

斯大林的这个很像小孩交换玩具玩的创意,主要是为了阻止以后希特勒以芬兰为跳板对苏联下手,从表面上来看,似乎芬兰并不吃亏,但自尊心极强的芬兰认为苏联仗势讹人,说啥也不答应。

斯大林很生气,于1939年11月30日下令大举进攻芬兰。

苏联的领土面积是芬兰的60倍,综合实力也远胜芬兰,这俩都处于北极圈内的国家打架,实在是太不在一个级别上了,相当于"北极熊"打"北极兔",世人多数觉得芬兰也会和波兰一样,被强敌秒杀。

然而令人惊诧的是,同样是中文名带"兰"字的国家,芬兰的"打功"要比波兰强上百倍!"北极熊"竟然被"北极兔"打惨了!

当时芬兰军队的最高统帅乃是一位手段了得的军事猛人,也是芬兰历史上一位盖世豪杰。2004 年的时候,芬兰广播公司搞了一个"史上最牛 100 芬兰达人"的活动,此人名列榜首。

这位芬兰第一牛人名叫卡尔·古斯塔夫·冯·曼纳林(也有译为"曼纳海姆"的),生于 1867 年,逝于 1951 年,双子座。斯大林对芬兰下手时,他已年过古稀。这是一个极具战略头脑且料事如神的老帅哥,年轻时曾在俄军服役,给沙皇养马驯马,是沙俄版的"弼马温"。在日俄战争和第一次世界大战中,他显示出卓越的军事才华,后来又为芬兰的独立立下赫赫战功,被誉为"芬兰的乔治·华盛顿"。

1931 年,64 岁的曼纳林出任芬兰国防委员会主席,1933 年获元帅军衔。领导修建了号称"史上最牛防御工事之一"的"曼纳林防线"。苏芬战争爆发后,73 岁的曼帅亲任芬军总司令,老当益壮,英雄虎胆,率军和斯大林决一死战。

斯大林攻打芬兰的大军有 50 万,曼纳林手里的军队还不到 20 万,但这位"弼马温"出身的"芬兰华盛顿"智勇超人,他利用天时地利大战苏军,固若金汤的"曼纳林防线"配合着令人纠结的湖泊和沼泽,整得苏军都快疯了。

曼纳林手下那群穿着和雪景相似的白色衣服的芬兰兵如同鬼魅,他们滑着雪橇、端着狙击枪玩起了游击战,把苏军打得晕头转向。

斯大林恼羞成怒,下令苏联空军加大空袭,连芬兰平民也不放过,遭到国际舆论的一片指责。苏联外长"锤子"莫洛托夫赶紧大力施展颠倒黑白的功夫,对国际社会宣称,苏联飞机向芬兰人民丢的不是炸弹,而是面包,善良正义的苏联人民担心芬兰人民饿肚子。

苏联人的扯淡可把芬兰人给气爆了,他们对"锤子"外长恨之入骨,全面嘲讽,还把投向苏联坦克的燃烧瓶命名为"敬莫洛托夫的鸡尾酒"。

您不是送面包给我们吃吗？那我们就敬您鸡尾酒！您给我喝！喝！使劲喝！

打这以后，自制燃烧瓶就被称为"莫洛托夫的鸡尾酒"，后来苏德战争期间，苏联士兵也玩起了这种武器，用它对付德国坦克。

曼纳林太牛了，芬兰军太猛了，开战没多久，斯大林就挂了27000多人。这可把一贯仇视苏俄的西方媒体乐坏了，他们欢呼：芬兰已经在全世界的眼前暴露了苏联红军的无能！

本来以为可以轻松搞定芬兰的斯大林，偷鸡不成蚀把米，赔了夫人又折兵，但这位大胡子烟斗控一贯百折不挠，不达目的誓不罢休，他调整部署，派出了著名的光头名将谢苗·康斯坦丁诺维奇·铁木辛哥来指挥此战，并给他大大增兵。

这位中文翻译名字一股蒙古味（铁木真？蒙哥？其实这姓可以翻译为"季莫申科"，当今那位乌克兰美女前总理也是这姓）的秃脑袋军人是苏俄国内战争时威名赫赫的骑兵猛将，苏联历史上第二批元帅之一，脑袋锃亮，出手狠辣，24岁时就当上了师长，和斯大林关系密切，在"大清洗"中毫发未损，且备受重用。

铁木辛哥到任后，以强大到极点的兵力兵器对"曼纳林防线"发动了排山倒海般的猛攻。芬兰军队虽然够牛，但毕竟国力不行，战力耗尽，终因寡不敌众，被苏军突破了防线，于1940年2月战败求和。

苏芬战争，芬兰军队挂了2万多人，而苏军的损失是芬军的十倍！

斯大林惨胜！"芬兰浴"的味道很不好！

一位红军将领说：咱打赢了这仗，获得的仅仅是足够埋葬阵亡者的土地。

斯大林暂时的好友希特勒在柏林捂着嘴偷乐：打个小小的芬兰，就损失成这样，红军不过如此，斯大林不过如此，以后收拾苏联将易如反掌……

打败了芬兰没多久，即1940年夏天，斯大林又一次仗势讹人，下令苏军强行占领了波罗的海三小国——立陶宛、拉脱维亚和爱沙尼亚，恶狠狠地强迫它们加入了"红色大家庭"，和苏俄老大一起共建社会主义。同时斯大林又以威胁恐吓的手段把罗马尼亚一部分地盘也给搞到了手。

看着自己的地盘越来越大，斯大林好不得意，可是还没等他欢乐多久，他的亲密好友希特勒就神不知鬼不觉地对他突然下手了！

1941 年 6 月 22 日，希特勒放出了"红胡子"——"巴巴罗莎计划"（"巴巴罗莎"即德语中"红胡子"的意思，"红胡子"是中世纪德意志国王兼神圣罗马帝国皇帝腓特烈一世的绰号），集中 550 多万兵力（其中还包括客串帮忙的罗马尼亚军队、匈牙利军队和打算报仇的芬兰军队）连同4300 辆坦克和 5000 架飞机突然扑向了斯大林的地盘！

垂涎已久，蓄谋已久，如今，剑终出鞘，两位暴力胡子化友为敌！

昔日的越狱高手和昔日的流浪高手开始了 20 世纪最为残酷的对决！

6."只要踹房门，房子就会塌！"

希特勒对自己的军队充满了自信，他认为德军实力举世无双，而且横扫欧洲的壮举、突袭的隐秘程度和迅猛程度更让他深信不疑——他完全可以秒杀斯大林！

"俺们只要踹下屋子的大门，整个腐朽的屋子就会轰然倒塌！"

元首志在必得。

苏德开打的头三个月内，战场的状况似乎正在证实希特勒的自信是没错的。

德军兵分三路狂飙突进，几个小时内苏军 1000 多架飞机就集体成了废铁，其中 800 架还没起飞呢，就直接被摧毁于机场；

一个又一个苏联边境的军区指挥机构还没清醒就被打瘫痪；

一拨又一拨的苏军在慌乱中被希特勒麾下的坦克高手古德里安合围；

苏俄国内战争时的"骑兵战神"布琼尼元帅（苏联首批五大元帅之一）指挥西南方面军奋起神威，英勇抵抗，结果兵败如山倒，投降似狂潮。

拉脱维亚沦陷、立陶宛沦陷、白俄罗斯沦陷、斯摩棱斯克沦陷、乌克兰沦陷……

这些原本属于斯大林的宝贝地盘如同一块又一块诱人的香甜蛋糕，迅速落入希特勒的盘中。

德军打疯了，元首乐疯了，苏联哭疯了……

在用军事手段蹂躏苏联的同时，希特勒又兴致勃勃地启动了另一种蹂躏方式。

元首说：所有的共产党员、犹太人和吉卜赛人必须灭绝，凡抓到苏军中的政治委员后要立即枪毙。

在广袤的苏联大地上，德国党卫军可以随便杀死任何一个他们看着不顺眼的人，烧掉任何一个他们瞅着别扭的村庄，抢走任何一样他们认为对自己有用的东西——和同时期日军在中国搞的"三光政策"有得一拼。

虽然苏联人的骨子里暗藏着俄罗斯民族的坚忍和悍勇，又有光辉伟大的马克思列宁主义的英明指导，但此时此刻，面对着凶猛无敌异常可怕的纳粹德国军队，苏联人还是受到了严重惊吓！

苏联人突然有些绝望，他们觉得自己的国家马上要灭亡了，很多政府机关迅速内迁——反正苏联地盘大，能躲的地方多了去，没法带走的档案全部焚烧，一些苏共党员担心自己被德军整死，都争着抢着烧掉自己的证件，趁火打劫的暴徒们则趁乱冲进商店进行热火朝天的打砸抢活动。

还有为数不少的苏军官兵有另一种想法，他们觉得在斯大林的暴虐统治下受够了，还不如投靠希特勒德国呢，于是纷纷投降，但投降后他们才如梦方醒——希特勒还不如斯大林！希特勒虐待他们的手段更变态！

于是乎，诸多苏联人终于树立了正确的思想——与其投降希特勒，还不如团结在斯大林周围，英勇抗战，保家卫国！

貌似强人的苏联为啥会被希特勒揍成这样呢？历来有多种说法。

有的说是斯大林30年代在军队中搞的"大清洗"整死了太多有本事的将帅，苏军体制也被他搞烂了；

有的说苏军装备严重过时——现代化的坦克只有不到2000辆，而且缺乏电台和空中保障，飞机也多数都是陈旧货；

有的说是希特勒的伪装实在够牛而斯大林聪明一世糊涂一时被忽悠了，他压根就不相信希特勒会在这个时候对他下手；

有的说是苏军将帅们对开战时间、敌人战术和突击地点全部判断失误；

…………

还有一种说法比较惊悚，说是斯大林早在 1941 年春天就准备先对希特勒下手，但由于部队和物资供应不到位，只好推迟到 7 月。然而打死他也没想到，6 月时，希特勒却对苏联下手了，斯大林晚了一步，追悔莫及。

不管怎么说，有一点是大伙公认的，那就是苏联在战争初期被希特勒打得如此之惨，斯大林的失误难辞其咎。

7. 从突然消失到突然现身

整个苏联一片混乱岌岌可危，那么身为苏联党政军最高领袖的斯大林在干啥呢？答：他傻了。最起码是暂时傻了。

希特勒对斯大林捅了刀子后，斯大林突然从公众视野里消失了一个多星期，克里姆林宫里再也不见他那叼着烟斗的身影，战争爆发那天，即 6 月 22 日，是斯大林最忠诚的下属、外长"铁锤"莫洛托夫发表演说号召人民战斗，而最高领袖的声音却怎么也听不到。

于是乎，有人猜测，斯大林这几天脑子肯定崩溃了！

直到 7 月 3 日，斯大林突然华丽现身，在电台发表了慷慨激昂的演说，在讲话中，他第一次温柔地把苏联人民称为"兄弟姐妹"，接着形象地把希特勒比作拿破仑，说拿破仑那厮入侵俄国自找倒霉，希特勒这厮也是一样一样的！

斯大林又号召全国军民团结一致打败敌人，保卫社会主义祖国。您还别说，关键时刻最高领袖的现身和讲话确实作用极大，已经颓废的苏联军民有了斗志，已经有了斗志的军民更加昂扬！

斯大林还命令秘书在他的办公室墙上挂起了一瘦一胖两位历史牛人的画像，瘦小枯干者是 18 世纪的苏沃洛夫大元帅，肥胖圆滚者是 19 世纪的库图佐夫元帅，他们都是俄国历史上的战神级名将，苏帅曾横扫意大利、屡破法国兵，库帅曾大破土耳其、力挫拿破仑。

斯大林希望这二位战神能灵魂附体在今日的苏军将帅的身上，打败希特勒！

看来这位"钢铁"果然够硬，摧不垮，打不倒，迎风挺立，笑傲江湖！

调整了心态振作了士气后，斯大林开始全力领导苏联抗战，这位官多不嫌累的大胡子给自己脑袋上同时扣了五个头衔——除苏共总书记外，还兼任了人民委员会主席（即内阁总理）、国防委员会主席（即战时最高权力机构总裁）、国防人民委员（即国防部长）、武装力量最高统帅（即苏军总司令）四大要职，后来又获得了苏联元帅（1943年）及苏联大元帅（1945年）的军衔，夸张的金色大肩章闪闪发光，耀人胆寒。

如果说平时斯大林的权力就犹如君王，那战争时期他的权力简直是比君王还牛，最起码人家君王不用亲自担任宰相和大元帅的角色，而斯大林则包揽了党政军的所有大权，治国治党、内政外交、国防作战，事必躬亲。

超越君王权力的斯大林要与同样唯我独尊的希特勒正式对打了！

1941年10月，席卷苏联大片国土的德军向苏联的心脏、斯大林的大本营——莫斯科发动猛攻，古德里安装甲兵团依旧如霹雷般猛进！

斯大林决定誓死保卫红色首都！

最高领袖一发话，不但苏联全体部队豁出去了，整个莫斯科的平民百姓也都豁出去了，很多工人、工程师甚至作家和艺术家都拿起武器参加了民兵，学习袭扰德军的战术，首都军民冒着严寒拼命地修筑防御工事。

"决不能让纳粹的血手玷污列宁的陵墓！"

在斯大林的号召下，莫斯科军民变成了圣斗士、爆发了小宇宙！

11月7日，敌人兵临城下，斯大林岿然不动，在雪花纷飞中于红场举行了盛大的阅兵式，歌声、欢呼声、口号声震天彻地，热血沸腾的斯大林大骂纳粹是"丧尽天良充满兽性的人"，接着列举了俄罗斯历史上的一大堆牛人，如军事界的苏沃洛夫和库图佐夫，还有文学艺术界的普希金、托尔斯泰、高尔基、柴可夫斯基……以此来证明俄罗斯是最伟大的民族，让人们狂喷爱国之情和自豪之感。

斯大林号召苏联军民："一定要把敌人一个不剩地消灭掉！"

演讲结束后，"斯大林同志万岁"的呼声响彻云霄，接着苏联红军接受检阅后直接开赴战场！

越狱高手神威再现！钢铁领袖即将发飙！

人民很有激情，部队更有斗志，斯大林还需要选出一位最杰出的战将来指挥保卫莫斯科的战役，此人就是前面咱说过的那位痛殴日军的朱可夫。

8.被战友骂为"流氓"的苏联第一名将

格奥尔基·康斯坦丁诺维奇·朱可夫生于 1896 年，逝于 1974 年，射手座。他是二战苏联红军中仅次于斯大林的二号人物，也是历史上人气最旺、名气最响的苏联元帅，还是史上唯一一位四次荣膺"苏联英雄"这一至高荣誉称号的军人（其实还有一位苏联历史牛人曾四次获此殊荣，只不过他并非职业军人，更无军事才能，四次"苏联英雄"多是其自封的，他就是苏联第四代 BOSS 勃列日涅夫，关于这位粗眉毛"勋章控"的干仗史，咱在后面还会详述）。

自 1942 年起，朱可夫出任苏联第一副国防人民委员和苏军最高副统帅，还经常兼任前线各大方面军的司令。二战苏军中，除了斯大林，就属朱可夫最忙。

这位身材粗壮、长有一个超级大下巴的苏联名将早年是个衰运不断的苦命娃，小时候家里穷得要死，饿得发晕，小学毕业后就被迫背着包袱去莫斯科打工，工作是毛皮作坊学徒。这时候的他很开心地谈了个女朋友，但很快就被人家甩了，心灵备受摧残。

第一次世界大战爆发后，19 岁的朱可夫应征入伍，被编入骑兵，他特别喜爱这个横刀跃马的兵种，因为特浪漫，但还没浪漫够，他就在一次侦察中踩了地雷，炸成重伤。

俄国革命后，朱可夫很兴奋：咱穷人终于当家做主了！他兴致勃勃地去参加赤卫队，但突染重病，连续几个月卧床不起。好不容易病愈后，他参加了俄共和红军，在国内战争中英勇作战，但战斗中和手榴弹来了个亲密接触,再次躺倒……

这就是著名倒霉蛋朱可夫元帅年轻时候的经历。它告诉我们这样一个道理:天将降大任于斯人也,必先令其受穷、饿其肚皮、毁其学业、坏其恋情、摧其健康、炸其躯体……

朱可夫历尽磨难,方成大器,由于他热爱党,热爱祖国,热爱军队,热爱人民,而且踏实苦干,坚毅勇敢,对坦克颇有研究,显示出过人才干,所以得到快速提升,44岁时就当上了苏联大将和苏联最大军区——基辅特别军区的司令。

在咱前面说过的1939年哈勒欣河之战中,朱可夫指挥苏军5.7万人大败日军7.5万人,威震敌胆,初露锋芒,获得了斯大林的赏识和重用。1941年1月,也就是苏德战争爆发的5个月前,朱可夫被斯大林任命为副国防人民委员兼总参谋长,成为苏联红军的首脑人物之一。

这朱可夫虽军事才能了得,但身上毛病不少,他脾气很臭,怒火升腾时会把下属骂得跟三孙子似的,甚至会威胁下属说要枪毙人家。

朱可夫还有些恃才傲物,虚荣心膨胀,仗着自己有本事目空一切,一般人他都瞧不上眼。

很多朱可夫的同事和下属都无法容忍他的性格,朱可夫的战友叶廖缅科元帅有一次被朱可夫给气着了,一怒之下在日记里吐槽,说朱可夫是个"阴险、愚蠢、厚颜无耻的臭流氓"。

您想想,这样的恶劣秉性遭遇了同样性格难缠的领导斯大林,结果可想而知。

在战争爆发后,两位个性强烈的苏军统帅终于碰撞出了愤怒的火花。

朱可夫建议斯大林:老大,面对德军势不可当的凶猛攻势,咱应该暂时放弃乌克兰首府基辅,同时在叶利尼亚地区(希特勒打算从这块地方抬起大腿,狠狠踹向莫斯科)搞一次反突击以阻挡德军。

斯大林被朱可夫的建议气得火冒三丈,当众大骂朱可夫:我擦!竟然想把基辅这座漂亮、有钱又极具历史文化韵味的大城市丢给希特勒那个王八蛋?!你少给我在这儿胡扯!

朱可夫也怒不可遏,对斯大林说:您如果觉得我作为总参谋长只会胡扯,您要我干啥? 您赶紧撤了我!

像朱可夫这样敢和斯大林如此说话的下属,在当时的苏联军政圈子里还真是罕有。

就这样,朱可夫丢掉了总参谋长的饭碗,被斯大林派到前线担任预备队方面军司令。

"你不是想在叶利尼亚地区打仗吗? 那我就满足你! 你打你的! 我继续下令死守我的宝贝基辅!"斯大林如是想。

看,现在的斯大林多么善良啊,这要是搁在十来年前的"大清洗"时期,朱可夫的小命早没了……

事实证明,在这个问题上,当下属的朱可夫果然比当领导的斯大林英明正确。

斯大林绝不放弃基辅的结果是——不但基辅被德军打了下来,苏军还赔进去 65 万官兵!

而受尽委屈的朱可夫则在叶利尼亚成功反击,一口气灭了约 5 万德军,取得了苏德战争期间苏军的第一次胜利!

斯大林震惊了、感慨了,也服了,他对朱可夫温柔地说:回来吧,你是对的。

于是,朱可夫的身影,又出现于莫斯科最高统帅部,出现在斯大林的身旁。

所以说,这身为战时领袖的斯大林还是极具雄才大略的,也是相当知人善任的,想当年,他为了维护自己的统治,可以无情地清洗掉那些战功赫赫的元帅将军,而如今,他已经变了,他需要这些将帅,需要他们协助自己打败希特勒!

奇怪的是,朱可夫刚回到莫斯科一天,就再次被斯大林"赶"跑了,难道是朱可夫又犯上了? 还是这位大胡子烟斗控又犯糊涂了呢?

9.臭脾气统帅变身超人

原来,朱可夫再次离开莫斯科,是肩负着一项重任——保卫列宁格勒。

这座城市的原创名字叫"圣彼得堡",乃是 18 世纪初俄罗斯历史上最伟大的君主彼得大帝精心打造的城市,也是仅次于莫斯科的第二大城市,还是苏联视为命脉的海港和工业、文化中心。

对希特勒来说,这座城市和莫斯科一样,怎么瞧怎么别扭,都必须从这个星球上抹掉!

对斯大林来说,这座城市的价值和莫斯科一样,是苏联的命根子。

"不惜一切代价死守"的命令下达到了列宁格勒,死守的重任交给了朱可夫。

1941 年 7 月,德军极其兴奋地对列宁格勒发动了进攻,他们把抓到的苏联妇女儿童和老人驱赶在前面,让苏军不敢射击,而德国人哪里想到,斯大林比他们狠毒多了,他可不吃这套!

斯大林对苏军下令:不管前方是什么人,都要毫不留情地扫射!

1941 年 9 月,德军完成了对列宁格勒的包围,并断绝了它和其他城市的任何联系,900 天的围困导致列宁格勒几乎每天都有几千人饿死街头。

死人,这是列宁格勒的不幸,而朱可夫的到来,则是列宁格勒不幸中的大幸。

在朱可夫的指挥下,苏军重振士气,加强防御,男人放枪打大炮,女人挥锹挖战壕,全面玩命,军民咆哮,终于把列宁格勒变成了一个虽然尸体成堆但就是坚不可摧的无敌堡垒。

令人惊异的是,在拼命坚守狠揍德军的同时,朱可夫还对自己军队里的人大开杀戒——擅离职守者,枪毙!胆小怕死者,枪毙!纪律松懈者,枪毙!不听命令者,枪毙!胡乱捣蛋者,枪毙!……

德军使尽浑身解数,终究没能拿下列宁格勒,小胡子气得胡乱蹦,大胡子乐得直哼哼。

死守列宁格勒的大战还在火热进行,朱可夫突然又飞回了莫斯科,因为斯大林对他说:首都危险,你快来吧!

要么说朱可夫被誉为"斯大林的救火队长"呢,这真是:哪里有火哪有我,哪里有难哪有哥!

1941 年 9 月底,憋足了劲儿的希特勒把 180 万德军连同 1700 辆坦克、1.4 万余门火炮和 1390 架飞机砸向了莫斯科,而斯大林手里保卫莫斯科的兵力约 125 万,坦克 990 辆,火炮和迫击炮 7600 门,飞机 677 架。

希特勒占尽优势,斯大林有些吃亏。

德军进攻莫斯科的代号叫"台风",朱可夫就成了"挡风墙"。10 月,他一面以他那坚强的意志和过人的才能构筑防线,一面以他那恶劣的臭脾气粗暴地辱骂部下。形势越紧张,他的脾气就越坏,骂的话就越难听,周围的人深受其苦。

当然话又说回来了,朱可夫生气时骂下属,斯大林生气时也骂他。

有一次斯大林听说莫科斯附近的一个居民点被德军夺了,马上在电话里冲着朱可夫大发雷霆,聒得小朱耳朵发麻,心脏发紧。

唉,没办法,谁让这两位苏军统帅的性情都那么暴呢。

两位苏军统帅脾气很臭,好在干仗的本事不臭,恶劣的脾气并不影响他们指挥莫斯科保卫战的毅力和智商,也没有影响他们团结一致抗战到底的决心。

"朱可夫同志,咱们能守得住莫斯科吗? 我是怀着沉重的心情问你这个问题的,希望你作为共产党员诚实地回答我。"斯大林打来电话。

"毫无疑问,我们能守住! 斯大林同志!"朱可夫坚定地回答。

这次对话,二位臭脾气统帅都没发怒,朱可夫信心百倍的答复让斯大林甚为欣慰。

大敌近在咫尺,首都生死存亡,二位臭脾气统帅顿时变身"超人",奋勇发飙,迎击风暴,斯大林坚持留在首都掌控全局,朱可夫亲赴前线指挥作战,莫斯科军民和列宁格勒的军民一样,男女齐上阵,压力变动力,大有爆发小宇宙之势!

这个时候的希特勒部队却有点衰。这是咋回事呢?

话说德军跟乌泱乌泱的食人蚁似的,气势汹汹步步逼近,他们的望远镜已经看到了克里姆林宫的顶尖,但若再往前奔,就难上加难了。

严寒帮了斯大林和朱可夫的大忙,泥泞和大雪把衣着单薄的德军整惨了,他们坦克的油箱被冻住了,很多德国兵在冰面上点火取暖,且内心颓废。与此相反的是,衣着保暖不怕严寒的苏联红军激情喷发!

1941年12月,冻得直哆嗦的德军在莫斯科城下彻底疲软,无论希特勒如何张牙舞爪怒吼催促,也无济于事。

第二年1月,朱可夫指挥苏军开始反攻,至4月大获全胜。莫斯科会战,震撼全球,德军挂掉50多万人,希特勒"闪电战"再也"闪"不起来了。

在苏联首都碰得鼻青脸肿、头破血流,然而希特勒和他的对手斯大林一样,皆为百折不回之人,战端一开,不达目的誓不罢休,不是你死就是我亡!

元首那可爱的小分头和小胡子又开始有节奏地颤动了:咱第三帝国有的是兵,有的是坦克和飞机! 给我继续打!

继续打,就意味着元首及其部队的衰运也要继续……

一身戎装的斯大林默默地叼着烟斗,胡须威武,面无表情,摆出一副很酷的模样,在克里姆林宫淡定地等着老哥们儿的又一轮猛扑,"钢铁"统帅即将导演一幕更加震撼的战争大片!

10.第三座令元首伤心的城市

继列宁格勒、莫斯科之后,第三座让希特勒心碎、令斯大林喜悦的城市是伏尔加河畔的斯大林格勒,即咱前面说过的察里津。

24年前,身为列宁麾下得力干将的斯大林在蜜月中指挥军队成功地保卫了这座城市。如今,更可怕的战争降临到这座城市。

当希特勒于1942年7月对斯大林格勒发动猛攻后,斯大林的对敌招数还是老一套——不惜一切代价死守!

对于斯大林来说,这座以他名字命名的城市似乎比莫斯科和列宁格勒更重要,哪怕这座城市打烂了、打成坟墓也不能让希特勒的队伍染指!

两军在斯大林格勒展开了血拼,德国空军疯狂轰炸,把城市炸得稀烂,连学校和幼儿园都被残酷蹂躏,儿童尸体遍地,惨不忍睹。

德国陆军亦不甘落后,和苏军进行激烈的巷战,几乎是一寸一寸地争夺地盘！

纳粹主义的官兵和共产主义的战士都爆发了体能内最大的狠劲,变身"超能疯魔",杀作一团,昏天黑地!

他们在街头拼、在楼道拼、在店铺拼、在仓库拼、在厂房拼、在车站拼、在地窖拼,甚至在每一块废墟拼……枪声此起彼伏,子弹密集穿梭,爆炸不绝于耳,全城血流成河!

负责死守斯大林格勒的苏军指挥官是一位头发蓬乱、造型邋遢的干仗高手,他的名字叫崔可夫,上将军衔(战后于 1950 年晋升大将,1955 年晋升元帅),时任第 62 集团军司令。和他的上司朱可夫一样,也是一个著名的暴脾气。

瓦西里·伊万诺维奇·崔可夫生于 1900 年,逝于 1982 年,水瓶座。他出身贫农,性格暴躁,酒量惊人,意志顽强,19 岁时就担任团长上阵厮杀,战功赫赫。苏德战争爆发前,小崔曾来中国担任驻华武官和蒋介石的军事顾问,协助中国抗日。1942 年 9 月起担任第 62 集团军司令,率部在斯大林格勒市区死守。

小崔天生狂猛,骁勇异常,精通战术,擅长在作战中发飙,最喜欢用炮兵和狙击手折磨敌人,并亲自培养出了一批轰人无敌的神炮手和射人无敌的狙击手。

在死守斯大林格勒的血战中,小崔全面施展才能,利用一群战术灵活又擅长玩儿命的"强击队"(50—80 人组成)对付德军,玩狙击,玩夜袭,整得德军焦头烂额大脑崩溃,挂了的庆幸解脱,活着的生不如死。

战斗异常残酷,苏联红军的死伤指数不亚于德军,基本上是杀敌一千,自损八百,有时候也会杀敌一千,自损一千,甚至自损更多。

"斯大林格勒简直是地球上的一座地狱……俺们天天进攻,即使俺们早上打下了 20 米,可一到晚上,苏军又夺回去了!"

这是德国上等兵瓦尔特发自肺腑的悲叹。

德军越打越疲,越打越怕,越打越受不了苏军那种比他们还要可怕的残酷和顽强。

德军刚开始进攻时的信心和斗志,被苏军折磨得荡然无存。似乎唯一相信德军能获胜的人就是他们的元首。

希特勒在国会演讲中满怀激情地说:"相信吧!我们一定会夺取斯大林格勒!"

看来元首还没睡醒!

就在希特勒的脑子极不清爽、大做美梦的时候,斯大林和朱可夫这对红军正副最高统帅已经酝酿出了全灭斯大林格勒德军的生猛计划……

11.连苍蝇都没伤害过的苏军第二名将

早在 1942 年 8 月德军进攻斯大林格勒势头正猛的时候,刚荣任苏军最高副统帅的朱可夫就建议斯大林:别管德军多么疯,咱先铆足了劲儿使劲顶住,把德军折磨疲软了,然后再把疲软的德军合围,最后把合围的德军全灭!反正是在自己家里打仗,不但环境熟悉闭着眼都能摸得到,而且资源有的是,扛个十年八载也没问题,纳粹鬼子就没有这个优势。

斯大林对朱可夫的计划完全赞同,心说:这家伙的干仗本事果然了得,看来我提拔重用他,没错。说明我也很英明啊……

经过两个月的激烈巷战,守城猛将崔可夫终于把德军给整萎了,斯大林于 11 月 19 日下令启动"天王星"行动——110 万苏军配备着 1.55 万门火炮和迫击炮、1463 辆坦克和自行火炮、1350 架飞机,对德军发动了画面效果和声音效果都足以震天撼地的大反攻!

在苏军的大反攻中,还有 1000 位芳名武温柔但出手武狠毒的"俄罗斯美女",英勇上阵,痛殴德寇,她们的名字叫"喀秋莎"。

其实咱这里说的"喀秋莎"并非真正的苏联妹子,而是二战期间最著名的火箭炮,这玩意儿武功盖世,威力巨大,发射起来,风云变色,地动山摇,一次齐射一万发炮弹的场景能吓傻活人。别说,还真有一些德军士兵被她们吓成了精神分裂,真是典型的威震敌胆!

苏联红军太吓人了,进攻斯大林格勒的德国第 6 集团军被成功合围,本来这第 6 集团军的司令保卢斯将军是想拿下斯大林格勒的,没想到打到最后自己快要被斯大林给拿下了——唉，元首坑俺啊！

制定斯大林格勒反攻计划并亲自指挥反攻的苏军战将最重要的有两位，一个就是咱们熟悉的朱可夫，另一个是被斯大林任命才几个月的"军师"，即苏联红军总参谋长华西列夫斯基。这位相当于苏军智多星的元帅也是个军事牛人，在"苏军统帅排行榜"中名列第三，仅次于斯大林和朱可夫。

亚历山大·米哈伊诺维奇·华西列夫斯基生于 1895 年，逝于 1977 年，处女座。相比斯大林的冷酷专横和朱可夫的傲慢粗鲁，华西列夫斯基的性情真是天壤之别，温文尔雅的他几乎没脾气，就连说话的声都不大。

华帅年轻时的梦想是当一个农学家，土壤、栽培、果树、蔬菜、农药什么的，他最爱了。但第一次世界大战让他的美梦破灭了，他变成了沙皇的士兵，不大情愿地奔赴前线。

小华打算战争结束后继续追梦，即报考农业大学，但俄国革命爆发，他被编入红军，此后经过不懈努力，当上了将军。就这样，一个搞栽培的农学家没有了，一个卓越的军事家诞生了。

华西列夫斯基和朱可夫既是亲密战友也是儿女亲家（华帅的儿子娶了朱帅的女儿），但他的性格比朱可夫强上百倍，总是和颜悦色，言语温柔，谦逊低调。当他遇到实在气得忍无可忍的事儿时，依然不会发作，而是握紧拳头直到手指生疼。斯大林曾拿他开涮说："您指挥那么多部队，但自己恐怕连苍蝇都没伤害过吧。"

华帅不仅脾气好，而且智商高。他思维敏捷，判断准确，胆大心细，既能像张良那样运筹帷幄，也能像韩信那样驰骋疆场。斯大林特喜欢他，隔三岔五地就提拔，1942 年 6 月更是任命他为总参谋长，几乎与最高副统帅朱可夫平起平坐。

斯大林不但让华西列夫斯基在自己身边羽扇轻摇出谋划策，还经常把他派到前线跑来跑去玩枪玩炮，协调指挥好几个方面军配合打仗。有一次华帅在前线英勇负伤，斯大林急坏了，赶紧让医生检查军师的大脑，生怕他脑子坏掉。

"救火队长"朱可夫和"智多星"华西列夫斯基，成为斯大林战时不可或缺的左膀右臂。在这对脾气一好一坏的亲家名将的指挥下，斯大林格勒的德军官兵被围得弹尽粮绝，饥疲交加，两眼乌黑，大脑抽筋，当苏军向他们劝降时，他们竟然伸手说："先给俺们点面包吃吧！"元首和第三帝国的颜面刹那间荡然无存……

虽然希特勒一再发出命令绝不能投降，又把保卢斯提升为元帅，但这位效忠元首的帝国军人还是无奈地举起了双手，带头走进了苏军的战俘营。

听到此讯，希特勒暴跳如雷，五官扭曲，像极了精神病患者。

1943 年 2 月 2 日，苏军取得了斯大林格勒会战的最后胜利，德军（包括其小弟罗马尼亚、匈牙利等国军队）总共被灭掉150 万（还有 60 万、85 万等不同版本）。此战惊爆全球，扭转乾坤，成为苏德战争的转折点，也是整个第二次世界大战的转折点之一。只不过这转折转得实在太恐怖，它是由不计其数的尸体和滔滔如河的血水获取的：德军的，苏军的；士兵的，平民的；男人的，女人的；大人的，小孩的……

欧美史学家将斯大林格勒会战称为"东方的凡尔登"，认为其血腥残酷指数只有第一次世界大战中，那场"绞肉机"大战才能与之媲美。

莫斯科、列宁格勒、斯大林格勒，三大名城的三轮血拼，斯大林都拼赢了，苏联也付出了惨重的代价，漂亮的城市被打得一片焦黑，残垣断壁，活像鬼城，成堆成堆的尸体被埋了后，城市的街头溜达着大批缺胳膊断腿的残疾人——因为活蹦乱跳的健康男人都参加了红军，其中相当一部分都壮烈了。

再多的人，咱苏联也死得起，只要能取得胜利就行！

比起死人的本事，流浪高手希特勒显然不敌越狱高手斯大林。

12.苏德"互虐"和苏美英"互爱"

希特勒荼毒了苏联，斯大林要让德国人血债血偿，在斯大林的指示下，落入苏军手里的德军战俘集体倒霉，或受冻挨饿，或遭到毒打，肉体和精神被双重虐待，数不清的德军士兵被活活虐死，能一个零件不缺地活到战后,实乃大幸。

德国人都认识到这样一个真理:倘若战败,宁可向艾森豪威尔和蒙哥马利的部队投降,也不能落到朱可夫部队的手里。

同样是生死搏杀的仇敌,美英盟军比较人道,对你态度再恶劣也不缺你饭吃,而苏军可是把战俘往死里整的。当然话又说回来了,德国党卫军也没少虐苏俄人,

相比普通战俘的惨况,苏军对高级俘房还是比较优待的,比如给希特勒严重丢人但给斯大林大大张脸的保卢斯元帅,下场就不错,吃好喝好,一直活到战后。

就在斯大林沉浸于三大保卫战辉煌胜利的喜悦之中时,希特勒突然"有礼"了一把——他要用一个他手里的一个高级的苏联战俘换回他的元帅,这位高级的苏联战俘既非苏联党政高干,也非红军将帅,而是斯大林的儿子雅科夫,就是前面咱说过的曾因郁闷自杀未遂反被老爸嘲笑的那位老兄。这位"红色太子爷"在苏德战争爆发的头一天就被送上前线,没多久就被德军俘房了。

当德国人提议用苏联"太子"换取德国元帅时,斯大林却说:用士兵换元帅?太折本了,这事坚决不干!

1943 年 4 月,36 岁的雅科夫在纳粹集中营被党卫军打死(也有版本说是自杀或谋杀),尸体被挂在铁丝网上整整一天后才被焚烧。

斯大林的这招"大义灭亲"效果极佳,他以牺牲自己亲生儿子的代价,激励了更多苏俄家庭的儿子们去参军打仗,保家卫国,也大大振奋了苏军的斗志。

东线战场的惨烈血拼使苏联付出了惨重代价,好在斯大林不是一个人在战斗,还有两位 BOSS 一直力挺他,他们就是"万恶的资本主义和帝国主义头子":英国首相丘吉尔和美国总统罗斯福。和斯大林一样,他们也都是恨死希特勒的老烟鬼。

苏德战争爆发的当天,已经和希特勒单挑了一年的丘吉尔宣布支持苏联;第二天,罗斯福也宣布力挺苏联,并在此后掏枪掏钱给苏联以大量援助。1941 年 12 月 8 日日本偷袭珍珠港后,罗斯福领导美国正式参加二

战大群殴,苏美英三大盟国终于肩并肩手拉手走到了一起。两位"资本主义兼帝国主义头子"私下里给斯大林这位社会主义领袖起了一个亲热的昵称——"约大叔"。

1942年8月,丘吉尔亲赴莫斯科,在克里姆林宫第一次见到了"约大叔",这位一贯仇恨共产主义的大胖子暂时把意识形态的分歧甩到一边,亲密地和社会主义领袖商量联手对付希特勒的战略,并告诉斯大林,美英盟军准备在北非登陆。

紧张的会谈结束后,烟斗控斯大林笑眯眯地邀请雪茄控丘吉尔吃了顿丰盛大餐。正所谓烟酒不离家,大胡子"烟斗男"拿出了各种眼花缭乱的瓶子,请大胖子"雪茄男"可劲儿品尝美酒。为了增加气氛,斯大林不惜拿他最忠实的下属"锤子"莫洛托夫开涮,以博得丘吉尔的欢心。

第二年年底,斯大林、丘吉尔、罗斯福这三位老烟鬼在伊朗首都德黑兰举行了规模更大影响更大的会晤,这是烟斗控斯大林和烟嘴控罗斯福的首次会面。三巨头确定了美英盟军在西欧开辟第二战场的事儿,因为在斯大林和希特勒血拼的第一战场上,苏军损失惨重,苏联压力太大,丘吉尔和罗斯福的美英盟军也应该早些从希特勒屁股后面狠狠插一刀了。

在会谈上,脾气暴躁的丘吉尔经常和喜怒无常的斯大林发生不快,而老谋深算的罗斯福则充当和事佬的角色,有一次当丘吉尔因和斯大林发生矛盾而要发怒时,察言观色的罗斯福赶紧轻松地来了一句:暂停吧,我好饿啊。

不管怎么说,矛盾都是小问题,三大烟鬼的合作总体上还是愉快而成功的,丘吉尔给他的两位好友赠送了两个光辉的头衔——"圣人"罗斯福和"伟人"斯大林,丘吉尔还赠送给斯大林一柄精美的宝剑,斯大林为表示喜爱,还捧着宝剑热吻了一下,罗斯福则抽出宝剑摆了一个劈杀的造型。

三大老烟鬼的决策很强大,讨厌烟味的希特勒离死不远了……

13.史上最猛的坦克大 PK

1943 年夏,百折不挠的希特勒咬牙切齿地决定无论如何也得扳回一局!

为了梦想中的帝国伟业,希特勒在东线发动了一次代号"堡垒"的超强攻势,一口气投入了 90 万大军、2700 辆坦克、1 万门火炮和 2000 多架飞机,并把他"武器动物园"中豢养的"猛兽"新品种——"虎"式坦克、"豹"式坦克和"象"式(即"费迪南式")自行火炮全都放出来,由昔日秒杀法国的"闪电伯爵"曼施坦因元帅指挥,咆哮着扑向苏军!

面对希特勒这轮刚劲狂猛的铁甲冲击波,斯大林依旧面不改色心不跳,头顶红星在闪耀!

三大名城的血战胜利已让斯大林坚信,在这场以国运相赌的暴力游戏中,希特勒玩不过他!

斯大林和"救火队长"朱可夫、"智多星"华西列夫斯基商量后决定,先防御,使劲顶住,把德军兵力耗掉一部分,然后再反攻。

1943 年 7 月 5 日,人类战争史上最震撼的坦克大厮杀——库尔斯克会战正式开打。斯大林手里的最强主战坦克 T-34 及"喀秋莎"火箭炮和希特勒手里的"虎""豹""象"展开对决,成百上千辆铁甲机器杀作一团,场面何其壮观!

在这场空前猛烈的坦克 PK 中,斯大林几乎把麾下所有名将都派到战场,除了统揽全局协调指挥的红军二把手朱可夫和红军军师华西列夫斯基外,还有三位声名赫赫的红军猛男,即——

政委出身的"光头型男"、草原方面军司令:科涅夫大将(1944 年晋升苏联元帅);

爱好泡妞的风流帅哥、中央方面军司令:罗科索夫斯基大将(1944 年晋升苏联元帅);

长着可爱娃娃脸的"闪电将军"、沃罗涅日方面军司令:瓦杜丁大将。

光头型男伊万·斯捷潘诺维奇·科涅夫乃是 20 世纪最牛的军事集

团之———"华沙条约组织"联合武装部队的首任总司令,这个和美国为首的"北约"相抗衡的团伙是由"红色老大"苏联带领七个"红色小弟"捷克斯洛伐克、东德、波兰、匈牙利、罗马尼亚、阿尔巴尼亚、保加利亚组团而成的,兵力最多时超过 350 万人。

科涅夫主掌"华约",威震欧洲,不过这是战后(1955—1960 年)的事儿了,这里咱不再多叙,只说他在二战中的表现。

脑门锃亮的科涅夫生于 1897 年,逝于 1973 年,摩羯座,长得有点像《哈利·波特》里的伏地魔。出身贫农,参加红军后当了很长一段时间政委——就是希特勒下令逮到就毙的那个职业。科涅夫一直认为政委很重要,脱离党的正确领导,部队就不能打胜仗,而他的战友朱可夫很看不起政工干部,科涅夫异常愤怒。

苏德战争爆发后,科涅夫和朱可夫的关系一直不好,互相鄙视又互相嫉妒,很多人把朱可夫捧为苏军第一名将,但科涅夫从没服过。打压朱可夫、败坏朱可夫、不遗余力地往朱可夫脑袋上扣屎盆子成为科涅夫的一大爱好。两位元帅曾对骂过多次,据说有一次骂急还动了手,科帅捶了朱帅一拳,朱帅也砸了科帅一拳。

当然,人家科涅夫也是具有出色军事才华的战将,他勇武过人,顽强刚毅,极其擅长指挥大兵团狂扁敌人。莫斯科会战时他玩了一招反突击,解放了加里宁市,打残了德国第 9 集团军。

红军帅哥康斯坦丁·康斯坦丁诺维奇·罗科索夫斯基生于 1896 年,逝于 1968 年,射手座。他是波兰男人和俄国女人的爱情结晶,小时候没钱上学,被迫打工赚钱,其中一个活是给工厂做丝袜。后来罗帅哥抛弃丝袜,扛了枪加入红军,30 多岁就当上了师长。

斯大林搞"大清洗"的时候,罗科索夫斯基被稀里糊涂地抓进监狱打了个半死,好几次被带到刑场,都一直没毙,后来斯大林发善心放出一批军官,小罗幸运得救。

苏德战争爆发后,罗科索夫斯基先后出任第 16 集团军司令和顿河方面军司令,参加了莫斯科会战和斯大林格勒会战。在斯大林格勒城下,他痛快地围歼了 30 多万德军。

很多德军将领发自内心地都认为,他是苏联战时最出色的战地指挥官。

罗帅哥多谋善断,用兵大胆,喜欢险中取胜。他的另一特长是泡妞,家里老婆不倒,外面小三不少,最著名的一位是苏联作家西蒙诺夫的美女太太、影星谢罗娃。

罗帅哥被谢美女迷得神魂颠倒,两人爱得如胶似漆。当时流行着这样一段笑话,说克格勃头子贝利亚跑到斯大林那里,告状说罗帅作风不好,战争时玩女人。

斯大林的回答是:这事咱应该羡慕才是!

接着斯大林很邪恶地说:把罗科索夫斯基的老婆送到他的司令部去,看这俩娘儿们谁能干赢!

从这事咱能看出斯大林的用人之道:只要打仗打得好,管你乱搞不乱搞。

被誉为"闪电将军"的尼古拉·费奥多罗维奇·瓦杜丁生于1901年,壮烈于1944年,射手座。他是一位坦克战高手,长着娃娃脸,胖乎乎圆滚滚,憨厚可爱。和多数苏军将领一样,他也是出身贫农,家里穷得上不起学,19岁毅然投身革命参加了红军。

瓦杜丁除了打仗厉害外,还擅长写字,一手漂亮的"俄罗斯书法"军中罕有,他所写的作战命令和报告都堪称俄文中的精品。

瓦杜丁忠于革命忠于党,勇猛自信,精通战术,擅长出其不意地进行坦克突击。苏德战争爆发后,他英勇参加了列宁格勒会战和斯大林格勒会战,不可一世的曼施坦因曾在他手上栽过,42岁就被斯大林提升为大将。此次作为沃罗涅日方面军司令参加库尔斯克会战。

可惜这位大将没有像朱可夫等战友们那样获得苏联元帅军衔,这倒不是因为他战功不显赫,而是因为还没来得及等到晋升元帅的那天,他就在前线用自己的生命彻底地精忠报国了,令人异常郁闷的是,他还不是在和德国人的激战中壮烈的。这事暂且不表,后面再说。

朱可夫、华西列夫斯基、科涅夫、罗科索夫斯基、瓦杜丁,这些红军最杰出的精英都被斯大林派去群殴曼施坦因,他们各显其能,或精心策划,或勇猛出击,可怜"纳粹德国第一战略家"被他们揍得难以招架,败下阵来,不由得仰天长叹:唉!其实我指挥得还可以,都是希特勒的领导太差劲了!

在这场历时 50 天的坦克大战中,德军挂掉 50 多万人,折了坦克 1500 辆,被元首寄予厚望的牛气烘烘的费迪南"象"式战车刚投入厮杀不到一周,就被只靠脚丫子乱跑的苏军步兵给爆了 22 辆,元首情何以堪!从此战争主动权转入斯大林之手,希特勒再也没本事搞进攻,只能搞防御了……

14.连捅希特勒 N 刀

战争打到 1944 年的时候,德国小胡子和苏俄大胡子的兵力兵器对比,差距已十分明显:

德军不到 500 万,士气低落,普遍颓废;

苏军超过 600 万,斗志昂扬,普遍豪情。

苏军不仅坦克、火炮和飞机的数量比德军多,还有源源不断的后方补给,另外还有 100 万人的游击队不断地骚扰德军。

此时,倒霉的希特勒既要招架斯大林的铁拳,还要抵挡罗斯福和丘吉尔的重击,美英盟军已经准备在法国诺曼底登陆开辟第二战场。而希特勒的好友墨索里尼早在 1943 年 7 月就被踹下台了,他的另一好友裕仁的大日本皇军在太平洋战场也是连遭痛扁,损兵折将,苦苦挣扎。

梦想称霸地球的轴心国,正逐渐从地球上消亡。

斯大林财大气粗,占尽优势,表面淡定,心中暗喜。

前线形势虽一片大好,但生性谨慎多疑的斯大林一刻也没有放松,他继续和他的将帅们日夜操劳,废寝忘食,商讨作战计划,亲自部署行动,并不停地通过电话遥控指挥前线的方面军司令和最高统帅部代表,暴脾气上来时,骂骂这个元帅,吵吵那个大将,以"怒汉老板"的姿态指导和督促下属们和德国鬼子玩命。

如果当时有手机的话,那斯大林肯定方便多了,当然,他和前线将领们的手机也极有可能被打爆。

斯大林知道,希特勒德国是百年不遇的强敌,要想彻底打垮它,不是那么容易的。所以他经常告诫打仗的同志们切不可过分乐观,盲目冒进,低估敌人。和德国人过招,既要大胆,即勇猛无畏,也要小心,即谨慎心细。

斯大林要趁着大好形势把希特勒的部队全部赶出苏联领土,把抢走的地盘全都夺回来,还琢磨最好能在打出国土后顺手牵羊,把一些原本不属于苏联的地盘搞到手。

库尔斯克会战之前,都是小胡子流浪高手拿刀先捅大胡子越狱高手,库尔斯克会战后,捅人功夫已经不太利落的小胡子开始被大胡子反捅,而且被捅的次数更多、力度更猛、招式更狠,直到最后被活活捅死……

苏联红军将士们紧密团结在以斯大林同志为总书记的党中央周围,高举马列主义的伟大旗帜,响应最高统帅把祖国领土上的纳粹匪徒灭光光的伟大号召,爆发出社会主义勇士的全部勇气和激情,他们开着陆战生猛的 T-34 系列坦克以及号称"空中死神"的"米格""伊尔""雅克"等系列战机,发射着令敌丧胆的"喀秋莎"火箭炮,无情地对希特勒的部队进行复仇——

从 1943 年 12 月到 1944 年 4 月,红军猛男们在辽阔的乌克兰大草原接二连三地蹂躏着内心拔凉的德军。相貌可爱的"闪电将军"瓦杜丁指挥乌克兰第一方面军狂飙突进,于 1943 年 11 月解放了乌克兰首府基辅,德军很生气,于 12 月连续两次试图夺回,结果都被苏军打跑了。

一个多月后,瓦杜丁和战友"光头型男"科涅夫指挥的乌克兰第二方面军积极配合,在摧残德军的道路上更深入了一步,他们把兔子一样四散奔逃的德军堵到冰雪覆盖的刺骨湍流中往死里打,机枪乱扫,大炮齐轰,被打死的、淹死的、冻死的德军不计其数。

这幕残酷血腥的"冰上芭蕾"让斯大林很兴奋,他觉得科涅夫就是"新版的涅夫斯基",于是把光头科提升为元帅。那么涅夫斯基是谁呢?这位老兄是中世纪时的俄国军事猛人,曾在冰上狂扁德意志条顿骑士。

本来瓦杜丁也应该被提升为元帅的,可惜这位"红军第一大将"打完这仗后于视察途中突然遭到枪击，失血过多，壮烈殉国，年仅43岁，他成为二战期间罕有的一位年纪轻轻就战死沙场的大将（1944年2月）。谋害大将的人是一拨乌克兰游击队，他们厌恶希特勒，但更恨斯大林。痛失臂膀，斯大林悲伤不已，下令莫斯科打炮二十响以示哀悼。

搞定了乌克兰后，斯大林命令"风流帅哥"罗科索夫斯基指挥白俄罗斯第一方面军和其他三个方面军配合导演了"巴格拉季昂行动"（巴格拉季昂是一位曾和拿破仑军队玩命的俄罗斯猛将），即声势浩大的白俄罗斯战役。

在正式开打前，罗帅哥和斯大林意见不合，大吵一架。斯大林怒了，让罗帅哥滚到隔壁好好反思一下自己的错误。过了一会儿，罗帅哥跑出来对斯大林说：反思完了，我还是觉得我的方案比您的好！

我靠！斯大林再怒，说：继续反思去！

这时候，外长莫洛托夫和国防委员马林科夫都跟到罗帅哥屁股后说：你疯了吗？敢和老板这样说话？！罗帅哥就是个性，说：我就是对的，老板就是错的！

争到最后，斯大林让步了，还说自己就喜欢罗帅哥这样有自己脑子的将军！

看到没，您现在算是知道为啥那么多二战苏联名将都能各显其才、全面发挥，最终打败希特勒了吧？身为BOSS的斯大林功不可没啊！"独裁暴君"能有如此清醒的头脑和博大的胸怀，忒难得！两年前他对朱可夫不也是这样吗？不知当今社会的领导和老板们，遇到朱可夫、罗帅哥这样的个性下属，又有几个人能做到斯大林这一点呢？

1944年6月—8月，罗帅哥以不亚于泡妞时的激情在前线大打出手，和其他三个方面军配合全歼了德军17个师，解放了白俄罗斯全境，并杀入波兰境内。欣喜若狂的苏军不会放过任何一个糟践敌人的机会，他们把此次战役抓到的德军战俘牵到莫斯科大街上展览，还笑嘻嘻地讽刺道：你们不是想打进莫斯科吗？现在恭喜你们梦想成真！你们光荣地成为进入莫斯科的第一批德国人！

莫斯科的女人们看到这批德军战俘后很不淡定，她们想起了昔日德国鬼子们的暴行,顿时怒火中烧,接着纷纷冲入队伍对这帮战俘又骂又打,这边大妈用脚踹,那边萝莉用牙咬,还有姐们儿用掌掴,充分显示出莫斯科女性对党和祖国的无比热爱以及对法西斯侵略者的万分痛恨!

几乎与白俄罗斯战役同时,苏军还痛打了给希特勒帮忙的芬兰军队,时过境迁,曾在苏芬战争中严重伤害斯大林的芬兰,终究不是苏军的对手,这个自尊心极强的桑拿国无奈地退出了战争。

1944 年 8 月,另一个给希特勒帮忙的国家罗马尼亚也被苏军给收拾服帖了,罗马尼亚清醒地认识到自己的错误,洗心革面,毅然"从良",转型为社会主义国家,成为苏联小弟。9 月,保加利亚境内的德军也被苏军办了,保加利亚投入苏联怀抱。10 月,苏军雄赳赳挺进南斯拉夫,配合铁托领导的南共军民解放了南首都贝尔格莱德,南斯拉夫红旗招展。次年1—2 月,苏军攻占匈牙利首都布达佩斯,匈牙利境内的德军全被灭光。一时间,整个东欧红星闪闪放光芒。

以斯大林为首的最高统帅部告诉红军猛男们,在用武器海扁德军的同时,还要充分发挥苏联的宣传特长,争取"不战而屈人之兵"。通俗点来说就是玩暴力的同时还要学会忽悠。

忽悠的具体方式有:1.用飞机向被围德军狂撒传单,上面用德文写满投降的好处;2.用高音喇叭喊话,大意基本是:"亲,只要你们弃暗投明,我们会大大优待,否则后果自负";3.让已经被俘的德国将军给那些顽抗到底的德军官兵写信,大意基本是:"你们赶紧和我会合吧。我投降后在苏军战俘营里待遇可好了,苏联人对我们和他们自己的同志一样……"

虽然苏军的忽悠工作做得很强大,但多数德军依旧是一条道走到黑——高举元首无敌的伟大旗帜,发挥日耳曼猛男的精神,拼死抵抗,誓死不降。其中原因除了德军确实比较猛之外,还有一个,就是他们从战友那里知道,苏军都是骗人的,落到苏军手里,唯有死路一条。

苏军既然忽悠不成,就只有用无数的子弹、炮弹、炸弹可劲儿招呼了。于是乎,在东线的德军尸体与日俱增……

在这段摧枯拉朽的日子里,斯大林的红军猛男们不仅足足灭掉德军160 多万人,几乎解放了全部国土,还把跟随希特勒侵苏的小弟芬兰、匈牙利、罗马尼亚等踢出了战争，并使苏联红军以"解放者"的名义将他们的大皮靴子踏进了东欧诸国的首都，以苏联为绝对家长的"社会主义大家庭"马上就要组建成功。

斯大林心情无限好，为了最后弄死希特勒以及和希特勒一样不见棺材不掉泪的日本人，斯大林、罗斯福、丘吉尔这三位老烟鬼在最后胜利的前夕即1945年2月再次聚会，他们在解放不久的避暑胜地克里米亚举行了著名的雅尔塔会议。

三大老烟鬼决定打趴下德国后对其进行分区占领和管制，斯大林落井下石，狠宰仇敌，提出德国最少要赔偿100亿美元给苏联。仨老头还商讨了波兰疆界的问题、三大国构想的联合国成立后谁说了算的问题以及最后收拾日本的问题。

在谈到打日本时，罗斯福说如果只靠美国打，估计要牺牲100万人再打上一年多；要靠蒋委员长，那更不知要打多久，所以苏联应该赶紧参加对日作战。

斯大林同意了，但狡猾的大胡子要罗斯福答应他几个条件：外蒙（蒙古人民共和国）必须维持现状，当年沙皇俄国在中国失去的好处必须恢复，比如库页岛南部和邻近岛屿归苏联，苏联在大连港拥有优越权并租用旅顺港，通往大连的中东铁路和南满铁路苏联也有优越权，千岛群岛归苏联，等等。

仨老烟鬼背着中国干这种好事，真是够阴够黑，可怜被排除在外的蒋委员长只能"忍气吞声，负重致远"（蒋介石日记语），唉，谁让那时候咱国力不行呢。

15.挺进柏林！攻克柏林！蹂躏柏林！

得了好处的斯大林心情更加愉悦，对希特勒发动了最后一击！

这是灭掉苏联最大敌人的决战，也是复仇的最后一步。斯大林亲自部署和协调，派出三个方面军同时进行。

三个方面军的司令是他的三位爱将——

最高副统帅身份兼白俄罗斯第一方面军司令:"救火队长"朱可夫元帅;

乌克兰第一方面军司令:"光头型男"科涅夫元帅;

白俄罗斯第二方面军司令:"风流帅哥"罗科索夫斯基元帅。

三大方面军犹如三把寒气逼人的利刃,直插希特勒的大本营——柏林!

对斯大林来说,拿下柏林意义重大,既能报复万恶的希特勒对苏联的暴行,也能突出苏联在二战中的重要地位,还能把周边东欧部分领土成为苏联小弟合法化,显得自己和自己的国家及军队是多么的威猛无敌。

此时,艾森豪威尔将军统帅的美英盟军已经杀入德国腹地,进军莱茵河,但这位比较温柔的美国统帅已向苏联领袖表示:柏林,俺们放弃,你们上吧。

斯大林也够狡猾,他对艾克说:其实吧,柏林也没啥重要意义,无所谓啦。

大胡子这边和盟军统帅假客套,那边已命令朱、科、罗三位元帅杀向柏林,其中朱帅和科帅的队伍一南一北作为主打,罗帅的队伍作为副打。

之所以让罗帅当副打,主要是因为这位风流哥是半个波兰人,拿下柏林这一苏联史上的极具意义的壮举,怎可能让个血统不纯的苏联人得手?

咱前面说过,朱、科二帅素来不和,总是较劲儿,斯大林也知道自己的这俩部下有这个爱好,他正好利用两位主打元帅的激烈竞争来加快对柏林的攻占。

在对希特勒的老窝正式下手前,朱、科、罗仨元帅先玩了个前奏,在希特勒引爆二战时侵吞的第一个国家波兰的土地上折腾一番,谁让这波兰离柏林那么近,还盘踞着那么多挡住苏军前进道路的德军呢,况且斯大林对这地儿垂涎已久。

1945 年 1 月 12 日—2 月 3 日,朱帅和科帅以 220 多万人的磅礴兵力拿下了波兰首都华沙和西里西亚工业区(波兰西南部、捷克北部、德国东部),在波兰的德军火力差了苏军十几倍,只有挨揍的份儿。

2 月 10 日—4 月 4 日,朱帅和罗帅在东波美拉尼亚(波兰北部,靠近柏林)和希特勒新建的维斯瓦集团军群开打,这个集团军群的司令是纳粹德国党卫军头子希姆莱,这位养鸡专业户出身的杀人高手打仗本事明显不如其养鸡专业和屠杀专业,遭遇苏军,一败涂地,希特勒打算在柏林附近挡住苏军的美梦彻底幻灭。

至此,苏军已靠近柏林60公里,斯大林的元帅们,第一次离希特勒那么近……

这个时候,在离柏林600公里处的东普鲁士(波罗的海东南海岸),德军还有78万大军,如果这78万大军都跑来增援柏林,那希特勒肯定会悲中有喜,然而他们来不了了——因为都被灭了,办倒他们的苏军将领正是温柔的"智多星"华西列夫斯基元帅。这华帅虽然没有参加柏林大决斗,但他在柏林的不远处以漂亮的行动有力地配合这次决斗。

当希特勒得知东普鲁士首府柯尼斯堡(今俄罗斯加里宁格勒)的德军守将拉施向华帅投降的消息后,直气得七窍生烟,元首下令缺席判处拉施绞刑,并把这位倒霉将军的家人全部关进监狱。

柏林,这座不久前还曾经秒杀巴黎、炸烂伦敦、轻取罗马、横扫欧洲的无敌都市,如今无限悲催地成了一座姥姥不疼舅舅不爱的孤城! 然而,就在希特勒老巢即将被端的心跳时刻,曾经发生在列宁格勒、莫斯科、斯大林格勒的那些血光冲天的惊悚场景突然出现在德国首都!

几年前,"不惜一切代价保卫城市"是苏联大胡子的口号,如今却变成了德国小胡子的怒吼。

元首大吼一声,柏林守军在整个防线上集结了100万人,很多都是十来岁的小孩和五六十岁的老人——因为大批青壮年早已为元首献身了。

即便如此,德国人依然爆发出了惊人的战斗力和苏军死扛到底,不愧为地球上数一数二的干仗高手。

在德军的强大阻力下,朱可夫的部队艰难挺进,几乎每前进一步就要挂掉大批士兵,接着踩着牺牲战友的尸体继续前进,尤其是柏林东面的塞洛高地,简直固若金汤。倒是一贯嫉妒朱可夫的科涅夫打得比较顺手,进展神速,直逼柏林,

"光头型男"心中暗喜——朱可夫这厮终于不如我了!

前线的朱可夫怒火冲天,莫斯科的斯大林更是大发雷霆,这对苏军正副最高统帅的暴脾气再次开启,斯大林在电话里大骂朱可夫,对朱可夫说第二天再攻不下来,后果很严重!

挨了骂的朱可夫则大骂属下崔可夫,说如果你们再不拿下,后果很严重!

这位小崔将军就是曾死守斯大林格勒的猛人,如今正在朱可夫麾下担任近卫第 8 集团军司令,担当进攻柏林的前锋。

挨了骂的小崔顿时发了飙,指挥军团就跟受了刺激的野牛似的狂冲猛攻,苏军官兵个个都杀红了眼。

终于到了 4 月 19 日,苏军以战死 3 万人的代价突破了塞洛高地。至此,朱、科、罗三位元帅的三路大军从东、南、北三面合围柏林。

最终的胜利还是属于朱可夫的。

4 月 21 日夜,朱可夫的部队攻入柏林城郊,在这里,苏军解放了柏林的一个综合监狱,把放出来的数千名苏军战俘编入步兵营。

这些苏军战俘都曾在监狱被德军虐过,压抑和愤怒的他们加入战斗部队后开始复仇,他们的复仇方式比较龌龊——在柏林四处抢劫、滥杀无辜,并且大规模地强奸德国女人,甚至连未成年的小女孩和上年纪的老太太都不放过。

德国人在苏联国土上犯下的暴行,苏联人要让他们加倍偿还!

4 月 30 日,躲在地堡里的希特勒和他的新娘子爱娃在苏军的隆隆炮声中双双自杀——也许,这就是他惹毛斯大林的代价。

这一天,朱可夫的部队把红旗插在了德国国会大厦的顶上。

第二天,德军官兵扛着他们部队里小护士们匆匆赶制出来的大白旗,伤心地拜见了崔可夫,小崔成为得知希特勒挂掉这一喜讯的第一位同盟国高级将领。

小崔立马把喜讯报告给了领导老朱,朱可夫激动得心脏乱蹦,赶紧打电话给莫斯科,刚躺下睡觉的斯大林被朱可夫的电话打兴奋了!

斯大林无比欢畅地说:"这个浑蛋终于玩完了!可惜没能活捉他!"接着斯大林指示朱可夫命令德国必须无条件投降。

柏林大决战，苏军终获胜利，以射出大约 180 万发炮弹、阵亡 10 万人、受伤 28 万人的代价，打死德军 17 万多人、俘虏 13 万多人。此外还有15 万多名德国平民死亡。又一个变成尸山血海的大都市，铸就了战争的辉煌。

一直和朱可夫竞争的科涅夫虽然没能拔得攻克柏林的头功，但他拿下了另一国家的首都。5 月 6 日—11 日，科涅夫挥师扫平了捷克斯洛伐克境内的 86 万德军，解放了捷克首都布拉格，这个特擅长造枪的中欧国家也成了苏联的红色小弟。

16.秒杀日本关东军

1945 年 5 月 9 日，霸气十足的柏林征服者朱可夫元帅代表盟军接受了纳粹德国的投降，人类史上第二次超级群殴的欧洲战火终于熄灭。

作为把希特勒这个"千年魔头"暴打致死的战胜国 BOSS，豪情冲天的斯大林发表慷慨激昂的讲话，宣布苏联取得了战争的辉煌胜利，同时大侃希特勒的脑残行为以及苏联军民的伟大业绩。

5 月 25 日，斯大林大摆庆功宴，猛夸他麾下的将帅们，尤其是第一战将朱可夫元帅，斯大林称赞他是"胜利的象征"。

看到没，这就是成功领导的手腕儿——对下属该怒骂时怒骂，该猛夸时猛夸，该升时升，该贬时贬，玩得下属团团转，下属还得屁颠屁颠地为你辛苦打工。

6 月 24 日，意犹未尽的斯大林举行了盛况空前的胜利阅兵式，阅兵首长由战争第一功臣朱可夫元帅担任，总指挥则是苏军名将中的第一风流俊男罗科索夫斯基元帅。

为了这一个令人激动泪流的雄壮辉煌的场面，苏联在整个战争中至少阵亡 2700 多万人，是二战各交战国军人阵亡人数的冠军。和上次世界大战一样，苏联又上了同样的榜首了……

德国投降的两个月后，即 1945 年 7—8 月，斯大林作为三大盟国BOSS 在战败国首都柏林附近出席了波茨坦会议，这次和他聚首商量事儿的依然是英国和美国的 BOSS，只不过 BOSS 位子上的人旧友换了新朋。

身残志坚的罗斯福总统早在战争胜利前夕就抛下了美国人民，单独和上帝喝茶去了，和斯大林一样同是农民出身的杜鲁门成为美国新总统；雪茄大胖子丘吉尔在会议开到一半的时候被选民踹出了唐宁街 10 号，热爱劳苦大众的工党领袖艾德礼成为英国新首相。只有掌握绝对大权的斯大林岿然不动，依然是至高无上、万民欢呼的最高领袖和大元帅。

随着德国的战败和欧战的胜利，苏、美、英三国的蜜月也结束了，对斯大林来说，希特勒、丘吉尔和罗斯福这样的政治超人，他都不放在眼里，政坛菜鸟杜鲁门和艾德礼又算什么呢？

杜鲁门得意地告诉斯大林，他手里有一种"超级炸弹"（即原子弹），斯大林表现出来的超人的淡定把杜鲁门惊着了，杜鲁门本想使劲显摆自己的优势并吓唬一下苏联的心理顿时冷却黯淡了。

斯大林觉得，杜鲁门这厮真幼稚！接着大胡子就不动声色地告诉部下咱也秘密研制这种武器。没多久，属于社会主义国家的原子弹就闪亮诞生，美国的核垄断被打破了。

波茨坦会议结束后，斯大林根据雅尔塔会议的约定，于 1945 年 8 月 8 日对日本宣战，他任命"智多星"华西列夫斯基元帅担任远东苏军总司令，率领 150 多万苏军扑向了盘踞在中国东北的日本关东军。

此时皇军在太平洋上的部队已经被美国名将麦克阿瑟和尼米兹打残了，关东军的精锐都赔在南方战场，哪里扛得住华帅统领的强势苏军，更何况七八年前的时候，他们就尝过苏联红军铁拳的滋味，实在是不好受啊！

对苏联来说，天皇的东洋武士比希特勒的纳粹匪徒好揍多了，但斯大林依旧没有掉以轻心（或者说依旧不肯轻易丢掉军事指挥权），和打德军的时候一样，斯大林亲自部署了对日行动，并在干仗时和前线的华帅保持电话联系，遥控指挥。

百万苏军以迅雷不及掩耳之势横扫中国东北和朝鲜北部，荷枪实弹的苏联大兵纷纷出现在沈阳、长春、哈尔滨、旅顺、大连、平壤……

华帅麾下的空降猛男阿尔乔缅科上校只身冲入长春的关东军司令

部,正在开会的皇军将领们集体惊呆,关东军司令官山田乙三大将毅然决然地发挥武士道精神,摘下军刀送到阿上校的手里,接着挺胸走进了苏军的战俘营……

远东战役(也称"满洲战役",1945年8月9日—9月2日),华西列夫斯基打死日军8.4万人,俘虏日军近60万人,惊吓了天皇的灵魂,加速了日本的投降。

在斯大林灭掉日本关东军的时候,一位中国皇帝也成了苏军的俘虏,这位皇上战俘还给斯大林写了封"感人至深、催人泪下"的信,曰:"能给您写信,是我极大的荣幸……我第一次读了社会主义书籍和报刊,得知苏联是世界上最民主和最进步的国家……我请求留在苏联,我愿意像苏联人一样工作和劳动,以报答您的恩德……"

这位中国皇上便是昔日大清的末代君主、二战期间日本的傀儡、伪满洲国头子——爱新觉罗·溥仪。不过斯大林并没有满足溥仪的要求让他来"报答"自己,而是于1950年把他送回了中国,让他接受新中国的劳改。

在日本投降仪式的那天,即9月2日,斯大林再次发表了震翻全国军民的慷慨讲话,宣布第二次世界大战结束了,苏联终于摆脱了西方德国和东方日本的威胁。盼望已久的世界各国人民的和平来临了。全苏联人民一片沸腾,热烈欢呼……

随着二战的结束,越狱高手斯大林在全世界的声望达到巅峰,无人匹敌!

17.是神还是魔,功罪挺难说

世界人民的好日子真的到来了吗?随着纳粹德国和日本帝国的完蛋,美国成为地球上政治军事经济第一牛的国家,西欧国家几乎都接受了它的援助,成了它的小弟,昔日不可一世的英国辉煌不再,殖民地尽失,也不得不接受美国的施舍。

身为地球第二大强国的苏联混得也不比美国差,斯大林在东欧建立了强大的社会主义阵营,这些红色国家包括捷克斯洛伐克、匈牙利、罗马尼亚、保加利亚、南斯拉夫和德意志民主共和国(即东德,战后德国被美、苏、英、法分区占领)。后来个性强烈的南斯拉夫领导人铁托元帅不服老大,与苏联决裂,自立门户,成为不结盟运动的掌门人,斯大林一怒之下把南斯拉夫踢出了社会主义阵营。

在亚洲,斯大林也有几位好友。1949 年 10 月,军政诗文全能的毛泽东主席在北京宣布中华人民共和国成立,新中国和苏联建立了友好关系,并得到斯大林的大力援助,越南的胡志明和朝鲜的金日成也在苏联的影响和支持下,分别于 1946 年和 1948 年建立了各自的社会主义政权。

从此,姓"资"的和姓"社"的两大敌对阵营玩起了半个世纪的"冷战"。

既然是"冷战",那就不用玩命打了,那些为斯大林灭掉希特勒立下汗马功劳的苏联元帅,在战后基本上都不再叱咤风云了。

苏联将星之首朱可夫由于人气过旺功高震主,被斯大林贬出了莫斯科,成了军区司令,直到赫鲁晓夫上台他才咸鱼翻身,于 1955 年出任国防部长,但狡猾的赫鲁晓夫对他也只是利用,用完了就扔。1957 年朱可夫被解职,并遭到言论群殴,直到勃列日涅夫上台后才恢复名誉;

"智多星"华西列夫斯基由于温柔低调,比他的亲家朱可夫活得顺,战后继续被领导喜欢,担任总参谋长、武装力量部部长、国防部第一副部长等要职,依旧是苏军大腕,风光得很;

"风流帅哥"罗科索夫斯基被斯大林派到苏联的小弟国,也是罗帅自己的半个祖国——波兰,去当"太上皇",1949—1956 年担任波兰的副总理兼国防部长,还获得了波兰元帅的军衔。对于那些不服管教的波兰人,罗帅都是往死里镇压,绝不手软;

"光头型男"科涅夫则在斯大林去世后被赫鲁晓夫任命为"华约"联合武装第一任总司令(1955—1960 年),和美国为首的"北约"较劲。在战后批斗朱可夫的活动中,科帅表现积极,同时他还和赫鲁晓夫吵架,因为老赫要裁军,把他气着了。

这些勋章炫目、威名赫赫的苏联元帅在战后都是善终,相比那些冤死惨死于斯大林 30 年代大清洗时的苏联名将,他们幸福多了。

作为苏联唯一的大元帅,斯大林的威望达到巅峰,不但被苏联人奉若神明,还被几乎所有社会主义国家顶礼膜拜,赞誉为地球上最伟大的无产阶级革命家、政治家、军事家、外交家,他那一身戎装的威武酷照泛滥在整个社会主义阵营。

然而,这位大胡子烟斗控毕竟不是真正的神人,地球人类的生老病死,他逃不掉。随着时间进入 50 年代,斯大林已是风烛残年。

1953 年 3 月 6 日,一代越狱高手、苏联党政军最高领袖斯大林大元帅与世长辞,享年 73 岁。据说他临终前的那一刻异常恐怖:肤色发黑,面部扭曲,又突然睁眼,射出可怕的目光,还突然抬起左手,似乎要吓唬周边的人。

后来史学界流传着这么一个说法:斯大林很可能是被他那些"忠诚"的下属密谋害死,带头的"凶手"就是秘密警察头子贝利亚。

关于贝利亚这位斯大林麾下头号杀人高手,流传着这么一个笑话。说斯大林视为命根子的宝贝烟斗突然丢了,贝利亚迅速抓了 10 个盗窃者,他们全都招供了,结果斯大林在自己的沙发底下找到了烟斗……

当然,斯大林被谋害,只是一家之说而已。

苏联为斯大林举行了隆重的葬礼,很多人顿时感觉天塌了,痛哭声遍布全苏联,一个交织着恐怖与辉煌的时代宣告结束。

斯大林去世后,被斯大林亲手提拔起来的赫鲁晓夫成为苏联第三代领导人,这位秃脑袋的胖大叔在苏共二十大上把斯大林攻击得体无完肤,毁了斯大林所有的画像和雕塑。从此斯大林的暴行被揭露得越来越多,真真假假,虚虚实实,斯大林从英明无敌、雄才伟略的伟大领袖转型为千夫所指、罪大恶极的魔头。

然而世界风云诡异,历史错综复杂,世人心理多变。随着苏联的解体和俄罗斯人生活质量的下降,一些经历过苏联时代的人似乎又觉得"失去的才是美好"。

"有些人虽然独裁暴政,但毕竟他那个时代俺们的国家还是强盛无敌的。"不少生于斯大林时代的人都这样想。

普京上台后,一些俄罗斯人对斯大林的好感逐渐上升,从 2003 年纪念斯大林去世 50 周年开始，俄罗斯国内逐渐冒出一股颂扬斯大林的风潮，2005 年纪念反法西斯战争胜利 60 周年又大大助推了这股风潮。而使这股风潮势头加大的最重要原因是俄罗斯越混越惨，所以特别怀念昔日辉煌岁月，老想恢复大国地位，需要增强民众的民族自豪感和自信心，苏联时期的辉煌和成就自然成了进行爱国主义教育的好素材。在游行中，消失已久的斯大林画像也被人举起。

2009 年 12 月，一条新闻传遍世界各大媒体——普京公开称赞斯大林！

雄心勃勃的普京在电视台公开讲话，说斯大林把苏联从农业国变成了工业强国，还称赞了他领导苏联人民抵抗纳粹德国的功绩。

对于斯大林这个极其复杂的历史人物的争议和评价，还会继续，正所谓千秋功过任评说。不过对于他领导苏联卫国战争胜利、打败德国和日本的业绩，世人基本持肯定态度。虽然在战争爆发前他勾搭希特勒以及侵略芬兰的行为让人痛恨和鄙视，战争初期又有重大失误，其军队在战争中也屡犯暴行，但他面对强敌无所畏惧的毅力和精神确实值得钦佩，他大胆提拔军事人才让他们全面发挥，一举扭转乾坤的领袖作风亦值得称道。

从莫斯科到斯大林格勒，从列宁格勒到库尔斯克，从德国柏林到中国东北，在斯大林的领导下，苏军一次又一次成功地爆发了小宇宙，打出了世界战争史上一系列影响深远的经典战役，虽然在这辉煌的背后是无以计数的尸骨和鲜血……

灭掉轴心国的三大老烟鬼，咱已经说完了两个，下面该说说三人中实力最强，也是去世最早的一位：烟嘴控罗斯福总统。

现代史上唯一坐着轮椅指挥战争的 BOSS 隆重登场，曾经的富豪公子在情人的温柔陪伴下，和轴心国展开了激斗！

老罗先生和俺们中国史上的谋略奇才孙膑以及金庸笔下的杨过、段延庆一样，身子骨越残，干仗本领就越猛，他无所畏惧地坐着轮椅，纵横世界，所向无敌……

轮椅压扁法西斯

——美国总统罗斯福和二战

18.向泰迪熊叔叔学习

话说在 20 世纪各大国 BOSS 中,有一位爱叼烟嘴的老帅哥是坐着轮椅指挥干仗的,这是啥原因呢?因为这位老帅哥下半身瘫痪,离了双拐站不起来。

别看人家身体严重残疾,但他本事极强,而且魅力无敌,不但搞政治、搞经济、搞军事很有一套,就连搞女人也不比那些能跑会跳的健康人差——无论是老婆的小蜜还是自己的小蜜甚至外国的公主,他通吃。

这位轮椅上的风流老帅哥便是咱们要介绍的第十位 BOSS——美国历史上唯一一位连任四届的总统富兰克林·罗斯福。

在那场打得地球乱颤的超级群殴中,无论是罗斯福的盟友"雪茄控"丘吉尔、"烟斗控"斯大林、"厌烟男"蒋介石,还是罗斯福的敌手"画家"希特勒、"流氓"墨索里尼、"生物学家"裕仁,都属于能迈开脚丫子到处溜达的健全人,唯有罗斯福不但两腿报废而且疾病缠身。

就像咱战国时代的谋略奇才孙膑以及金庸笔下的杨过、段延庆一样,罗斯福也是那种身子骨越残、干仗本事就越强的绝世高人,他无所畏惧地坐着轮椅,笑傲江湖,纵横世界,所向无敌!

富兰克林·罗斯福生于 1882 年 1 月 30 日,水瓶座。乃是纽约一名门之后、富豪公子。他们家族在美国历史上甚是了得,经商的赚钱无数,当官的出入白宫。

罗斯福他爷爷是个牛马成群的乡绅,他姥爷是个在中国做鸦片生意的船主,他爹是一位担任和兼任多家企业董事长和副董事长的商界大腕儿,他娘是经常在纽约、巴黎、伦敦来回玩乐的富家千金。

罗公子出生那年,他爹54岁,他娘28岁。

罗斯福打小过的就是花钱如流水的日子,玩的都是有钱人才玩得起的游戏。

他热爱小鸟,于是就背着猎枪钻入森林,搞了300多种鸟类标本;

他热爱集邮,于是百余万张邮票到了他手里;

他热爱大海,于是未成年时就玩遍了各种类型的游艇和帆船;

…………

和多数学生一样,这小罗斯福玩的时候很积极很投入,学习的时候就没啥兴趣,虽然他上的中学和大学都是名牌——格罗顿和哈佛。中学时他的成绩勉强及格,但总是嘲笑别的同学是傻帽;大学时他遇到不喜欢的老师就跳窗逃课。

罗斯福曾说:"我在大学上了四年经济学,教给我的东西全是错的!"

别看罗公子贪玩不爱学习,但他绝非纨绔子弟,人家朝气蓬勃,胸怀大志,积极向上,立志为人民服务。估计是他家忒有钱了,他不爱赚钱,爱当官,对玩政治很感兴趣。

罗斯福大学期间加入"大象党"即共和党的俱乐部(不过后来他还是以"毛驴党"即民主党战士的身份崛起于政坛),还担任了《红色哈佛报》的主编。他心目中最崇拜的人是一位远房叔叔,即泰迪熊的创造者、担任美国第26任总统的西奥多·罗斯福。

西奥多·罗斯福是一个擅长骑马打猎的壮汉,昵称"泰迪",由于不忍射杀一只小熊,传为美谈,"泰迪熊"玩具从此诞生。

这位比较卖萌的"泰迪熊总统"还是第一位得过诺贝尔和平奖的美国人(1906年),原因是日本天皇和俄国沙皇打架(即日俄战争),他来劝架了。

罗斯福把"泰迪熊叔叔"视为偶像,后来他自己也当上了美国总统,人们就把"泰迪熊罗斯福"称为"老罗斯福",咱们故事的主角便是"小罗斯福"。

小罗斯福的婚礼也是他的偶像给主持的。

1905 年,24 岁的帅公子富兰克林·罗斯福和他的远房堂妹也是"泰迪熊叔叔"的侄女埃莉诺结婚,新娘并非美女,但温柔娴静、智商极高又才学过人,可谓有品有才无貌型的女人。罗斯福爱她爱得如痴如醉,她也是15 岁时就恋上了这位远房堂兄,如今终于在"泰迪熊叔叔"的主持下喜结连理入了洞房。

后来埃莉诺成为罗斯福政治上的贤内助、美国妇女界的风云牛人,为黑人、穷人和广大妇女同胞谋福利,在美国最伟大"第一夫人"排行榜中名列前茅。

这罗斯福爱老婆不假,但他的骨子里却潜藏强大的风流基因,和老婆相处久了也就腻味了,花心乱扑腾,小三总不断,把埃莉诺女士伤得心儿碎、泪双流,悲愤无奈涌心头……

19.虽然双腿不能走,政坛情场照风流

哈佛毕业后,风华正茂的罗斯福仗着自己脑子好、胆子大、家族牛、长得帅等优点,先当了些日子律师,接着杀入政界,参加竞选,在"驴象大战"中冲锋陷阵。

罗斯福开着辆红色小汽车,到处狂骂那些自家的同行——有钱人,同时温柔地抚慰包里没几个钱的平民百姓,于是人气越来越高,成为"毛驴党"新星。"毛驴党"牛人威尔逊竞选总统时,罗斯福鞍前马后为之效劳,年仅 31 岁就被威尔逊总统任命为海军部助理部长(1913 年),参与了第一次世界大战暴打德国的行动,大玩"海上八卦阵"对付德国潜艇,这段故事,咱前面讲威尔逊打架时说过。

这是罗斯福生平第一次打架经历,虽然只是小配角,但参与的毕竟是世界大战,能学到不少经验。

一战结束后,罗斯福脚踩两只船,在政界和商界来回蹦跶,他搞了个"链扣俱乐部"结帮成伙,收买人心,凡是帮他竞选的人,他都送给他们一个刻着他姓名缩写的金链扣。他又当上了一家信托储蓄公司的高级主管,玩证券,耍投资,大赚其钱。

就在罗斯福事业劲头正猛之时，突然有一天，上帝看他不顺眼了，或许是"天将降大任于斯人也"，可怕的病魔偷袭了他。

1921年8月，39岁的罗斯福被冰冷的海水刺激得双腿无力，后又发展到全身不能动弹，结果确诊发现原来是得了小儿麻痹症。

在状况最糟的日子里，罗斯福吃喝拉撒都不能自理，大便要用灌肠剂，小便要用导尿管。

肉体痛苦，精神痛苦，自己痛苦，老婆痛苦，以后还怎么实现宏图壮志呢？罗斯福一发狠，就和病魔打起来了，看谁能干过谁！

经过一番拼杀，罗斯福身体大有好转，虽然这辈子再也离不开轮椅和拐杖，但好歹上半身能动弹，而且脑子一点没坏，反而经过这次洗礼，变得更加顽强坚毅，勇猛无敌，智慧狂增。

顺便提一下，罗斯福虽然下半身瘫痪了，但在自己和医生的共同努力下，这位帅哥的某些功能没有丧失，这也使他的风流本性得以继续。后来当上总统后，这位老帅哥边治理国家边纵横世界，还得忙活情人。他先是和老婆埃莉诺的秘书露茜好上了，差点导致离婚。好不容易和露茜暂时分手后，他又和自己的两位女秘书玛格丽特和塔莉恋上了。

光和本国女人乱搞还不算，还有外国女人。德国侵略挪威后，挪威的玛莎公主跑到美国避难，结果和罗斯福勾搭上了，两人你侬我侬了一阵子。

这正是：身残志坚大英雄，纵横政坛显奇能。坐着轮椅泡美女，总统几多婚外情。

依靠自己的才智和魅力，罗斯福拄着双拐当选为纽约州州长（1928年），坐着轮椅当选为美国第32任总统（1933年3月4日正式就任），并在此后连任三届（1937年连任，1940年再连任，1944年又连任），主掌白宫12年，成为美国历史上任期最长的总统。

罗斯福当选总统的时候，美国正被经济危机折腾得死去活来，据说全国三分之一的人住得差、吃得糟、穿得烂，丢了工作整天唉声叹气或以泪洗面的人比一些小国的全国人口都多，还有不少人对这个世界彻底幻灭，毅然跳楼自杀。

由于美国是地球上数一数二的经济强国,所以美国经济一遭殃,几乎全球都跟着倒霉,一时间,整个资本主义世界坠入地狱:失业率狂增,婴儿死亡率狂增,乞丐队伍狂增,睡觉没床的家庭狂增,唯有梦里能大吃面包的人群狂增……

这崩溃的日子,真是没法过了。

为了拯救星条旗的人民,罗斯福拿出了当年对付病魔时的气概,一面温柔地安抚人民受伤的心灵,一面异常淡定地叼着烟嘴大搞"新政",翻来覆去地摆弄美国经济。

罗斯福的新政把美国政府搞成了"一头拥有 1.2 个只奶头的超级大奶牛"(美国评论家门肯之言,1.2 亿是当时美国人口总数),让美国人民尽情吸吮。不过他的新政也遭到很多人的强烈反对,好像总统搞的"超级大奶牛"所产的奶含有三聚氰胺似的,喝了能结石。

不管支持也好,反对也罢,罗斯福依然故我,狠把新政搞到底,而且越搞越猛。于是乎,历史永远记住了这个政策,也永远记住了这个伟大而风流的残疾人。

事实证明,罗斯福新政对经济危机确实有一定疗效。

时至今日,罗斯福新政仍没被人遗忘,就连咱中国的历史教科书以及公务员的考试题里都有它。

教科书上的"罗斯福新政"条条框框,枯燥乏味,要背要考,挺折磨人,远不如"罗斯福泡妞"有趣。

就在罗斯福治国泡妞两不误的时候,三位有理想有抱负但特爱打架的外国 BOSS 在欧亚非三大洲到处找碴儿,罗斯福那深邃的目光开始从国内经济转移到了国外形势,因为很快这仨极品 BOSS 就会点火来烧星条旗了……

20.缺钱花,找美国;缺武器,找美国……

话说 20 世纪 30 年代,也就是罗斯福猛搞新政的时候,地球上发生了几件很不和谐的大事。

有三位在本国享有神一般崇高威望（仅限于当时）的 BOSS 情投意合，组团侵略，他们是：擅长流浪和画画的德国元首希特勒、包养成群二奶的意大利首相墨索里尼和热爱"海鲜"的先天近视者日本天皇裕仁。一个领导德国折腾欧洲，一个领导意大利糟践非洲，一个领导日本祸害亚洲。

面对轴心国的暴力行动，英法压力很大，苏联和德国暂时勾搭，中国则在艰难抗战。而美国呢，一边儿大西洋一边儿太平洋，隔岸观火，幸灾乐祸。

罗斯福的脑子和轮椅同时转了几圈，开始琢磨：美国早晚会被卷进来，德意日轴心国不会放过美国的。

但罗斯福如果领导美国直接和德日意轴心国对着干，热爱和平的美国人民很有可能把他踢下总统宝座。总统心里很矛盾，导致说话也矛盾——一会儿说不能眼睁睁看着轴心国蹂躏世界不管，一会儿又说绝对不会把美国人民带进战争。

面对到处杀人放火、砸场子、抢地盘的轴心国，罗斯福最初采取的措施很有些助纣为虐的味道。他为了打击英法苏等国的势力，很慷慨地掏钱给德国和日本贷款，或者把大量的美国货卖给他们。继一战之后，美国人又开始发战争财了。

随着轴心国的暴力行动越搞越大，罗斯福发现这帮家伙野心膨胀，欲壑难填，甚至直接威胁到了美国的利益。于是乎，总统采取了另一招：警告轴心国，吓唬美国人。

比如意大利侵略埃塞俄比亚时、日本发动全面侵华时、德国进攻波兰挑起二战时，罗斯福都会告诉美国人："注意了啊！注意了啊！坏人们又干坏事了啊！危险啊！危险！"

罗斯福还会语重心长地对轴心国 BOSS 们说："注意了啊！注意了啊！你们不要再干坏事了啊！"

不过即便如此，要让美国人心甘情愿地参加这场群殴还是难上加难，而轴心国的 BOSS 们则对罗斯福劝他们"别侵略、爱和平"的举动嗤之以鼻、大加嘲讽。"恶搞罗斯福"成了轴心国领导们比较爱玩的一种游戏。

希特勒把罗斯福当成笑话讲,逗得德国国会议员们前仰后合,他的头号下属戈林说罗斯福已经得了初期神经病。墨索里尼骂得最难听,别看这位法西斯领袖打仗水平菜得要死,但糟践别人的本事世界一流。

"历史上,从未有哪一个国家的人民被一个麻痹症患者统治过。历史上曾有过秃顶的国王、肥胖的国王、英俊的国王甚至脑残的国王,却从未有过一个连上厕所或吃饭都要别人帮忙的国王。"

这就是老墨对罗斯福的描述。一个拿残疾人身体开涮的人,可谓浑蛋加三级。

想当初,病魔越摧残,罗斯福越有种,如今,法西斯越侮辱,罗斯福越欢腾,你们不是说我神经病吗,那就让你们见识下神经病的厉害!

1940 年,罗斯福大笔一挥,和正在与希特勒激斗的英国首相丘吉尔做了一单生意——用丘吉尔急需的 50 艘美国驱逐舰换取英国暂时用不上的军事基地。

第二年年初罗斯福脑子一转,又想出一招更经典的"买卖"手段:用租借的方法给那些缺钱打仗的 BOSS 大量的军用物资或直接给美元。当然,这些 BOSS 一定要是和德意日奋勇作战的抗战领袖,如热爱雪茄的丘吉尔、热爱烟斗的斯大林以及讨厌烟味的蒋介石。

这就是名垂青史、光芒万丈的《租借法案》。印着星条旗的各种货物漂洋过海,席卷全球,继一战之后,美利坚合众国在世界上第二次扮演了他们在好莱坞经常上演的角色——英雄、超人、救世主!

用罗斯福自己的话来说,美国要成为"民主国家的武器库"。

为了力挺这些抗战 BOSS,罗斯福确实够"仗义",在整个大战中资助了 38 个国家,总共花掉了约 500 亿美元(其中英联邦国家占百分之六十三,苏联约占百分之二十二)。

在当时的抗战国家中,人们都相信这样一个真理:缺钱花,找美国;缺武器,找美国;缺吃喝,找美国! 美国人有的是钱,能帮助我们渡过难关!

这些拿了美国好处的国家除苏联外,多数在战后都成了美国的亲密伙伴和铁杆小弟(不过让美国郁闷的是,亲美的中国国民党政权于 1949 年在大陆倒塌了)。

对于轴心国的 BOSS 们来说,罗斯福实在可恶!

希特勒坚定地认为,罗斯福这个大坏蛋之所以那么大把大把地撒钱,就是为了统治全世界!

《国际新闻社》的一位记者敏锐地发现,只要一提到罗斯福的名字,希特勒就会眉头一皱,所以记者断定,第三帝国的元首害怕这位坐着轮椅的残疾人。

虽然罗斯福间接地领导美国参加了史上规模最大的超级群殴,但一直没机会直接上手去揍,毕竟美国人还是愿意过舒坦日子,事不关己高高挂起嘛!

不过没多久,美国人就被激怒了,罗斯福终于可以名正言顺地带领美国人民大打一场了⋯⋯

21.猥琐的日本鬼子闹事了

话说自打 20 世纪 20 年代热爱"海鲜"的裕仁天皇登基以来,自认宇宙无敌武运长久的皇军就不停折腾,在国内外上演了一出又一出的暴力游戏,尤其是中国,被他们祸害得不轻。到 1941 年的时候,勇敢无畏的"菊花王朝"打算把事业搞大,去东南亚和太平洋耍一耍,和美国及英国干一场。

在罗斯福的印象中,日本是一个"令人恶心的野蛮国家",它没有希特勒德国那么大的本事,但很烦人。

美国民众认为日本人和讽刺漫画里的形象一样,都是"猥琐、龅牙、罗圈腿的小矮个",唯一擅长的事儿就是屠杀中国人。

在多数日本人眼里,美国人的形象也不咋的,他们只会吊儿郎当地嚼着口香糖,且胆小如鼠,一吓唬他们,他们就会尿湿裤裆。

有意思的是,日本人还没开始吓唬美国人,美国人就先吓唬日本人了。

1940 年 7 月,日本染指法国在东南亚的地盘后,罗斯福就宣布冻结日本在美资产并对日本进行石油禁运,这对于极端缺钱缺资源的日本来说,无异于挨了一记狠狠的重拳。

为"菊花"而战的帝国武士们怒了！

10月，裕仁天皇任命智商不太高但胆子特别大的东条英机为首相，这位绰号"剃刀"、擅长翻看居民小区垃圾箱的皇军大将上台后，边和美国谈判，边部署军事行动。两个月后，赌博高手兼泡妞高手、日本联合舰队司令长官山本五十六海军大将正式对美国下手！

那是12月7日星期日，罗斯福和他最亲密的助手、绰号"瘦皮猴"的霍普金斯先生刚吃完午餐，电话铃响了，海军部长诺克斯对他们说，咱的珍珠港被日本人爆了！

就在出事的前一天，罗斯福还很天真地给裕仁天皇写信，表示希望和平。

这可是日本人先动手的，罗斯福终于可以名正言顺地参加群殴了！

12月8日上午，罗斯福披着蓝色海军斗篷、装着支架，怀着沉重的心情，在儿子詹姆斯上尉的搀扶下，缓步登上国会大厦的讲坛，非常严肃地发表演说，说必须记住昨天这个耻辱的日子，要求国会对日本宣战。

美国人听了总统的话，都很激动，个个恨不得立即掐死小日本。不久英国也对日本宣了战，中国国民政府在抗战了4年后对日本正式宣了战还捎带着对德国宣了战，德国和意大利也对美国宣了战，自此，这场群殴正式变成了全球规模。

罗斯福和丘吉尔、斯大林、蒋介石正式走到了一起，变成了组团抗战的亲密盟友。

美国参战了，罗斯福心满意足，估计还会在场合上义愤填膺，而背地里偷着乐。因为战后有人披露说，日本偷袭珍珠港其实是罗斯福玩了一招咱中国"三十六计"中的第三十四计——苦肉计，就跟《三国演义》里的黄盖似的。

那帮历史揭秘者说：罗斯福深谋远虑，特想打仗，而美国人孤立惯了，不想打仗。民众不答应，罗斯福就打不成，他又不是希特勒那种想揍谁就揍谁的独裁者，他离了民主就混不开了。

于是乎，罗斯福急中生智，玩起了苦肉计。

罗斯福早已收到了日本要踹珍珠港的情报，但故意没当回事，暗中把值钱的玩意儿如航母都藏起来了,表面上就敞开大门放日本人进来猛踹,结果美国人被日本人惹毛了,美国终于名正言顺地参了战。罗斯福计谋得逞,偷着直乐。

不过罗斯福玩苦肉计只是一家之说,其真假还有待考证。一般比较严肃、严谨、严密的史学家,都认为此说纯属虚构,如有雷同,实属巧合。

珍珠港被踹的两个月后,一想起日本鬼子的猥琐形象就深恶痛绝的罗斯福发了一次狠,他倒不派兵揍皇军,而是派兵欺负了一下日本老百姓。

总统下令,在一些鸟不拉屎地方弄"专区",把那些在美国住得比较舒坦的日裔侨民全都赶了进来,围上铁丝网,派军队严加看管,还把他们的个人财产全没收了。可怜日本人干点儿啥都要被美国兵死死盯住,甚至日本女人洗澡也要被美国兵一览春光。

这些日侨伤心啊,这美利坚不是最自由最民主吗,咋一下子变得那么吓人了?! 没办法,谁让咱们伟大的天皇陛下惹了人家呢。唉,咱就认命吧。于是乎,大批日侨宣誓效忠美利坚,高唱"星条旗永不落",认真学习英语,紧密团结在以罗斯福总统为首的美国政府周围,高举"同盟国必胜,轴心国必败"的伟大旗帜,努力为美国人民服务,美国人让干啥就干啥,甚至还帮美国军方翻译日军情报、审问日军战俘,为美国最终打败日本做出了不可磨灭的贡献。

唉,神奇的大和民族啊……

22.总统特别助理——牛人"浪荡霍"

美国参战的头几个月,美军还没进入状态,很倒霉,美国在亚洲的地盘菲律宾被日本抢走了,驻菲美军的表现和菲律宾警察似的,有些无能,被日军打得鬼哭狼嚎,奋勇投降。

与此同时,希特勒德国的"狼群"潜艇在大西洋神出鬼没,逮着美国舰船就连啃带咬。

在这段沮丧的日子里,罗斯福心里很难受,但还必须做出坚强、有信心的样子,因为这样才能激发全国军民的斗志。

总统是够累的,好在身边有几位牛人助手全力协助,为总统分担了许多。

罗斯福最亲密的助手便是前面咱提到的"瘦皮猴"霍普金斯,此人几乎天天和总统黏在一起商量事儿。

和罗斯福很像,霍普金斯身子骨极虚弱、脑子极发达,对女秘书极热爱。

哈里·劳埃德·霍普金斯生于 1890 年,逝于 1946 年,狮子座。出身小商人家庭,毕业于格林尼尔学院,天生病弱,体质差劲。别看他病歪歪的,但生性放荡,邋里邋遢,爱好赛马、看戏、泡吧,寻欢作乐,逢场作戏,被称为"浪荡子"。霍普金斯对这个绰号非但不生气,反而挺自豪,他曾说"浪荡,就是迷人的魅力"。

霍普金斯打小就狡猾多端,上大学时,曾分别给两位玩单挑的学生当"军师",经他出谋划策,这俩脑子不太好使的学生互殴得一塌糊涂,他却乐翻了天。

罗斯福当总统前,就和霍普金斯亲密无间,对他极为赏识,罗斯福入主白宫后,他马上获得重用,先协助总统搞新政,后协助总统搞外交。此间几乎所有的美国大事儿,都有这位"瘦皮猴"的参与,没他协助,罗斯福就玩得不利落了。

霍普金斯成为白宫的二号人物,有"影子总统"之称,而他的头衔仅仅是"总统特别助理"。

美国参战前,这位智商无敌、能力无双的"浪荡霍"就在世界上纵横捭阖。

1941 年 6 月希特勒和斯大林打起来后,他于 7 月奉总统之命飞到莫斯科,力挺斯大林,并把苏联的实力告诉给了罗斯福,罗斯福得知斯大林和他的红军顽强血战的情况后,坚定了援助苏联的信心,从此大量美元飞到斯大林的手里。

一个月后,霍普金斯又陪同罗斯福在加拿大的纽芬兰会见了丘吉尔,帮着总统和丘吉尔共同发表了《大西洋宪章》。无论总统和首相商量啥机密事儿,霍普金斯都在场,毫不避讳,不知道的人还以为他也是个 BOSS 呢。

在这次呼呼吹着大西洋海风的会议上,罗斯福在霍普金斯的协助下,美滋滋地把自己脑子里的创意都塞进了《大西洋宪章》,其中最著名的就是被无数热爱民主的人士奉为超级经典的"四大自由",即:

咱们人类有言论自由、信仰自由、免于贫穷的自由和免于恐惧的自由(不过很多时候,美国人经常干一些和这"四大自由"背道而驰的事儿)。

美国参战后,霍普金斯更是忙得不亦乐乎。

总统处理内政,有他在旁叨叨;

总统出席国际会议,有他在旁叨叨;

总统和将军们研究打仗,有他在旁叨叨;

…………

霍普金斯的大名不但传遍美国,更是蜚声国外。

希特勒特别厌恶这个"残疾总统的特别助理",认为他是"战争贩子、邪恶分子罗斯福的头号帮凶",纳粹宣传部长戈培尔说得更惊悚——"霍普金斯这厮处心积虑想用华尔街和好莱坞来奴役欧洲!"

有了霍普金斯的叨叨,罗斯福做事顺了很多,不过"浪荡霍"毕竟不是军人,对打仗的事儿不太懂,具体的军事策划、部署和指挥,还是要靠职业军人。

罗斯福身边也有不少干仗高手,他们和霍普金斯一样,都是总统离不开的人。

23.武功了得的"四大金刚"

为了打好仗,罗斯福于 1942 年 2 月整出来一个部门,并以身边的几位最擅干仗的军界牛人来主掌它,协助自己指挥美军作战。

罗斯福指挥战争的部门就是大名鼎鼎的"美国参谋长联席会议",其成员自然是美国陆海空三军的首脑,主要有四位老兄,堪称罗斯福手下的"四大金刚",个个"武功"了得。当然,咱这里说的"武功",即军事本领也。

"四大金刚"中年龄最大也是脾气最臭的一位是海军作战部长金将军。

欧内斯特·约瑟夫·金生于 1878 年,逝于 1956 年,射手座,出身机械师家庭,毕业于海军学院,性情怪异,脾气恶劣,被下属称为"海军中最顽强的浑蛋"。

金经常对同事和下属进行凶猛的辱骂和无情的恐吓,让身边每个人的日子都不好过,包括自己的老婆孩子。而且他抽烟、喝酒、玩女人样样精通,活像流氓。

但就是这位人品稀烂的老头,却是美国海军历史上最伟大的军事全才! 潜艇、巡洋舰、驱逐舰、战列舰、航母、海军航空、海军后勤……他都能玩得转。

罗斯福认为金才华横溢,坚毅果敢,绝对可以胜任海军作战部长,也就是美国海军的总掌门。

金于 1942 年 3 月走马上任后,果然不负总统重托,领导制定了在太平洋摧残天皇武士和在大西洋蹂躏德国狼群宝贝的所有海军战略计划,打造了地球上数一数二的最强大的舰队,并派出了一大批擅长海上掐架的猛将奔赴前线杀敌,还跟着总统参加了所有的重要国际会议,参与讨论盟国重大军事决策。

金为美国海军的雄起和打败轴心国立下了盖世奇功,成为美国历史上仅有的四位海军五星上将之一。

金的经历告诉我们,讨人嫌的浑蛋流氓也是可以和英雄伟人画等号的。

相比本事高人品烂的海军头头金,空军的头头阿诺德就可爱多了。

其实,咱们管这个时候的美国在天上干仗的力量叫"空军",还不太准确,因为当时美国虽然拥有强大精锐、铺天盖地的战斗机群和轰炸机群,但空军尚未正式独立,还给陆军当小弟呢,叫作"陆军航空兵"。

美国空军之所以后来独立了,阿诺德功劳最大。

阿诺德是美国军界著名的快乐男生,和他的同事金分属两个极端的人物。他性格活泼,乐观向上,似乎一天到晚都是嘻嘻哈哈的,总是无忧无虑心情爽快,这种性格使他特别讨人喜欢,江湖人送绰号"幸运儿"。

笑容满面的阿诺德和整天板着一副僵尸老脸的金站在一起,极具视觉冲击,也极具喜剧效果。

亨利·哈利·阿诺德生于 1886 年,逝于 1950 年,巨蟹座,出身医生家庭。他具有高超的飞行技术,主要是因为他的师父太厉害——"飞机之父"莱特兄弟。这飞机刚诞生,阿诺德就觉得这玩意儿前途无量了,他成为地球上最早玩飞机的人之一,虽然有时候玩过头了导致差点机毁人亡,但依然坚持到底,梦想不灭。

阿诺德,以其对航空事业极大的热情和他玩飞机时显示出的非凡勇气和智慧,被罗斯福强烈看好,于 1942 年 3 月出任陆军航空兵的司令,相当于美国空军的老总。

美国在二战中对日本、意大利和德国进行的历次大空袭,都是阿诺德主持的,轴心国可算是被他给炸惨了,那些咱们特熟悉的著名城市,如汉堡、法兰克福、莱比锡、慕尼黑、柏林、罗马、东京、名古屋、大阪、神户等,都饱尝了被阿诺德空军往死里折磨的味道。唉,没办法,谁让这些名城都是轴心国的重要地盘呢。

后来罗斯福去世,阿诺德秉承新总统的旨意,主持了人类历史上最震撼最恐怖也是杀人最多的两次大轰炸,这两次暴力行动,前无古人,后无来者(时至今日暂无哪位仁兄再干过这事儿)。具体是啥,这里暂且不提,咱后面再说。

在阿诺德的领导下,美国空军的规模和影响力日益蓬勃,到了战后终于正式独立,和陆海军平起平坐,阿诺德也成为史上唯一的空军五星上将。

罗斯福手下三军首脑中最重要、最著名,也是罗斯福最离不开的一位是陆军的头头,他的名字叫马歇尔。

马歇尔被誉为"美国史上最庞大军队的缔造者",美国人说此人的本事和品德在他们历史上唯有一人堪与匹敌,你猜这人是谁?"美国国父"华盛顿也!

马歇尔还拥有不少外国粉丝，其中有两位堪称"国际超女"的女粉丝都坚定地认为老马是最具魅力的男人，她们也都成为老马的红颜知己。

这两位被老马魅力征服的女人，一位是希腊王后弗雷德丽卡，另一位是中国蒋夫人宋美龄。

乔治·卡特里特·马歇尔生于 1880 年，逝于 1959 年，摩羯座。小时候成绩糟糕，貌似迟钝。光看看他小时候的那些绰号，您就知道他是个什么样的熊孩子了。

小马同学的绰号有："大笨蛋""癞皮狗""小懒汉"……

由于"傻"，小马经常被哥哥姐姐鄙视，被老爹暴打，被同学虐待（刺刀捅屁股），好不容易从军校毕业当上小军官了吧，还被一群顽劣的士兵踩在泥水里半天没爬上来，可谓衰运缠身。

估计是遭遇的歧视和欺压太多了，马歇尔立志一定要混得比别人有前途，于是奋发努力，使劲儿表现，终于获得了包括"黑杰克"潘兴将军在内的好几位美军大腕儿的赏识。

在陆军参谋部工作时，马歇尔为了扩军四处游说，当面顶撞了罗斯福总统。

当所有人都认为这家伙的前途即将完蛋的时候，慧眼识才的罗斯福却看上了他。就在 1939 年 9 月 1 日希特勒入侵波兰的几个小时后，马歇尔被罗斯福任命为美国陆军参谋长。

马歇尔之于罗斯福就相当于刘玄德身边的诸葛亮、及时雨身边的智多星——羽扇轻摇，调兵遣将，运筹帷幄，决胜千里！

老马上任后憋足了劲儿使劲扩充美国军事力量，不惜继续顶撞总统，软硬兼施逼着罗斯福向国会要了 9 亿美元给他扩军。

有了票子的老马兴奋异常，没几年就把美国陆军扩大到 540 多万人，外加 167 个战斗机大队。

美国历史上最庞大的军队光荣诞生，"谢尔曼型坦克"满地乱跑，"野马战斗机"漫天呼啸，马参谋长乐开了花。

咱这里说的"谢尔曼坦克"即 M4 中型坦克，是二战中美军坦克中的头号巨星，也是二战最著名的坦克之一；"野马战斗机"即 P–51 型战斗机,是二战中美军战斗机中的头号巨星,也是二战中最出色的战斗机之一。常看美国二战大片的朋友对它们绝不陌生。

兵力的问题搞定了,还要有带兵玩儿命的将。

马歇尔有一个小黑本,凡是被他认为有本事的人,大名都会被他列入"黑名单",而这帮人多数都成了美国名将。比如导演诺曼底登陆的盟军最高司令艾森豪威尔、号称"思想机器"的布莱德雷、号称"血胆将军"的巴顿、在中国帮助老蒋抗战的史迪威、空降高手李奇微、横扫意大利的克拉克等(后两位在战后又成了朝鲜战争的美军指挥官),关于这些美军猛人的精彩故事,咱在后面都会讲到。

除了调兵遣将、谋划打仗外,马歇尔还要和霍普金斯一样,陪着罗斯福绕着地球到处开会,参与美国的"全球战略",只可惜他一直没机会亲自去前线带兵。因为罗斯福说过,离开马歇尔,他连睡觉都不安稳。所以老马只能留在总统身边。

1943 年,罗斯福打算设置元帅军衔授予劳苦功高的老马等人,结果遭到老马的坚决反对,其表面上的原因是"元帅"一词(marshal)和老马的名字(Marshall)发音一样,称呼起来忒别扭。而实质原因是老马打死也不愿意让自己的军衔高于他的恩师、美国骨灰级的名将"黑杰克"潘兴。于是乎,美国就一直没有元帅军衔,老马自然也没当上元帅,但他光荣地成为美国史上第一位陆军五星上将,这也就和别国的元帅差不多了。

要么说宋美龄这些国际牛女都迷老马呢,虚怀若谷也属于男人的魅力之一啊。当然话又说回来了,不当元帅,却当和元帅差不多的五星上将,又赢得了高风亮节的好名声,老马这事儿干得一点儿也不亏。

罗斯福手底下的这陆海空三军首脑个性迥异、观点不一,在一起工作久了肯定会有矛盾和争执。和谐最重要,可不能让他们自己人掐起来,而总统又精力有限,不可能一天到晚盯着三位大腕儿,于是,罗斯福想了一个好办法。

总统把自己的亲密哥们儿,也是自己的私人参谋长威廉·丹尼尔·莱希海军上将也塞进了参联,让他当参联的主持人、协调人以及参联仨军头和总统的联络人。

于是乎,这位一贯低调的莱希成为事实上的美国第一位参谋长联席会议主席(虽然当时还没有这个正式职称),整天处理一些看似杂七杂八但又不得不处理的事儿。到1944年,他和三军头头都获得了五星上将军衔。莱希是二战美军名将中最不著名的一位,也是美国史上仅有的9位五星上将中名气最弱的一位。

在霍普金斯和"四大金刚"的尽心辅佐下,罗斯福坚强地转着轮椅、镇静地叼着烟嘴,认真地瞅着地图,飞速地运转大脑,以他们国家好莱坞大片中无敌英雄般的姿态开始了行动——在华盛顿总部遥控美国大兵对轴心国发动反击!

首先要狠揍一下的肯定是日本,谁让你踹了珍珠港,跟美国的仇最大呢?

这日本偷袭珍珠港,横扫东南亚,连夺太平洋多个岛屿,毒日当空,皇军自我感觉良好。殊不知,他们打美国是趁人不备搞突袭,而且还说不定是罗斯福的苦肉计,当美国进入状态后,马上就显示出来差距了!

打仗就是烧钱,日本要折了几艘航母,那简直如天塌一般,而美国折了几艘,无所谓,因为人家一下子就造出来了,谁让它钱多得花不完,科技能力又超强呢?

当然,对日本人来说,美国人也有弱点,就是比较惜命,不会轻易玩儿命,而大和民族最大的优势就是不怕死。

武士道精神 PK 高科技经济实力,结果可想而知……

日本是从太平洋上打的美国,美国肯定也要在同样的地方回敬。

根据陆军头头马歇尔和海军头头金的建议,太平洋战场需要选出一陆一海两位总指挥率军对付日本,这两位必须是各自军种中的顶尖高手。

罗斯福根据他们的建议,于1942年3月把太平洋"咔嚓"一下劈成了两个打仗场地:

一个叫"西南太平洋战区",包括澳大利亚、新西兰、新几内亚、菲律宾和周边一些群岛;

一个就叫"太平洋战区",除了西南太平洋之外的其他太平洋地区都归它管。

前一个由一位陆战高手统领（在太平洋打仗，争夺岛屿，也是靠陆军的），后一个由一位海战高手统领。有趣的是，那位陆战高手，罗斯福不怎么待见他，而海战高手则深受罗斯福喜爱，其中原因不仅仅是因为罗斯福曾当过海军部领导，对海军情有独钟，还因为那位陆战将领的性格确实不招人爱。

这两位太平洋战场的美军指挥官一位叫麦克阿瑟，一位叫尼米兹。

咱先说说美国历史上四大陆军五星上将之一的老麦。

24.超自恋的"墨镜烟斗控"

话说麦克阿瑟将军和罗斯福甚至丘吉尔都是亲戚，他爷爷的姥姥是他们仨的共同老祖宗。这关系，有些遥远，还有点乱。

道格拉斯·麦克阿瑟生于 1880 年，逝于 1964 年，水瓶座，将门虎子，相貌英俊，热爱打仗，擅长装酷，江湖人送绰号"美国的恺撒大帝"，而我感觉他更像是"美国版的关羽"。

和马歇尔一样，麦克阿瑟也是一位顶撞过罗斯福但被罗斯福重用的将军。不过此人性格比老马夸张多了，堪称世界名将中的头号自恋狂。

老麦的标准造型在美军中独树一帜——身穿卡其布军装，头顶战斗软帽，眼戴黑帮老大式的墨镜，嘴叼玉米芯烟斗。

他 8 岁时就自认天下第一，长大后更是目空一切，唯我独尊。当然，他也确实优秀得吓人：

刚入西点军校时就被评为"军校史上最帅学员"并连续三年成绩第一。第一次世界大战期间，身为美军师长的他多次击败德军，有时连钢盔都不戴就冲入德军阵地，还曾用马鞭打翻了一个德军上校。他的老上级潘兴夸他是"我军最伟大的指挥官"。

一战后，麦克阿瑟在军中继续牛叉着：

39 岁成为西点军校史上最年轻的校长，领导西点迅速现代化；

50 岁成为美军史上最年轻的陆军参谋长，还是当时美国唯一的四星上将，享受美军唯一的高级豪华卧车。在他领导下，美国陆军蓬勃发展，焕然一新。

和罗斯福一样,麦克阿瑟也是个有才有貌又有钱的风流男,学生时代就泡妞无极限,美女围着转,还不到30岁,被他搞到手的女孩就已经可以组成一支部队了。最耸人听闻的是,就连他的上司、美军第一大腕儿潘兴将军的情人露易丝,他都敢碰——直接给娶了(后来又离了),风流功夫实在了得!

1941年12月日本偷袭珍珠港,进军东南亚,麦克阿瑟当时正担任美国远东部队司令驻扎菲律宾,这时候的老麦有点背,手里没啥像样的兵力又完全没进入状态的他,被蓄谋已久迅猛突袭的日军打了个措手不及,狼狈不堪,东条英机打算把他抓到东京展览。

此时老麦的领导罗斯福突然冒出来一个邪恶的想法:希望这位在亚洲战斗的远房亲戚为国捐躯!这是为啥呢?

话说罗斯福当初搞新政时,要削减陆军经费,把老麦惹毛了,只见老麦冲进白宫指着总统的鼻子就是一顿臭骂,气得罗斯福差点没从轮椅上站起来,从此罗斯福对老麦就极不待见。

这次美军受挫菲律宾,罗斯福突发奇想,希望牺牲掉老麦——让他死战到底,不派支援——以此来刺激美国兵,增强他们的抗日斗志。这时罗斯福的首席军师马歇尔跳出来对总统说,老麦那厮虽不讨人喜欢,但本事了得,失去他太可惜!

罗斯福毕竟是了不起的大政治家,牺牲老麦只是他的一时乱想而已,对于老麦这号极端有才又极端不听话的家伙,他会施展各种手腕控制为己所用。毕竟打鬼子还得靠他呢,总不能自己开着轮椅冲向战场和鬼子玩儿命吧。

1942年2月,罗斯福亲自致电老麦,让他离开守不住的菲律宾,撤离到澳大利亚墨尔本,暂且忍辱负重、卧薪尝胆、重整旗鼓,以待时机报仇雪恨。

就这样,麦克阿瑟丢下一句"老子还要回来"的豪言壮语逃到了澳洲,接着就被罗斯福任命为西南太平洋盟军总司令,从此天天琢磨怎么报仇。

对日作战的陆军司令就是这位超自恋的"墨镜烟斗控",和他配合作战的海军司令则是罗斯福打心眼里就特别喜欢的一位将军,江湖人送美誉"海上骑士",他性格开朗,老实听话,令人诧异的是,此人还挺喜欢日本人!

他的名字叫尼米兹。

25.爱打牌的"海上骑士"

尼米兹是美国历史上仅有的四位海军五星上将之一,当今美国海军那种名震天下、威武雄壮、堪称世界上吨位最大的核动力航母,便是以他的名字命名的。

切斯特·威廉·尼米兹生于 1885 年,逝于 1966 年,双鱼座,这位长着一脑袋亚麻色头发的海军巨星生于德州贫困山区,自幼丧父。他自尊心特强,小时候常为了捍卫尊严和别人打架,有一次独自打败了一对找碴儿的双胞胎,从此被附近的男孩尊为老大。

由于家里太穷,尼米兹决定当兵,他一心想当陆军,但西点军校名额已满,他只好参加海军,于是乎,阴差阳错,一个影响世界军事史的海军名将诞生了。

尼米兹 15 岁成为水兵,刻苦学习天天向上,每次考试都是前几名。海军军官学校毕业后逐渐成为美国海军的精英,玩得转各种类型的军舰,是地球上最早认识到航母即将改变世界的海军军官之一。

生活中的尼米兹最喜欢打牌,一摸起扑克就兴奋,就连他的女朋友即未来的老婆凯瑟琳都是他打牌时追到手的(不是赌博赢来的)。

1941 年 12 月珍珠港被山本五十六端了后,早就对尼米兹青睐有加的罗斯福马上把太平洋舰队司令的头衔赐予尼米兹(后又兼任太平洋战区总司令)。

尼米兹临危受命,接手的是一支破烂舰队,官兵们个个绝望想哭,尼米兹和伍子胥一样,一夜愁白头。好在郁闷都是暂时的,尼米兹本性乐观,重振士气,告诉官兵们说:虽然咱们挨了揍,但胜利绝对在后头!

相比那帮恨不得日本人死光光的美国将军们,尼米兹却不怎么痛恨日本人,反倒十分崇拜日本历史上的海军"军神"东乡平八郎,也很尊重他的对手山本五十六,风度大大地,不愧为名副其实的"海上骑士"。

尼米兹身为美国海军主帅,肩负重任,他不但要整天琢磨怎么揍日本人,还要变着法和一些"变态"的自己人打交道。

在这帮"变态"的自己人中,头一个就是尼米兹的直属上级、咱前面说过的那位很像臭流氓的海军作战部长金将军,其他的"变态者"都是尼米兹的部下,您只要看看他们的绰号就能知道他的秉性了:

南太平洋战区司令和第三舰队司令哈尔西,绰号"蛮牛";

太平洋两栖部队司令特纳,绰号"怪物";

太平洋舰队海军陆战队司令史密斯,绰号"号叫疯子";

…………

尼米兹到底是本事大,他能让金对自己完全信任,并不停地在总统面前说自己好话,还能让这些个性疯狂的部将老老实实地为自己所用,发挥出各自的才能,使得美国海军上下团结一致,共灭日军!

珍珠港被踹 4 个月后,罗斯福打算小小地报复日本一下,便派出尼米兹手下的头号猛将、打仗不要命且满嘴脏话的"蛮牛"哈尔西出击,让他率领"大黄蜂"号航母载着一位拳击高手去踹天皇的老窝——东京。

这位拳击手可不是对着天皇和东条打几拳,而是轰炸。

那么拳击手怎么搞轰炸呢?

26.拳击高手轰炸东京,沉默斗士决胜中途

原来这位拳击手名叫詹姆斯·哈罗德·杜立特,生于 1896 年,逝于 1993 年,射手座,昵称"吉米",年轻时是个优秀大学生,毕业于加利福尼亚大学,还拿到过麻省理工高级工程博士学位。

"吉米"不但成绩好,功夫还强,打小喜爱拳击,获得过太平洋沿岸轻量级拳击冠军。后来他的兴趣从拳击转移到飞机,感觉开飞机上天比打拳过瘾,又练就了一身高超的"飞功",创造了飞行纪录,成为第一个一天

横跨美国本土的飞行员。美国参战后,他成为美国陆军航空队的轰炸机指挥官。

1942年4月18日,这位博士、拳击手、飞行员、航空专家兼轰炸机指挥官,肩负着总统的重托,率领16架B-25轰炸机(也称"米切尔"轰炸机,曾来华支援中国抗战)从"大黄蜂"号航母上起飞,直扑天皇脑袋顶上的那片天空!

在这次"红烧"东京的行动中,"吉米"博士指挥战友们炸死50人,炸毁房屋100多座,虽说成绩很小,但严重伤害了日本人的心理。

这就好比一个人半夜三更突然神不知鬼不觉地跑到你家,虽然只砸毁了你家几件不值钱的家具,但把全家人都吓得不轻。

数月前,珍珠港被踹,美国人很颓废;而如今,跑到天皇老窝撒野,美国人又兴奋了。

当媒体记者们刨根问底地询问罗斯福,轰炸东京的飞机是从哪里起飞的,罗斯福故作神秘地对媒体说:来自于"香格里拉"("神秘天堂",或曰"世外桃源")。

日本人怒了,自感对不起天皇的山本五十六于东京挨炸后不久的1942年5月和6月连续和美国太平样舰队掐了两架,结果打得一次比一次衰。

第一架是5月7—8日的珊瑚海海战,山本派出麾下两位部将"英语高手"井上成美(此人说得一口流利的英文,是日军中少数几位对战争并不感冒的将军之一)和"潜艇精英"高木武雄,兴冲冲地去打新几内亚。

山本打死也想不到,尼米兹手里的"法宝"——情报小组破译了日军密码,全盘摸清了日军的美好想法。尼米兹派出麾下部将、总是被领导批评为"不思进取"的弗莱彻将军对付日军。

一番激战下来,"英语高手"井上和"潜艇精英"高木手里的两艘航母被美军打得一死一伤,挂掉飞机77架;

"不思进取"的弗莱彻手里的两艘航母也被日军打得一死一伤,挂掉飞机66架。

珊瑚海海战是人类史上的第一次航母对决,从表象看,双方损失差不多,但仔细一琢磨会发现日军吃亏了。咱前面说过,缺钱缺技术的日本,和烧钱如玩的美国拼航母,实在伤不起! 而且这是日军在太平洋的攻势第一次疲软,山本五十六无敌的神话被彻底打碎。

更让山本心碎的是接下来的第二架,即 6 月 3—7 日的中途岛海战。

尼米兹手里那个烦死日本人不偿命的"法宝"——情报小组再次使坏,山本脑子里的那些打算狂灭美国舰队的创意全被尼米兹知道了。

美军将计就计,在中途岛设置陷阱,静候日军。

在这场规模、名声和影响力远远超过珊瑚海之战的大海战开打之前,尼米兹本打算派出手下头号猛将"蛮牛"哈尔西对付日本,但"蛮牛"不幸得了皮肤病,浑身难受住了院。

于是,在"蛮牛"的推荐下,尼米兹启用了号称"沉默斗士"斯普鲁恩斯将军担任航母编队司令,让他和那位大战珊瑚海、被评为"不思进取"的弗莱彻将军密切配合,对付山本手下的航母舰队司令、曾亲自率军爆踹珍珠港的南云忠一。

雷蒙德·埃姆斯·斯普鲁恩斯生于 1886 年,逝于 1969 年,巨蟹座,被誉为"海军上将中的上将"。此君性格内向,不爱说话,最爱低调,讨厌出名,胆大心细,极具战术才华,最擅长玩驱逐舰,又被誉为"沉默的斗士",是尼米兹手下罕有的一位老实巴交的"乖孩子"。

中途岛开打后,斯普鲁恩斯下令"企业"号航母和"大黄蜂"号航母的舰载机突袭南云的航母,南云被打得晕头转向手忙脚乱,山本视为宝贝蛋的四艘日军航母"赤诚""加贺""苍龙"和"飞龙"集体被爆!

"飞龙"号刚挨炸时,舰上的日军水兵们还在欢快地往嘴里塞着香甜可口的小豆年糕。结果年糕还没消化呢,吃年糕的人就被美军给消化了。

27.山本大将很想死,美国总统帮了忙

中途岛海战,一举扭转了太平洋战局,但也让美国人自己内部差点互殴起来,这是咋回事呢?

原来得胜中途岛后,海军头头金让尼米兹去打所罗门群岛中的瓜达

尔卡纳尔岛,这可把陆军头头马歇尔和坐镇澳洲的麦克阿瑟气坏了,因为金看中的地盘归陆军主打。

罗斯福手下的海军将领们和陆军将领们开始唾液横飞地吵架。

海军认为太平洋都是水,本来就该海军主打;

陆军认为,太平洋打的都是岛屿,当然该陆军主打。

吵来吵去,罗斯福开始和稀泥,达成折中方案——尼米兹主打所罗门群岛,麦克阿瑟主打巴布亚-新几内亚。

吵完后,美国人一致对外。

1942 年 8 月—1943 年 2 月,尼米兹率领"蛮牛"哈尔西、"怪物"特纳等海军猛将在所罗门群岛的瓜岛暴打日军,山本五十六再次心碎。

在这个到处都是沼泽、疾病和毒虫猛兽的恐怖地带,星条旗和太阳旗展开陆海空全方位立体化血拼,日军挂了 24000 人,美军挂了 5800 人,美军胜利攻占瓜岛。

当皇军大元帅裕仁下令日军撤退瓜岛时,他询问他的臣子们:为啥咱们建一个空军基地得一个月,美国人几天就搞定了?

海军总长永野悲哀地对天皇说:咱们用手,美国人用机器。

裕仁听后,如同脸上挨了一巴掌。

在大洋彼岸,罗斯福在白宫办公室乐呵呵地点燃了一根香烟,他特自豪。这不仅仅是因为他的部队打赢了瓜岛之战,更因为他在两年半前就下令制造的一系列新款航母全都挺进前线,它们即将给日本人带来一个又一个"惊喜"。

与此同时,麦克阿瑟率领美军和澳大利亚军队在巴布亚半岛打得也很爽(1942 年 7 月—1943 年 1 月)。

胆大包天的老麦亲自督战,美澳联军奋勇杀敌,日军指挥官掘井少将高呼要给美军狠击一锤,一个月后这位皇军战将就在渡河时英勇淹死。此战,老麦干掉日军 12000 人,自己挂掉了 3000 人左右,日军完败。

前线的一系列惨败和天皇的连续受惊导致山本五十六心情糟透了,身为对美战争海军总指挥的他以极其复杂的心情于 1943 年 4 月 3 日写下了一首诗:

"立下忠君报国志,疆场粉身也心甘。"

山本大将立志去死,有一个人正好帮他圆了梦,此人便是罗斯福。

自偷袭珍珠港之后,山本五十六成了美国人心中最恨的日本鬼子,美国愤青们个个想亲手弄死他。

1943年4月14日,山本乘飞机去前线视察的情报送到了尼米兹的手里(又是该死的破译情报),情报处头头莱顿对尼米兹说:山本是日本人心目中的偶像兼实力派巨星,如果弄死他,不但日本海军的士气会一蹶不振,全日本也会不知所措。

为了说明弄死山本的重要性,莱顿还做个了形象的比喻:尼米兹将军,我们干掉山本,就好比他们干掉您一样,你们在各自军队中都是独一无二的。

尼米兹听了这番话很受用,便把这一重任交给"蛮牛"哈尔西去组织完成,"蛮牛"的口头语是"杀死小日本!杀死小日本!杀死更多的小日本!"现在好了,有一个重量级的小日本交给他去杀!

小威廉·弗雷德里克·哈尔西生于1882年,逝于1959年,天蝎座。二战美国海军第一猛将,也是美国四大海军五星上将之一。自幼彪悍,性如烈火,豪爽狂暴,一身是胆,满嘴脏话,擅长玩航母,江湖人送绰号"蛮牛"。珍珠港被端后,这位美国版的"黑旋风"就发誓一定要亲手弄死山本五十六,他凶狠地说:"干完这场仗后,只有在地狱里才能看到说日语的人!"

当尼米兹把干掉山本的想法告诉罗斯福时,罗斯福还颇有些犹豫,因为他觉得有点不人道,海军部长诺克斯(文官)也觉得干这事忒丢人。而陆军部长史汀生(也是文官)、陆军参谋长马歇尔和海军作战部长金都极力赞同此举。

经过一番激烈讨论,罗斯福大笔一挥,批准了此次行动,命名为"复仇"——山本不是偷袭珍珠港嘛,如今彻底清算的时候到来了!

1943年4月18日,山本五十六梦想成真,"蛮牛"哈尔西派出18架P-38"闪电"式战斗机在布干维尔岛(属西南太平洋的所罗门群岛)上空行凶成功!

山本的座机带着滚滚烈焰栽入岛上丛林……

山本五十六彻底报效天皇后，日本海军联合舰队的司令长官连换了三任——古贺峰一大将、丰田副武大将、小泽治三郎中将，但本事皆不如山本，山本尚不能打败美军，何况这帮人呢？

麦克阿瑟和尼米兹越打越顺，虽然这俩美军明星经常因为太平洋上到底谁是主打的问题互掐，他们的顶头上司马歇尔和金也经常因为偏向自己的部将而对骂，但他们同仇敌忾打起日本来，都不手软！

28.折磨天皇的"蛤蟆蹦"

干掉山本后，老麦和老尼在太平洋上玩起了"蛤蟆蹦杀敌神功"——即"蛙跳战术"，基本打法是：跳过防守顽强的日军岛屿，专揍防守疲软的日军岛屿，接着用强大的海空力量切断日军向防守强固的岛屿所提供的所有后勤支援，让其自我毁灭。

当然，这里说的防守疲软，也只是相对而言，但凡插着太阳旗的岛屿，都挺难缠的，一想天皇，集体玩儿命。

按照这一损招，老麦从西南太平洋蹦，尼米兹在中太平洋蹦，他们的终极目标就是把天皇的帝国给活活蹦死。

咱先看"海上骑士"尼米兹的蹦术。

1943 年 11 月，他派出"沉默斗士"斯普鲁恩斯、"号叫疯子"史密斯、"怪物"特纳等骁将率军蹦到吉尔伯特群岛，吉岛的日军守将柴崎英勇高呼："就算美国人出动 100 万大军，打上 100 年，也别想抢走俺们大日本皇军的地盘！"

结果两军开架后，柴崎和美国大兵扔出的手榴弹来了个亲密接触，他手下的士兵也集体为天皇"玉碎"。

由于日军顽抗，美军自身也伤亡惨重，在以后的太平洋岛屿争夺战中，美国兵越来越看清这样一个事实：自个儿的高科技程度虽远胜过日本，但日本兵的武士道精神一爆发，美国兵还真有点扛不住，气得哇哇大叫，必须付出极其惨重的代价才能打赢。

这对于一贯认为自己生命比别人生命值钱的美国人来说，很不能接受，也直接导致了后来美国 BOSS 们决定把一种超级恐怖的武器扔到日本。

拿下吉岛后的尼米兹又于 1944 年 1 月—2 月派出"沉默斗士"斯普鲁恩斯、"号叫疯子"史密斯等骁将挥师蹦到了马绍尔群岛开打，不但全灭该岛日军，还把该岛附近的日本联合舰队司令部所在地——特鲁克狠狠地踹了一下，这场景像极了两年前的珍珠港，只不过踹人者和被踹者调换位置了。

日本联合舰队司令长官古贺峰一大将被尼米兹吓坏了，他打算转移到一个安全地带，于 3 月坐上了逃跑的飞机，没多久，他就奇迹般地在另一个世界见到了山本五十六——他的飞机失事了！诡异的是，就在出事前不久，古贺曾对他的参谋长福留繁说：俺很羡慕山本大将。顺便说一下，他的这位福参谋长的命也好不到哪里去，迫降时被菲律宾游击队活捉了。

接下来折磨皇军的地带是马里亚纳群岛，尼米兹派出"怪物"特纳、"号叫疯子"史密斯等骁将于 1944 年 6—7 月蹦到该群岛开打。

动手前，日军大本营高呼："一定要歼灭敌人舰队，挫败敌人的进攻企图！"结果该群岛日军全部被歼，山本五十六为之倾注毕生心血的日本海军航空兵在该岛海面被"沉默斗士"斯普鲁恩斯打废了。

马里亚纳群岛中最让美国人惊悚的一个岛名曰塞班岛，日军在该岛上的表现最为"勇敢"，他们奋力打死打伤美军 13000 人，待到实在打不动时，守岛日军将领南云忠一（就是亲自偷袭珍珠港和惨败中途岛的那位）和斋藤实双双自杀，岛上万余日本居民怀着对天皇陛下的无限爱戴和对美国人的刻骨深仇纷纷跳海。

美军又一次以惨重的伤亡拔掉了一座岛屿上的太阳旗。

兵败塞班岛，直接导致在国内外祸害了三年的东条英机内阁成功垮台。1944 年 7 月东条被迫辞职时，这位一向坚强的皇军大将哭得一塌糊涂。罗斯福又一次乐开了花。

29.派出老婆上战区

美国海军的出色发挥,让也算是海军出身并对海军情深意浓的罗斯福甚感欣慰,为了激励海军将士们的斗志,总统除了嘉奖和晋升外,还派出前线急缺的一种人——女人,去慰问他们,而且派出的还是自己的老婆埃莉诺。

1943 年 8 月,第一夫人带着总统的问候来到了尼米兹的部队,本来这尼米兹是反对女人到战区瞎转悠的,只要是后方一说要派女人来,他就不加解释地一概拒绝,但这次来的女人身份特殊,他没法拒绝,只得硬着头皮热烈欢迎。

让尼米兹万没想到的是,第一夫人埃莉诺的到来给海军将士们甚至给他自己都带来了极大的幸福感。

尼米兹发自内心地感觉到第一夫人真是魅力十足——这罗斯福夫人长得并不漂亮,但气质很好,尤其是亲和力极强,他的部将、"沉默斗士"斯普鲁恩斯更是觉得能坐在"妩媚"的第一夫人身边,十分荣幸。

太平洋舰队的士兵们也被深深鼓舞——总统老婆都来看望咱们了,咱们更要努力地杀鬼子!

罗斯福的这招"老婆战术"大获成功。

尼米兹在热情接待了总统夫人后不久,又为另一位牛人的夫人买了一份礼物——珍贵的兰花品种。这位女士的老公便是尼米兹的战友、鄙视海军的麦克阿瑟。

尼、麦这两位美军将星自打合作打鬼子那天起,就一直矛盾不断,但不管怎么说,为了美利坚的胜利,他俩必须团结起来联手对敌,总得见面聊聊。

1944 年 3 月,老尼带着送给老麦老婆的礼物接受了老麦的邀请,两位美军将星进行了还算友好的会谈,尼米兹对老麦的印象是:这厮确实不讨人喜欢,但又不得不承认,他还真有才!

尼米兹对麦克阿瑟说,海军打算攻打台湾的日军,一下就把老麦的火给点着了,老麦说绝对不会放弃菲律宾! 他的菲律宾情结极其严重,自打上次被日军打跑了之后,他就无时无刻不在想着复仇,打回菲律宾,谁要不支持他,他就恨不得弄死谁!

为了调解这两位将军的矛盾,身为三军总司令的罗斯福亲自出马,于1944 年 7 月前往夏威夷的珍珠港。

总统到达后,尼米兹热烈欢迎,麦克阿瑟却不见,罗斯福问:老麦在哪里?

刚说完,一辆高级豪华大轿车由摩托车开道驶来,车停后,眼卡大墨镜的老麦很拉风地走下了车,接着几乎所有人都热烈欢呼这位"美国恺撒"的到来,罗斯福惊呆了——到底谁才是美军的第一 BOSS?!

在这次会谈上,老麦发挥三寸不烂之舌的功夫,大侃菲律宾的重要性,好像如果不解放菲律宾,这二战就打不赢,甚至美国也混不好。

总统终于被说动了,尼米兹也被说动了,三位总司令(美国三军总司令、西南太平洋总司令和太平洋舰队总司令)共进午餐,会谈一片和谐。

有了领导和战友的支持,老麦喜得两眼放光大鼻子锃亮,他对罗斯福说:军队是绝对拥护总统的,我和尼米兹也没啥分歧了,总统放心吧!

老麦哪里知道,罗斯福支持他的主要原因并不是被他说动了,认识到菲律宾的重要性,而是总统希望美军拿下菲律宾的消息在大选时成为媒体头条,这可是赢得选票的资本!

您要知道,这罗斯福可是战时总统、三军司令,每一次重大的前线胜利都能让他人气倍增。

30. "能炸死老子的地雷还没造出来呢!"

得到总统力挺的麦克阿瑟回到前线后立即展开行动。

其实按照这位"墨镜烟斗控"的秉性,就算没有总统的支持,他照样会为了打回菲律宾而不断闹腾。

早在这次和总统会面前,他就一直在为打回菲律宾而积极准备。1943 年 6 月—1944 年 7 月,麦克阿瑟率领美澳联军一直在太平洋第一大岛屿(也是全球第二大岛屿)新几内亚玩着"蛤蟆蹦",最终目标就是蹦到菲律宾。

在新几内亚,老麦连续蹦了 1800 英里,把这一带的皇军蹦得缺枪少弹病饿交加,凡是冲出来勇敢和老麦玩儿命的日军都死了,而那些没死的还不如已经死了的,因为连病带饿的他们都爬不动了,守岛的日军司令安达二十三下达了这样一条很像恐怖电影的军令——即使再饿,也不得食用战友的尸体!

又打了几天后,安达二十三扛不住了,他下令发挥武士道精神和美国人拼命,一番厮杀后,日军全灭,新几内亚战役胜利结束,麦克阿瑟豪情冲天。

1944 年 10 月,激动人心的日子终于到来了,麦克阿瑟戴着墨镜、叼着烟斗、揣着手枪、喊着口号打回了菲律宾!

在登陆菲律宾莱特岛时,老麦按捺不住内心的激动,离岸几十米就跳入海水以英雄凯旋般的姿态大踏步挺进,并高呼:"菲律宾人民,吾归来矣!"此时岸上还有日军机枪射击的声音。

老麦毫无畏惧,当别人提醒他小心地雷时,他撇着嘴说:"能炸死老子的地雷还没造出来呢!"

老麦登陆莱特岛的同月,老麦十分喜欢的海军猛将、"蛮牛"哈尔西指挥第三舰队和老麦手下的海战高手金凯德指挥的第七舰队密切配合(但哈尔西并不待见金凯德,曾骂金凯德是"不沾烟酒的浑蛋"),在菲律宾海域和日本海军的两大"鱼雷战高手"小泽治三郎与栗田健男展开了二战期间规模最大的,也是世界战争史上规模最大的海上对决——莱特湾大海战。

虽然日本用开飞机撞美国军舰的变态战术即"神风特攻"吓唬美国人,虽然"蛮牛"哈尔西在指挥海战时严重失误——这位老兄打得眼红,中了小泽的引诱,只顾着自己追击日军航母,扔下金凯德舰队不顾,使美军险遭重创,但打到最后,小泽和栗田依然不敌美军,挂掉 4 艘航母、3 艘战列舰、10 艘巡洋舰、11 艘驱逐舰外加 150 架飞机,曾在中日甲午战争、日俄战争和太平洋战争初期大显神威的大日本帝国海军联合舰队,从此报废。

两个月后,美军彻底搞定了莱特岛,7 万日军挂掉。紧接着老麦于 1945 年 1 月收复菲律宾首都马尼拉。屡遭美军痛殴的皇军官兵们十分恼怒,他们先屠杀了大批菲律宾人,后又纷纷自杀。

菲律宾一战,老麦干掉日军近 20 万人,曾攻占新加坡、绰号"马来老虎"的日军名将山下奉文被老麦生擒,不久被绞死,从此再也不闻虎啸声……

大战菲律宾是麦克阿瑟在二战中最精彩的表现,无法用语言来形容的兴奋和得意填满了他的脑壳和心灵,此时,看着烧焦的太阳旗的他无论如何也想不到,就在短短的 6 年后,他会在另一场战争中被打得赔了官位又折兵,而且交战的地点依然是在亚洲。此乃后话,这里暂且不提。

31.20 亿美元送日本

对日本人来说,尼、麦二将在大海和岛屿的摧残已让他们很难过了,而来自于天空的灾难让他们更崩溃。

自 1944 年年底开始,罗斯福指示绰号"幸运儿"的空军头头阿诺德放出成批的号称"超级空中堡垒"(也称"空中霸王")的 B-29 轰炸机扑向日本上空,对东京、大阪、神户、名古屋等地进行狂轰滥炸,无数颗美国炸弹把这些漂亮的日本城市变成了废墟瓦砾火海一片。

日子没法儿过了,这些城市的居民纷纷逃到乡下。

更恐怖的还在后头,阿诺德指挥战略轰炸时,和一位军事工程师商量了一件惊天大事——怎么把 B-29 轰炸机改装一下,好让它能运载一种有史以来最具毁灭性的超级炸弹,丢到日本!

这位军事工程师名叫格罗夫斯,身份是美国政府砸入 20 亿美元的"曼哈顿工程"的负责人,他和阿诺德所商量的事儿,就是扔原子弹玩。

日本能成为史上第一个也是目前为止唯一一个挨了核武器蹂躏的国家,还要"感谢"它的亲密哥们儿纳粹德国的努力。

希特勒上台后变着法儿地迫害犹太人,又组织一帮科学家研发原子,这两件看似并不相干的事儿凑在一起,竟然便宜了美国,害苦了日本。

二战刚爆发没多久的时候,即 1939 年 10 月,罗斯福收到一封信,内容是建议美国赶在纳粹德国之前研制出原子弹,以免希特勒搞出这种武器后祸害人类。

信上的署名家喻户晓:阿尔伯特·爱因斯坦。

不过爱因斯坦"教唆"完罗斯福后,又后悔了,这位留着爆炸发型的科学牛人觉得自己实在不该鼓动政治家去搞这么一种威胁人类的恐怖武器,罪过啊罪过……

罗斯福看了爱老师的信后似乎兴趣不大,关键时刻,总统的好哥们儿兼私人顾问萨克斯博士跳出来对总统说:想当年,美国发明家富尔顿建议拿破仑建立蒸汽机舰艇,结果只懂军事不懂物理的拿破仑不但不听,还把富尔顿赶跑了。如果当初拿破仑听了富尔顿的话,那还了得?! 人类历史就改变了!

罗斯福多聪明啊,他听了萨克斯的话后,马上召开内阁会议讨论爱因斯坦的信,接着成立一个整天搞原子能研究的"铀顾问委员会"。1942 年又正式启动研发原子弹的"曼哈顿工程",由美国军事工程界头号精英格罗夫斯将军负责,聚集一堆科技人才,绞尽脑汁,日夜实验,一腔热忱,秘密研制。

实验室的主任由初恋女友和老婆大人都与共产党密切关系的"烟斗控"奥本海默博士担任,奥博士后来因成功做下这番壮举被誉为"原子弹之父"。顺便说一下,这位"原子弹之父"在战后因为和共产党"暧昧"被美国政府整了。

为了搞好这个足以改变人类历史的大项目,罗斯福总共砸进去 20 亿美元(这可是 40 年代的数额啊),后来美国核袭广岛、长崎,也就相当于把这 20 亿美元送给日本了。

遗憾的是,罗斯福没能活到原子弹问世的那天,更没看到他的爱将阿诺德指挥核袭日本。扔原子弹害人这种歹毒的活由罗斯福的接班人杜鲁门干了。

关于这事,咱在后面讲杜鲁门干仗史时还会细侃。

虽然日本玩科技的能力远不如美国和德国,但人家秉承着对天皇陛下的烈焰一般的崇敬也投入核裂变的研究之中。倒霉的是,他们的实验室,在美军大规模空袭东京时,炸毁了。

看来,上天注定,日本只能挨原子弹的炸,不能拿原子弹去炸人……

32.打日本,很淡定;打德国,很忐忑

美军在太平洋上打得基本很顺,虽说岛屿争夺战异常残酷,不过罗斯福一直很淡定,他相信麦克阿瑟、尼米兹、哈尔西等属下定能扭转乾坤,收拾日本人不成问题。但在一次军事行动中,罗斯福却突然紧张了,几乎整个下午都抱着电话不放,好不容易等到电话铃声响起,他接电话时又手抖似筛糠,心跳也加速,直到电话那边传来好消息,罗斯福的手和心脏才恢复正常。

能让如此坚强沉着的大政治家紧张到这种地步的行动到底是啥呢?不是太平洋的对日行动,而是在非洲。

美国兵要穿过大西洋在非洲登陆了,目标是打德国。

在罗斯福的心中,德国的重要性远胜日本,欧洲的吸引力远胜亚洲,希特勒比天皇更能祸害世界,首先打败德国才是正道,这就是盟国"先欧后亚"的战略。

下面咱就说说,罗斯福是怎么领导美军对付德国的。

话说这希特勒自打1939年挑起史上最大规模群殴以来,越玩越大,地球上最强大的几个国家都和他相继开打。1940年法国被他打趴下了,英国的雪茄肥男丘吉尔甚是有种,积极抗战,希特勒一直没占到啥便宜。

1941年6月希特勒又和斯大林打了起来,结果斯大林还没打过呢,半年后他又找罗斯福打,因为他的亲密盟友日本偷袭了珍珠港,作为组团侵略的铁杆好友,定要出手。再说元首一直对美国和美国总统没啥好感,认为罗斯福是"道德败坏的酒鬼丘吉尔的罪恶搭档……一个卑鄙无耻的阴谋家"。

珍珠港事件后没几天,希特勒心目中的"酒鬼"和"阴谋家"就凑到一

起商量联手打他的事儿了。

1941 年 12 月—1942 年 1 月,罗斯福和丘吉尔这对一瘦一胖的远房亲戚在华盛顿开会,罗斯福发达的大脑里弹出了好几个创意,其中一个就是《联合国家宣言》。他们德意日轴心国不是领着一帮爱好侵略的小弟组团扩张吗?那咱们同盟国也应该领着一帮爱好和平的哥们儿组团抗战,领头的当然是四大抗战主力国了——苏美英中!

在罗斯福的倡议下,热气腾腾的《联合国家宣言》新鲜出笼,40 多个国家先后入伙,这就是后来联合国的原始版。

组团成功后,罗斯福决定把美国兵派到北非,任务是配合英军先把非洲的德意军队扫平,然后再进军欧洲,攻打墨索里尼和希特勒的老窝。

这可是和太平洋战场对日作战同时进行的,您看这星条旗多牛,一边和太阳旗打得昏天黑地,一边和卐字旗斗得鬼哭神嚎,没办法,谁让人家实力雄厚,本土又远离战火呢。

不过罗斯福出兵非洲对付德国的计划遭到首席军师马歇尔的反对,老马觉得当务之急是在太平洋上对付日本,偷袭咱珍珠港的坏蛋在太平洋呢,不在非洲。

罗斯福语重心长地劝解马歇尔:参谋长啊,您想想,如果咱不去帮助丘吉尔,那希特勒就会称霸整个欧洲、中东和北非,就算咱打败了日本,那德国照样欢腾,相比日本,德国祸害人类的本事更大。而且英国是咱亲密好友,咱不能见死不救。

在总统的唠叨下,马歇尔勉强同意了,虽说心里还是有点小郁闷的。

不管怎么说,1942 年 11 月 8 日,代号"火炬"的北非登陆战还是打响了。这次行动的总指挥乃是马歇尔的得意弟子、丘吉尔非常喜欢、罗斯福相当重视的德怀特·戴维·艾森豪威尔将军,昵称"艾克"——美国史上四大陆军五星上将之一。

33.热爱美女司机的盟军司令

咱在说丘吉尔打架时就提到过艾森豪威尔,这里再详侃一下。此君生于1890年,逝于1969年,天秤座,脑袋略秃,双目炯炯,身材魁梧,性格开朗。别看他在二战中痛扁了德国,其实他自己正是人家德国人的子孙,老祖宗是流浪到美国西部的德国移民。

和诸多美国陆军名将一样,艾克也是毕业于西点军校,他年轻时乃一运动高手,足球、拳击、击剑、游泳、网球、棒球、橄榄球、骑马……样样拿手,尤其是足球和拳击最牛,曾有不少体育专家预测他会成为一名球星,可惜一次球赛中膝盖毁了,球星梦破灭。腿脚虽坏,但他手上功夫没废,在一次拳击赛上,他大败一彪悍的黑人拳击手,轰动一时。

体育达人艾克从军后,混了50年一直默默无闻,是一棵无人知道的小草。直到有一天,陆军参谋长马歇尔看上了他,觉得他工作能力超强且性格稳重,老马对他大力提拔,美国参战后就把他搞到华盛顿总参谋部工作,1942年又把他派到英国担任欧洲战区美军司令,执行丘吉尔和罗斯福谋划已久的"火炬行动"。

这一年,艾森豪威尔53岁,他终于混出头了。

来到伦敦后,艾克受到各大媒体热捧,英国人尤其是英国女人认为这位美国将军身材健美、谈吐不凡、潇洒坦率,他一夜之间成为伦敦的万人迷,走到哪里都被成群的记者和美女围追堵截。

说实话,艾克这人的军事本领也就一般,但交际、组织和协调能力却超强,极其擅长搞团结——即搞好美国和盟友们的关系。

美英两国官兵的习惯做派大相径庭,在一块儿待久了肯定有矛盾,艾克经常教育部下:不要老以拯救英国的圣斗士自居,不要吊儿郎当惹英国绅士们心烦……

有一次,一个美国上校和英国军官吵了起来,艾克马上把这个美国上校叫来说:"我承认争论中你是对的,甚至你骂他是浑蛋我也不追究,但是,你骂他是英国浑蛋,为此,我要把你踢回老家!"

为了团结抗战,艾克以身作则,和英国将军们打得火热,并经常陪丘吉尔吃饭喝酒吹牛,深得胖首相喜欢。另外,艾克还和一英国美女搞团结,愣是把她发展成自己的小三。

这位英国美女叫凯,是英国人派给艾克的专用司机,艾克和她一见钟情,玩起了婚外恋。这对年龄相差 20 多岁的情侣有点空闲就得亲热一番,有时艾克被搞得一脸唇印,凯就使劲帮他擦,生怕影响他的将军形象,而美女自己也担心从将军办公室出来头发乱了或衣衫不整被人瞧见。

1942 年 11 月,艾克指挥了他平生的第一次军事行动——代号"火炬"的北非登陆战役,11 万美英盟军在北非顺利登陆,迅速拿下了希特勒的傀儡"维希法国"的地盘阿尔及利亚和摩洛哥。

第二年 3 月—5 月,艾克的战争游戏越玩越大——统领约 50 万美英盟军在北非的突尼斯全歼 25 万德意军队,给充满了浓郁沙漠味儿的北非之战画上了一个圆满的句号。

这年 7 月—8 月,艾克再接再厉,指挥 47.8 万美英盟军杀到了意大利的地盘——地中海的西西里岛,干掉 16 万德意军队(其中德军 3.7 万),在意大利当了 21 年山寨版恺撒大帝的墨索里尼被刺激得毅然垮台。至此,三大轴心国最面糊的一个,抛下俩哥们儿,先挥泪永别了。

34."你不在身边,我晚上睡不着"

艾克在非洲和地中海表现很好,罗斯福和丘吉尔非常满意,两巨头一商量,干脆另一项更重大的战争好戏"霸王行动"也让艾克来当总导演得了,这次行动就是咱们熟悉的《兄弟连》《拯救大兵瑞恩》等战争片所讲述的诺曼底登陆战役。罗斯福和丘吉尔干这仗的目的就是开辟"第二战场"!

之所以叫第二战场,是因为希特勒和斯大林开打的苏德战场是第一战场,开辟了第二战场,苏军和美英盟军就能夹击德国,通俗点说,就是仨老烟鬼——斯大林、罗斯福、丘吉尔要正式在欧洲合殴烟酒不沾的希特勒了!

1943 年 11—12 月,三位老烟鬼为了开辟第二战场等国际大事儿凑到一起开会了,地点是伊朗首都德黑兰。按说抗战的盟国应该是四巨头,还有一位不吸烟的蒋委员长呢,罗斯福是很看重中国的,一直力挺中国抗战,老蒋也很不客气地伸手问美国要钱要枪。

罗斯福之所以那么抬举老蒋,是因为他觉得中国实力虽不如美苏英,但绝对是一枚潜力股,早晚能成为世界大牛,在地球上发挥举足轻重的作用,如果把中国变成美国的亲密哥们儿,那将大大有利于美国玩转地球无敌手。

不过当时罗斯福打死也没想到,短短 6 年时间,蒋介石就被毛泽东赶到了台湾,中国换了新天地,不但和苏联走到了一起,还和美国狠打了一仗。

罗斯福总希望把蒋介石培养成和自己一样的世界级 BOSS,无奈丘吉尔和斯大林都不待见老蒋,尤其是斯大林,说不希望和老蒋坐在一起开会,没办法,巨头们的会谈只能分别进行,罗斯福先去埃及开罗和蒋介石、丘吉尔会面商量打日本的事儿,再去伊朗德黑兰和斯大林、丘吉尔商量打德国的事儿。反正打德国,没蒋介石啥事儿;而打日本,也暂时没斯大林啥事儿(直到 1945 年 8 月美国核爆日本后苏联才出兵对日作战)。

就这样,罗斯福这个大家都喜欢的老好人开了两次大会。在德黑兰会议上,为了取悦斯大林,罗斯福总是拿丘吉尔开涮,甚至帮着斯大林耍笑丘吉尔,把丘吉尔气得胖脸扭曲。

其实,这就是亲者严疏者宽的道理,罗斯福和丘吉尔算是铁哥们儿,他们大战期间经常会面,次次愉快,有人形容这二位就跟幸福甜蜜的小两口儿似的,即使观点不一样,也不影响个人关系。

但斯大林就不一样了,毕竟他是一个让西方资本主义国家很不爽的政权的老大,而且还曾和希特勒一样"邪恶残暴"。所以罗斯福宁可得罪丘吉尔,也不能得罪斯大林。自家人,啥事儿都好说;外人,必须谨慎。

仨烟鬼在德黑兰确定了在法国北部开辟第二战场的目标后,由艾森豪威尔主导的"霸王行动"隆重上演。

其实马歇尔很想离开华盛顿去欧洲导演这部战争大片,但罗斯福对老马说:"你不在俺身边,俺晚上就睡不着啊。"

老马小悲伤了一下,继续待在后方担当军师的角色。

按说当时在前线打仗的美国将军中,威望最高的是在太平洋痛扁日军的麦克阿瑟。

英国总参谋长布鲁克元帅和"自由法国"领袖戴高乐将军都认为老麦是西方第一战将,论军中资历、干仗本事、人气指数,甚至长得帅的程度,老麦都比艾森豪威尔强得多,诺曼底登陆战役被西方人誉为史上最伟大的军事行动,就应该找最伟大的战将来指挥,那么罗斯福为啥不用老麦呢?

有史学家分析出了一个很惊悚的原因。说这罗斯福多精啊,他知道老麦这人性格狂妄,目中无人,自恋过火,而且野心勃勃强烈渴望当总统,但他的政治头脑又太二了,罗斯福早就预料到指挥诺曼底这一经典大战的将军肯定会获得巨大的国际声望和政治资本,战后很可能当选为美国总统,如果老麦打赢了大战当上总统,那以他的性格和脑子治国,美国好不了。而艾克性情温和,处事谨慎,政治头脑也成熟,不如把这好事让给艾克,这都是为了美国人民着想啊。

所以说,罗斯福任命艾克为"霸王行动"总司令,也是为未来的美国选了一位好总统。由此可见罗斯福真乃神人也!当然,这只是一家之言,您爱信不信。

35."霸王"来也

1943 年 12 月,刚和斯大林、丘吉尔和蒋介石三位 BOSS 会晤后没多久,罗斯福就来到了北非的突尼斯,和艾森豪威尔会了面,聊了天,吃了饭,检阅了部队,将军和士兵都被感染了——总统坐着轮椅来前线看望俺们,忒感动了!于是激情喷发,斗志昂扬,发誓一定要打赢大战。

在罗斯福和丘吉尔的英明领导下、由艾克总导演的真实战争大片——"霸王行动",于 1944 年 6 月 6 日 6 时在法国诺曼底正式上演!

就在艾克指挥登陆的数周前,出了件非常诡异的事儿,被无数粉丝奉若神明的希特勒突然真的神明了一把,他凭直觉认为盟军会在诺曼底登陆!

如果希特勒真的凭直觉在诺曼底加强防守的话,那艾森豪威尔就悲催了……

但是，元首的情报部门和麾下多数将帅坚持认为：盟军登陆诺曼底，绝不可能！盟军登陆加莱（法国北部港口，离德国更近），最有可能！

很快，元首的"英明"和"天才"就被盟国那些人精整出的一系列欺诈行动给忽悠没了。假部队、假集结、假情报、假信号，甚至假的蒙哥马利，轮番上场假折腾，争先恐后地做出要在加莱登陆的假架势。

好吧。不管别人信不信，我算是信了：盟军会在加莱登陆！

一开始还精明过火的希特勒终于成功地被盟军和自己人给搞傻了。

艾森豪威尔一声令下，"霸王"出击诺曼底！

300万美英盟军士兵、5000多艘舰船和10000多架战机跟抢购紧俏商品似的铺天盖地玩儿命狂冲，巨浪翻滚，大地乱颤，一死一堆，浴血海滩！

在奥马哈海滩（诺曼底登陆中厮杀最惨烈的登陆点），很多美国大兵陷入绝地——前有德军密集的子弹和大片雷区，后有海浪滔天，待到涨潮时，大量伤兵活活淹死。

在科唐坦半岛（诺曼底半岛突出部分）的一个小镇，由于炮火太猛，小镇被夷为平地，一美国军官观察了半天，发现四周活下来的生物只有两只野兔。

在奥恩河的德军前线（登陆海滩就在奥恩河河口），盟军战略轰炸机一窝蜂地倾巢出动，狠狠地投下了七千多吨高爆炸弹，侥幸没死的德军士兵都被吓坏了大脑，有的陷入癫狂，有的呆若木鸡，还有的神情恍惚地来回徘徊。

…………

艾克在导演诺曼底登陆的时候，麦克阿瑟和尼米兹指挥的太平洋岛屿争夺战也在火热进行，只不过相比诺曼底登陆这场西方人眼中的史上最牛军事行动，打日本的行动变暗淡了，整个西方媒体都关注着诺曼底，谁让这日本天皇的"魅力"远不如德国元首呢。

登陆日这天，罗斯福美美地睡了，一年前的"火炬行动"时他还紧张呢，看来总统的定力升级了，倒是他的夫人埃莉诺却由于过度紧张睡不着。

当马歇尔打电话来时,埃莉诺立即喊醒了总统。就在这时,神奇的事情突然发生了！这位下肢瘫痪的老人激动地从床上一跃而起！这可不是我胡扯,而是被美国外交牛人基辛格博士誉为"最可读最全面的罗斯福传记"上记载的。

听完马歇尔对诺曼底战况的汇报后又过了几小时,总统得知盟军打得不错的消息,乐坏了,他先在白天召开记者招待会对着记者们一番狂侃,后又在傍晚向全美人民演讲,感动得无数美国人泪流满面。

希特勒本打算在登陆地点灭掉所有来犯之敌,还认为只要德军打赢了这仗,罗斯福不但会被美国人民踢出白宫,还会被关进监狱,丘吉尔也会被英国人踹出唐宁街 10 号。然而,元首很傻很天真,盟军虽然付出了伤亡 12 万多人的惨重代价,但还是打赢了,德军防线全面崩溃！

这诺曼底登陆战役的第一功臣自然是总导演、盟军最高统帅艾森豪威尔,一战下来,艾克威名响彻全球,几乎让所有的盟军将帅都黯然失色。

其实这艾克的任务主要是统揽全局、协调关系和下达命令,具体指挥战事的都是他手下的那些干仗高手,其中有三位名气最大,一位就是咱前面说过的英国元帅蒙哥马利,这位绰号"猴子"的瘦老头是"霸王行动"的地面部队总指挥,他的故事咱前面说过,这里只说另两位。

和艾克、老麦、尼米兹等人一样,这俩也是罗斯福手下的超级名将,而且也都是军师马歇尔的人,还是艾克的老同学。他俩都是极有个性的家伙,都是弹无虚发的打枪高手,只不过一个性格"面糊",做事"磨叽",一个性格火暴,做事狂猛,前者可谓摇篮曲,后者可谓摇滚乐。

36.两个名将神枪手,一个刚猛一个柔

摇篮曲风格的叫布莱德雷,乃美国历史上四大陆军五星上将之一,也是迄今为止美军最后一位五星上将(1950 年授衔),被誉为"盟军的思想机器"。当代美军有种在战场上广泛使用、所向披靡的战车,便是以这位老兄的名字命名的。

咱很多中国人挺熟悉的那句话——"错误的时间,错误的地点,与错

误的敌手打一场错误的战争"（其实这句话还有个前缀，老被咱忽视，即"如果把战争扩展到红色中国，那将会是……"）就出自这位老兄之口，不过这是他在战后当参谋长联席会议主席时于朝鲜战争期间说的，这里只说他在二战中的表现。

奥马尔·纳尔逊·布莱德雷生于1893年，逝于1981年，水瓶座，出身教师家庭。老布一直被誉为谨慎谦逊、宽厚仁和的儒将，虽然总是给人面面的感觉，但武功非常了得。

布莱德雷6岁就摸枪玩，练就了一手好枪法，指哪儿打哪儿，百发百中。他的脑子也很好使，数学成绩极好，可谓文武双全。

西点军校毕业后，布莱德雷当过军校教官，由于数学厉害，记忆力超强，琢磨事儿时严谨精密，平静听话，踏实苦干，深得马歇尔赏识，从此官运亨通。

美国参战后，布莱德雷于1943年被马歇尔派到非洲，在老同学艾森豪威尔手下任副军长，而军长也是他们的同学，即曾经奥运了一把的巴顿，他就是咱前面提到的那位摇滚乐风格的名将，虽说他获得的最高军衔（四星上将）要低于布莱德雷，但他的人气却远远超过了他的这位老同学。

咱知道，麦克阿瑟被誉为"新版的恺撒"，而巴顿则被誉为"新版的拿破仑"，这位"热血与豪胆"的猛将生前已经名震军界，死后一部奥斯卡经典大片《巴顿将军》更让他享誉全球。

小乔治·史密斯·巴顿生于1885年，遇难于1945年，天蝎座，号称"血胆将军"，出身律师家庭，天资聪颖，自幼狂妄，勇武盖世，崇拜历史猛人，但精神略微异常，时有变态举动。

如西点军校上学时，他想证明自己和子弹哪个更牛，便在别人射击时突然站起来，让子弹飞在身边；

又如他用胳膊去试验电机以证明自己胆大，结果差点残废。

巴顿虎胆龙威，又是武林高手，骑术超强、枪法极准，更兼一手剑术（骑兵军刀），被誉为"美军一流的剑术大师"。

1912年，巴顿仗着自己的武功奥运了一把，在斯德哥尔摩奥运会五项全能比赛中得了第五名（共 43 位选手），他是所有选手中唯一击败过法国剑术冠军的。

巴顿的另一大特长，就是脏话无敌，满嘴"狗娘养的"等污秽词语，当别人指责他的语言粗俗下流时，他厉声告诉世人：脏话能振奋士气，打仗时必不可缺！由于他一天到晚咋咋呼呼，骂不绝口，还得了一个绰号——"咆哮的乔治"。

巴顿还十分讨厌八卦记者，他曾经对士兵们喊道："那些胡说八道的记者除了他妈的知道上床之外，对真枪实弹一窍不通！"至于他为啥那么不待见记者，您往后看就知道了。

巴顿的秉性，和太平洋上那位和日军干仗的"蛮牛"哈尔西何其相似也！

巴顿是位罕有的猛男，他的老婆比阿特丽斯和他是天生一对，是个少见的猛女。但凡诋毁巴顿的人，她都敢亲自上去与之玩儿命。有一次，一个家伙喝高了，说巴顿是个"假英雄"，这可把巴顿夫人惹恼了，只见她以迅雷不及掩耳之势将这个醉鬼扑倒在地，接着狂舞粉拳，直到巴顿把她拉开。如此老婆，堪称极品！

1917 年美国参加一战后，剑客兼枪神巴顿又爱上了一种新式武器：坦克。巴顿认定这玩意儿和自己一样生猛无敌，前途无量。从此他快速转型，成为美国第一坦克手。

巴顿的骁勇善战深得当时美军头号大腕儿潘兴将军的赏识，潘兴送给他两个美誉："斗士"和"匪徒"。当然，潘兴最爱的还是巴顿的妹妹（这段咱前面说过）。

1941 年美军参加二战后，剑客兼枪神兼坦克高手巴顿又获得了一位美军大腕儿的赏识。他就是马歇尔。

老马觉得，如果让巴顿这号"匪徒"对付强大的德军，肯定效果极好。

1942 年 10 月，巴顿被马歇尔任命为美军西部特遣部队司令，成为盟军司令艾森豪威尔麾下的战将，参加代号"火炬"的北非登陆战。

在离开美国前，巴顿受到罗斯福的亲切接见，巴顿对总统说："阁下，我只想对您说，此战打不赢，我就去死！"

北非登陆战中,巴顿一边用"狗娘养的"等经典词汇怒骂胆小退缩者,一边全副武装亲自和士兵们奋勇挺进,终于胜利完成任务。

第二年初,美国第二军在非洲惨遭德军名将"沙漠之狐"隆美尔的蹂躏,巴顿奉上司艾克的命令重整部队,经过一番残酷的训练和粗野的辱骂,第二军从集体颓废变成了如狼似虎。在突尼斯大捷中,巴顿一边满口脏话,一边亲临前线指挥血战,美军连战连捷,大获全胜。

升任美军第 7 集团军司令后,巴顿于 1943 年率军对意大利西西里岛发动猛攻,和他同时进军西西里的是英军名将蒙哥马利。这位曾在阿拉曼战役大败"沙漠之狐"的名将进展缓慢如蜗牛,而巴顿如脱缰野马般疯狂奔袭,连续攻占西西里首府巴勒莫和重镇墨西拿。

巴顿太猛了!让一直自认无敌的蒙哥马利顿感自尊心遭到了严重伤害。

然而就在巴顿人气飙升前途光明的时候,他却干下一个恶劣事件,险些毁掉了自己的前程!

这就是轰动一时的"耳光门事件"。

37.怒掌和铁拳

话说 1943 年 8 月 3 日,巴顿在医院视察时发现一个士兵没受伤却在住院,巴顿哪里知道这位老兄得的是精神病(这可不是我胡扯,人家真患了"急躁型中度精神病"),顿时怒火高燃,对其一顿臭骂,并用手套狠抽了这位老兄的脸。在场的医生护士吓傻了。

7 天后,巴顿似乎逛医院上瘾了,又溜达到一家医院。结果又发现一个士兵没受伤却住院,巧的是,这位老兄得的是神经病(学名"炮弹休克症"),巴顿再次勃然大怒,大骂"狗娘养的",并狠狠抽了士兵一个嘴巴子,还掏出手枪吓唬他。这里的医生护士也吓傻了。

短短一周,堂堂司令,连挥怒掌,先打了一个精神病士兵,又打了一个神经病士兵,此事轰动全军,影响恶劣,再加上八卦记者趁机炒作,导致舆论纷纷要求把这个浑球将军撤职查办,关键时刻,多亏艾森豪威尔竭力保护,才没让巴顿的军事生涯完蛋。否则,缺了"血胆将军"的美军战史,定会乏味不少。

现在您知道,巴顿为啥鄙视记者了吧?

平心而论,巴顿绝不是野蛮的浑蛋将军,他平时也是爱兵如子,打士兵耳光只是恨铁不成钢而已,他最鄙视的就是胆小鬼了,更何况,这家伙根本就不懂什么是精神病或神经病,他就认定,只要不是眼瞎、腿断、胳膊残,就得上阵厮杀。

相比巴顿的战友布莱德雷,同样是爱兵如子,人家对待士兵就一贯温柔,和蔼可亲,爱心泛滥,每次打仗都要尽力避免士兵过度伤亡,被誉为"大兵的将军"。

美军刚参战时,布莱德雷还是巴顿的下属,后来巴顿的狗熊性格不招人待见,位置就调过来了,巴顿成了布莱德雷的下属。

巴顿很欣赏布莱德雷的才干,但又觉得老布做事太磨蹭,而布莱德雷虽然对巴顿的勇猛很赞赏,但又觉得他太兵痞。

当巴顿脾气发作满口脏话时,老布总在旁说:"行啦行啦,少说两句吧!"布莱德雷对巴顿猛冲猛打的作战风格也很不爽,他一贯主张谨慎用兵,反对玩儿命。

有时候布莱德雷还挺嫉妒巴顿的,因为巴顿总被媒体包围出尽风头,布莱德雷看着有些吃醋,于是他就想着法儿模仿巴顿装酷,结果东施效颦,遭到嘲笑。

不管怎么说,这对儿老同学总体还是合作成功的,他们取长补短,刚柔并济,在艾森豪威尔的统一领导下,向着纳粹德国的腹地奋勇挺进!

1944 年 6 月,艾克指挥盟军在诺曼底成功登陆后,"好孩子"布莱德雷成为艾克麾下两大主力军团之一第 12 集团军群的司令(另一主力是蒙哥马利指挥的第 21 集团军群),"坏孩子"巴顿成为老布麾下主力——第 3 集团军的司令。

一般情况下,他们仨的打仗状态是:艾克下达命令,老布制定计划,巴顿冲锋陷阵。

在欧洲战区美军"三剑客"的指挥下,美国大兵们先扫清了法国境内的德军,接着进攻德国本土,其中表现最活跃的自然是巴顿,殴打士兵的怒掌已经化身为狂扁纳粹的铁拳!

"血胆将军"盛气凌人地顶着钢盔,揣着最爱的雪茄和象牙柄左轮手枪,一边咆哮着"婊子养的德国佬",一边率军横冲直撞,斩将夺旗,指挥第3集团军总共推进了1000多英里,横扫城镇村庄13000座,干掉德军148万人,打出了欧洲战场美军最辉煌的战功。

请看这一经典镜头:进军阿登山区之时,寒风萧萧,漫天飞雪,道路崎岖,一片泥泞。巴顿的部队在狂风暴雪中挺进,大兵们的衣服上满是雪花和泥浆,指挥官顶风冒雪高高耸立于坦克炮塔上镇静指挥,将军在咆哮,士兵在奔跑!当布莱德雷看到这一震撼场景时,情绪失控,难以自制,顿时泪花飞溅……

美军连战连捷,德军趋于崩溃,看到遍地都是德国兵的尸体,巴顿兴奋高呼:"难道还有别的东西比这更他妈的壮观吗?"

当越过莱茵河时,巴顿突然停车,走出来解开裤子拉链,英勇地对着河里尿了一泡,接着对助手说:"我早就盼着干这事儿了!"不久,巴顿应邀去参加莱茵桥通车典礼,剪彩时别人递给他一把剪刀,他顿时大怒,说道:"你把老子当裁缝吗?!他妈的,给老子拿把刺刀来!"

这位盖世无双的血胆老头曾说过这样一句经典牛话:"军人最好的归宿,是在最后一场仗中被最后一颗子弹干死。"巴顿打赢了他在二战中的最后一仗,却未能实现战死的愿望,更具讽刺味道的是,他也没能混个善终。

战争结束后的和平日子里,巴顿闲得难受,整天叫嚷着要和苏联干仗。就在德国投降的7个月后,他出去打猎遭遇车祸,脖子撞断,医治无效,与世长辞(巴顿之死,有些迷雾重重,有史家曾分析此乃谋杀,说他曾威胁要揭露艾森豪威尔的失误而遭遇灭口,也有说他是调查纳粹德国黄金失窃之事得罪军方遭遇灭口,还有说他是得罪苏联而被苏联特工杀死,众说纷纭,没有定论)。

一代名将突遭不幸让世人叹息不已,但对这位嗜战争如生命的血胆老头来说,也是种解脱,毕竟和平的日子让他感觉生不如死——他曾多次和别人说,如今他已无所事事,不如死了算了。现在好了,不用活受罪了。

对于这位优点一大堆,缺陷也不少的名将,无论人们喜欢与否,都不得不承认,他是美国历史上也是世界战争史上最伟大的军人之一。

话说巴顿在欧洲大爆粗口、所向披靡的时候,一位同样说话粗俗、也擅长用脏话骂人的美国名将却因为"骂过火"了,被罗斯福勒令下课。因为他骂的对象非同小可,是蒋介石。

38.怒骂蒋委员长的"醋酸乔"

辱骂老蒋的美国将军名曰史迪威,他也是马歇尔的一位得意门生,和巴顿、麦克阿瑟一样,都属于脾气恶劣、不招人待见的将领,如果说巴顿是火暴粗俗,老麦是狂傲自恋,那这史迪威便是尖酸刻薄,江湖人送绰号"醋酸乔"。

史迪威整天叽叽歪歪,遇到不喜欢的人就极尽嘲讽,用无敌的语言把人糟践得屎都不如。当然,他也是一位干仗高手,被马歇尔誉为美国最优秀的步兵战将。

约瑟夫·史迪威生于 1883 年,逝于 1946 年,双鱼座,毕业于西点军校,还曾在加州大学学习汉语。日本侵华战争初期,他曾四次来中国,担任驻华武官等职。

史迪威先后在中国待了 10 年,走遍了中国的大江南北,尝遍了中国的各种美食,对中国文化和中国老百姓无限热爱,但对中国军阀和国民党高层无限厌恶。

每当老史带着老婆和孩子们深入中国乡村时,纯朴天真的中国农民们都会跑来围观,看看外国娘儿们是不是也和中国女人一样解开上衣掏出乳房给娃喂奶……

1941 年 12 月,为了更好地打日本鬼子,罗斯福提议建立一个盟国中国战区,由蒋介石担任最高司令,还要派一个熟悉中国事务的美国将军担任老蒋的军师,也就是战区参谋长,马歇尔立刻蹦出来说,史迪威最合适了!

第二年 3 月,史迪威飞到了重庆蒋委员长的身边。

出发前,这位"醋酸乔"去白宫拜会了总统,第一次和罗斯福见面,他就爆发了醋酸劲儿,他觉得罗斯福把海军当成掌上明珠,把陆军当成后娘养的,还认为罗斯福夸夸其谈,净整虚的,对他交代的事儿几乎全是废话。后来史迪威又艺术性地给罗斯福起了一个绰号——"老软蛋"。

您想想,他对自己的 BOSS 都这样,对别国的 BOSS 能好吗?

史迪威上任伊始,就和老蒋闹开了。

1943 年 3 月,蒋介石亲切地授权史迪威指挥 10 万中国远征军入缅甸和日军打仗。然而远征军将领杜聿明只听他"校长"的,根本不把这个美国佬放在眼里,险些把史迪威活活气死。

在这场丛林血战中,"十万大军下缅甸,四万残兵侥幸还"。

史迪威恼羞成怒,回到重庆后就对蒋介石说国军的高级将领多数不称职,尤其是杜聿明! 蒋介石大为不快。

此后蒋史二人越接触就越烦对方,史迪威总想着按照自己的方式去训练和指挥更多的中国军队,根本不管在中国地盘上谁才是老大;

蒋介石则命令史迪威不要管打仗的事儿,而要努力干好为中国使劲掏钱的事儿,即美国援华物资。

史迪威的醋酸劲儿接连爆发,认为老蒋腐败透顶、抗战不力,同时用无敌的语言艺术往老蒋身上泼屎,他给老蒋起个了外号,叫"花生米",接着对记者说"花生米"是"无知、没文化、迷信、缺乏教养的婊子养的"。同时他还干了一件令老蒋深恶痛绝的事儿:一个劲儿地夸共产党军队好。

蒋介石多次提出撤换史迪威,但罗斯福没答应,史迪威也要求排除蒋介石,罗斯福也没答应。

相比难以驾驭的史迪威,蒋介石对另一个来华的美国将领充满了好感,而且这位美国将领对蒋夫人更是充满好感——她是俺心目中永远的公主。

此人便是美国空军中将、著名的"飞虎队",即美国志愿援华航空队的老总——陈纳德将军,其夫人陈香梅女士生于北京,早年是中央通讯社记者,二战后定居华盛顿,成为美国共和党的华裔政治家。

克莱尔·李·陈纳德生于 1893 年,逝于 1958 年,处女座。是个狂热迷恋战斗机的空中牛人,具有炉火纯青的飞行技术,他曾化装成一位拄着拐杖的老太婆,请求一驾驶员带他上天溜达一圈,不料这位驾驶员刚把他搀扶到飞机上,他就突然开足马力,腾空而起冲入云霄,接着在空中跳舞,姿势新奇。此乃美国空军的一段佳话。

抗战期间,陈纳德被派到中国帮助组训中国空军。1941 年 4 月,罗斯福把美国志愿航空兵派到中国抗日,首批志愿飞行员组成"飞虎队",陈纳德担任司令。他们开着涂有鲨鱼嘴标志的战机翱翔蓝天,半年内就击落了 300 架日本飞机。

老陈比老史聪明,他知道要想在中国混好,就得和老蒋保持亲密关系。这令认为老蒋就是一败类的老史对老陈极为不屑。

有一次,罗斯福问陈、史二将,蒋总司令是个啥样的人呢?

陈的回答是:"他是当今地球上数一数二的最伟大的军事和政治领袖之一。"

史的回答是:"一个说话从来不算数的、优柔寡断、阴险狡诈的老无赖。"

蒋介石琢磨开了:这俩美国将军一好一坏,不如用汉人历史上惯用的以夷制夷之计,用"好孩子"陈纳德打压"坏孩子"史迪威,最好能把史迪威搞掉。

到 1944 年 8—9 月时,叽叽哇哇满腹愤怒的史迪威突然很兴奋,这年 8 月,他率领中国远征军在缅北重镇密支那痛扁了鬼子,并晋升为四星上将,9 月他收到了罗斯福让老蒋把全部中国军队指挥权交给他的电报,而且措辞强硬。

史迪威乐疯了,他挥毫写了一首打油诗:"……标枪在手,将他(指的是老蒋)穿透,小畜生浑身发抖,开不了口,脸色发青,肌肉颤抖,强忍住才没大吼……"

然而史迪威哪里知道,他的总司令罗斯福可是一个玩人无数的政治老手。

当老蒋更进一步要求罗斯福撤换史迪威的时候,罗斯福答应了老蒋。

罗斯福很清楚,史迪威这样的将军美国多得是,而老蒋是中国的领袖,是唯一的,绝不能因为一个将军而放弃中国。

就在电报力挺史迪威的一个月后,罗斯福召回了史迪威,蒋介石可痛快了。

为了"讨好"别国的首脑,可以牺牲掉自己最杰出的步兵战将,这不是一般政治家能做到的。

当史迪威知道自己被罗斯福黑了之后,火冒三丈,大骂罗斯福是老软蛋,但骂完之后还是无奈地奉召回国了。

史迪威临走前,老蒋授予他青天白日大勋章,史迪威一口拒绝。回国后,这位"醋酸乔"担任了多种军职,但一直默默无闻,直到1946年去世。

史迪威逝世的消息传到中国后,一个中国人在南京为他开了追悼会,还给他写了副很有文采的挽联:

危难仗匡扶,荡扫倭氛,帷幄谋谟资擘划;
交期存久远,忽传噩耗,海天风雨吊英灵。

如此沉痛追思史迪威的人就是被史迪威骂为"花生米、婊子养和老无赖"的蒋介石,不知"醋酸乔"在天有灵,当作何感想……

39. 牛人归天

"醋酸乔"被黑掉的十多天后,即1944年11月7日,罗斯福赢得了第四次总统大选,虽然史迪威心里恨死了罗斯福,但在美国民众心中,这位总统的声望已达巅峰。

无论是在纽约还是在华盛顿,罗斯福的敞篷车所到之处,都是一片欢呼声和掌声,老百姓们都认为他们的总统身上有一种难以抗拒的吸引力。

当时美国著名影星兼歌手西纳特拉(曾主演《乱世忠魂》等)直接把自己的孩子取名为富兰克林,因为他太崇拜总统了。

不过此时罗斯福的身子骨已经越来越不给力了,繁重的战时工作让他体内几乎每个零件都出了问题，再加上那本来就残疾的肢体，罗斯福已成为一个随时可能被病魔夺去生命的老人。医生们对他的建议是：少吸烟，少喝酒，多睡觉。

好在总统的脑子依然清晰、睿智，玩军政照样炉火纯青。

1945 年 2 月，这位病恹恹的总统再次和另两个老烟鬼斯大林、丘吉尔聚首，他们凑到了避暑胜地克里米亚半岛的雅尔塔开会，仨老头商量了怎么最后打败德国和日本的问题以及战后他们三个大国怎么摆弄地球的问题。

罗斯福亲自提议命名并为之消耗大量脑细胞的国际组织——联合国也进入了成立倒计时（1945 年 10 月 24 日正式成立）。

罗斯福带着沧桑和疲惫回到国内，健康状况越来越差，咱们从雅尔塔三巨头会议上的照片上可以看出，夹着雪茄的丘吉尔依旧膘肥圆润满面红光，一身军装的斯大林照样目光炯炯胡须威武，唯罗斯福骨瘦如柴形容枯槁，俨然风烛残年。

医生建议总统不要过于操劳，去佐治亚温泉进行全方位疗养。

虽然总统的身体被病魔摧残得很严重，但前线的美军也把德国和日本摧残得很严重：

在欧洲，艾森豪威尔、布莱德雷和巴顿的部队势如破竹，困兽犹斗的希特勒怒而发飙，在阿登地区搞了一次气势汹汹的大反扑（1944 年 12 月—1945 年 1 月），结果扑死美军 7 万多人，自己挂了 12 万人，得不偿失；

接着美军渡过莱茵河（1945 年 2 月—3 月），在德国本土尽情撒欢儿，鲁尔一战大破德军（1945 年 3 月—4 月），奠定了西线盟军的最后胜利，德军最后的名将莫德尔元帅愤而自杀，而东线的苏军已逼近希特勒的老窝柏林，可怜的第三帝国元首躲在地堡里，过着停水停电上厕所没法冲的悲催日子；

在太平洋，麦克阿瑟扫灭了驻守菲律宾的日军（1945 年 1 月—7 月），尼米兹先克硫磺岛（1945 年 2 月—3 月），继取冲绳岛（1945 年 4 月—7 月），逼近日本本土，严重惊吓了天皇。帝国武士们像"愤怒的小鸟"一样，一次又一次开着飞机进行自杀式的"菊水特攻"，然而无济于事。

与此同时,美国空军老总"幸运儿"阿诺德手里的轰炸机欢快地飞来飞去,向德日两国诸多城市倾泻着数不清的炸弹……

这时候的罗斯福对打仗的事儿已经不太琢磨了,他脑子里想的更多是战后的事儿,比如联合国成立后怎么把和平搞好,得胜后的苏美英中四强怎么相处,德国和日本完蛋后怎么处理它们,美国在战后的日子里怎么在地球上捞到更多好处,等等。

然而令人遗憾的是,罗斯福没有亲眼看到德国和日本的最终玩儿完,也没有看到联合国的成立。

1945 年 4 月 12 日下午,罗斯福总统在佐治亚突然去世,享年 63 岁,当时艺术家伊丽莎白·舒玛多夫女士正在给他画像,画像还未完成,伟人就停止了心跳。

罗斯福病逝的消息很快就传遍世界,无论是他的盟友丘吉尔、斯大林,还是他手下的将军们马歇尔、麦克阿瑟、尼米兹、艾森豪威尔、布莱德雷、巴顿,都感到天塌地陷,极度悲伤,就连日本政府也播放了哀乐。

只有在德国,希特勒欢欣鼓舞,举杯欢呼说:史上最大战犯终被命运之神除掉啦!

当然,希特勒自己在这个世界上蹦跶的日子也不多了。

罗斯福去世的 25 天后,希特勒在新婚蜜月的第一天自杀身亡,接着德国投降。三个多月后,罗斯福的继任者杜鲁门把罗斯福生前批准研制的原子弹扔到了日本,还扔了俩,紧接着日本天皇也飙着泪投降了。

星条旗,最终以阵亡 29.1 万人的代价赢得了二次大战。

富兰克林·罗斯福在历史上一直和华盛顿、林肯并列为美国最伟大的总统。他的经典名言"唯一值得恐惧的就是恐惧本身"激励了一代又一代美国人。

这位残疾总统活着的时候,有相当一部分人特不待见他(包括美国国内),曾被骂为"江湖骗子",但终其一生,更多的人对他的感觉还是尊重、赞赏、敬仰、钦佩和崇拜。

西方史学家曾列出了他一生中的七大壮举:一是关键时刻拯救了西方文明;二是使美国扎根世界;三是彻底改造了美国政府;四是领导了史

上最大的军事胜利;五是让西方世界安享民主;六是成功控制了美国政治体系;七是与病魔抗争的传奇鼓舞了世人。

这七大壮举有些说得比较夸张,然从中咱可以感受到罗斯福在欧美人心目中的光辉形象和崇高地位。

身为美国三军总司令,罗斯福也被称赞为二战中最成功的 BOSS,从援助盟国,到直接参战;从大力扩充陆海空新武器,到研制原子弹;从太平洋屡挫日本,到欧洲战场重创德国;从维系苏美中盟国团结抗战,到规划战后世界;罗斯福以惊人的精力和过人的谋略纵横捭阖,调兵遣将,玩转地球,极少失误,既打败了轴心国,又强大了美利坚,使将帅乐于效死,盟友倚为支柱,敌手恨之入骨,后世赞不绝口。

话说罗斯福在二战胜利前夕突然去世后,一个绰号"密苏里骡子"的农民政治家继任了美国总统,他上台后马上给日本扔了俩原子弹,又开启了"冷战"机器,并领导美国在遥远的朝鲜半岛参加了战后第一场局部战争……

世界大战到此结束,战后局部战争揭开序幕! 20 世纪下半叶,又有哪些极品的 BOSS 闪亮登场,在世界舞台上拳打脚踢呢?

首先,咱先来看看朝鲜战争中美国 BOSS 的表现。

一对同为白羊座的朝鲜牛人展开激烈互殴,导演了一出并不浪漫的真实韩剧,号称"密苏里骡子"的农民大叔毅然插足!

刚打赢二战没多久的美国大兵又杀入朝鲜半岛,于是乎"韩剧"和"美剧"同步进行!

傲气冲天的"美国恺撒"再度出击,勇猛善战的彭大将军再度挂帅,杜大叔却恨死老麦,骂不绝口……

请看下集:《"密苏里骡子"出征"思密达"》。

"密苏里骡子"出征"思密达"

——美国总统杜鲁门和朝鲜战争

40.满嘴脏话的"骡子"

话说 1945 年 4 月 12 日,二战还在火热进行,领导美国和德、日英勇干仗的富兰克林·罗斯福总统却不幸与世长辞,晴天霹雳,全民悲泣。

在罗斯福太太的衷心鼓励下,一个脾气暴躁、满嘴土话、擅长骂架、绰号"密苏里骡子"的人接替了罗斯福的位子,因为他当时的身份是副总统,根据美国宪法规定,总统如果在任内突然挂了或突然下台,副总统应赶紧补上。

这位享有"骡子"美誉的接班人名曰哈里·杜鲁门。日后的事实证明,这也是一个干仗猛人,当上总统不到半年,他就很慷慨地"赠送"给日本两颗原子弹,从而成为史上唯一一位拿核弹扔人的 BOSS。

五年后,他又在亚洲干了一大仗——很仗义地帮助"小弟"、一个叫李承晚的留美博士对付李的同胞兼敌手、一个叫金日成的游击队长。

这一仗的结果,对美国来说,有点郁闷。

杜鲁门先生曾被咱中国大陆人民视为十恶不赦的美帝头子大坏蛋,其原因是他又帮助"人民公敌"老蒋,又欺负"亲密朋友"朝鲜。

20 世纪 50 年代,咱中国曾流行过这样一段童谣:"一二三四五,上山打老虎。老虎不吃人,专吃杜鲁门。"看到没,这位美国总统在当时的中国小孩心目中,连"人"都算不上。

不过对美国人来说,这位在中国童谣中被老虎吃掉的总统是他们心目中非常优秀的好领导,还被评为美国史上十位最伟大的总统之一,和林肯、华盛顿、罗斯福等人并驾齐驱。

那么,老杜到底是个啥样的人呢?

话说杜鲁门生于 1884 年 5 月 8 日,金牛座,密苏里人,出身农民,学历高中,八岁即戴上了深度近视眼镜,自幼和农田与牲畜为伴,擅长种植玉米和喂养牲口,爱好打扑克和阅读书本中的色情描写,浑身散发着浓烈的乡村气质,江湖人送绰号"密苏里骡子"。

当然,艺术的东西,杜鲁门也能玩,比如弹钢琴,而且弹得相当不错。有趣的是,杜鲁门学钢琴和如今诸多中国小孩练琴的原因一样——被家长逼的。

不过出色的钢琴技艺并没有让杜鲁门变得高雅,这位乡村爷们儿生性粗鲁,暴躁易怒,常说脏话,动辄骂人,且骂人的语句里也很有乡土气息。

比如,他曾骂某人是"一堆臭马粪",后来这位被骂者的老婆找杜鲁门的老婆理论,请她让杜鲁门把嘴巴放干净些。

杜夫人却说:"我已经花了多年工夫帮他把语言美化到现在的地步。对他来说,骂'臭马粪'已经算是很文明很柔和的了。"

说到这杜鲁门的老婆名曰伊丽莎白·贝丝,性格活泼,擅长吹口哨、扔铅球和打篮球,她和杜鲁门在小学和中学都是同学,杜鲁门从小就迷恋她,长大后终于成功地把她娶到手,还成功地生了一个女儿。

杜鲁门对外人骂骂咧咧,对老婆和女儿却柔情似水,他经常一手搂着老婆一手搂着闺女在重要场合给大伙介绍:"这是俺老婆,也是俺老板;这是俺闺女,也是俺老板的老板。"

当别人惹到他的"老板"和"老板的老板"时,他会以比"臭马粪"犀利百倍的言辞破口攻击。

比如有一次某记者曾说杜鲁门他闺女唱歌难听,老杜知道后暴跳如雷,疯狂开骂,还说要和这记者拼了。要知道,当时的老杜已经是一位真正的 BOSS 了——白宫之主。

看到这儿,您可别以为杜鲁门是一李逵式的粗蛮莽汉,此人粗而不傻,精明至极,且信心百倍,倔强果敢,具有超强的决断力。正因为这些优点,这位没上过大学的农民哥才能在美国政坛脱颖而出,最终入主白宫,接着又成了世界政坛的风云牛人。

41.老二转正

在从政之前,杜鲁门种过地、养过牲口、当过铁路计时员和银行办事员、挖过矿、当过兵(参加第一次世界大战)、开过服装店……社会经历复杂,久经江湖历练。

38岁那年,杜鲁门做生意赔了好几万,变成了穷光蛋。为了养活老婆孩子,他做出了一个重大决定——杀入政坛,当官去!

要想在政坛混出头,就得找个实力雄厚的老大当靠山,小杜就很擅长搞这套。

杜鲁门毅然投靠了密苏里州的"毛驴党"大腕儿潘德加斯特,在老潘的支持下,39岁的杜鲁门于1922年当选为杰克逊县东区法官,四年后又当选为该县的首席法官。绰号"骡子"的小杜和标志"驴子"的民主党牵手终生,真是"臭味相投"。

1934年,51岁的杜鲁门当选为参议员,此后他又投靠了一个更有实力的大腕儿——当时的总统富兰克林·罗斯福。

由于杜鲁门矢志不渝地力挺罗斯福并在工作中表现突出,罗斯福对其十分欣赏,在罗斯福的支持下,杜鲁门于1944年11月当选为副总统。

这美国副总统听起来很威风,一个大国的"老二"!但实质上没啥权力,管不了什么正经事儿,除非"老大"即总统突然挂了或突然下台,"老二"才能发挥大作用,即继任"老大"。

杜副总的命就是好,这种相当难遇的事儿还真被他赶上了。

1945年4月12日,罗斯福总统突发脑溢血去世,当上副总统才82天的"密苏里骡子"光荣转正,三年后他又竞选成功,连任总统。他是美国历史上的第33任总统。

不过对杜鲁门来说,突然转正对他来说并不是啥欢乐的事儿,反而压力重重,因为他转正时,正值人类史上最大规模的超级群殴——第二次世界大战的尾声。

当时的国际形势是这样的：

在苏美英中四大盟国的合殴下，德国和日本即将完蛋，遍体鳞伤的地球需要重整山河，"联合国"这个由盟国 BOSS 们策划出来的"劝架组织"马上就要新鲜出炉……

这一系列国际大事都离不开美国总统的掺和，这也意味着作为国际事务菜鸟级玩家的杜鲁门刚上台就要走向世界，和那些经验丰富的骨灰级玩家如斯大林、丘吉尔等人打交道。

一想到这些，杜鲁门就大脑发晕，他对记者感叹道："俺感觉星星、月亮和所有的星球都砸到我的肩膀上了。"

形势是相当复杂的，道路是极其艰难的，工作是非常不易的，好在"密苏里骡子"是无所畏惧的。

精力旺盛、闯劲儿十足的杜鲁门边干边学，搞不懂的地方就不耻下问，向专家和顾问虚心请教。

在风风火火地和苏英两国 BOSS 开会商讨了战后怎么摆弄世界的问题后，杜鲁门干了一件超级暴力的惊天大事，从而成功地成为一位秒杀敌手的干仗牛人。

话说这杜鲁门刚上任 20 多天，纳粹德国就投降了，德国的亲密哥们儿日本仍然在太平洋战场发挥"为天皇发疯到死"的精神继续顽抗。

希特勒就用不着杜鲁门去收拾了，他只需全力对付日本天皇即可。

为了把日本彻底揍趴下，美军在太平洋各岛屿和日军浴血奋战，虽每次都能胜利拿下，但自身也是损失惨重，因为皇军的玩儿命手法过于变态。

1945 年 4—7 月，皇军以自杀战术玩儿命冲绳岛，4 万多美军被玩挂了（包括阵亡和负伤的），其中还包括美军第 10 集团军司令巴克纳中将，美军好不容易才以惨胜攻占了冲绳岛。

对日本人来说，只要为天皇献身，人命不值钱；

而对一天到晚高呼"民主自由"和"人权至上"的美国人来说，美国大兵的命可是最宝贵的。

前线打得太残酷，杜鲁门心情很沉重。

这时总统首席军事顾问兼美军头号大腕儿、陆军参谋长马歇尔将军对总统说了一句很刺激的话:"我估计要让日本投降,咱陆海军得挂掉 50 万人!"

杜鲁门听后心里咯噔一下。而主管国防的陆军部长(相当于国防部长)史汀生则对总统说了一句更刺激的话:"如果进攻日本本土,咱军队要挂掉 100 万人!"

杜鲁门听后心里更是咯噔了一大下。

马歇尔和史汀生都是辅佐过罗斯福的重量级军事牛人,罗总统去世后,他们继续辅佐杜总统。两位"前朝老臣"经验丰富,手段了得,影响巨大,他们的话,字字千金,不能不信。

绝不能让美国大兵们打个小小的日本就付出那么惨重的代价!

杜鲁门和史汀生、马歇尔等人一商量,决定用一种秘密研制的超级武器逼迫日本投降!

这种超级武器就是可以秒杀数万甚至十多万人的原子弹。

42.核爆日本

当总统前,杜鲁门对原子弹的事儿一无所知,因为这事儿是绝密的,知道的只有罗斯福、史汀生、马歇尔等少数几个军政巨头。

身为名义上二把手的副总统,压根儿没权知道。

杜鲁门刚转正时,史汀生神秘兮兮地告诉新总统:"咱们正在研制一种毁灭性超强的爆炸物,这是一项超级工程。"

杜鲁门听得一头雾水。

不久,史汀生正式告诉总统:"不用四个月,咱们就能制造出人类史上从未有过的可怕武器,它是一颗可以毁灭一座城市的炸弹……也许它会完全摧毁人类的现代文明……但这一武器对美国意义重大。"

这时候杜鲁门才明白,自己已经成了一位可以使用一种史无前例超级武器的 BOSS!

由于杜鲁门目前的首要任务是"干掉小日本",而皇军又那么不知好歹继续玩命,所以日本人的巨大悲剧到来了。

看来这日本老百姓是够可怜的,天皇陛下和军部头头们不把他们的命当回事,美国人就更没有理由把他们的命当回事了。

当然,在用原子弹对日本下手前,身为一个"自由民主"国度的BOSS,杜鲁门还是很"善良"的。当绰号"幸运儿"的陆军航空兵司令阿诺德将军主张把原子弹扔到东京时,杜鲁门坚决不答应,理由是东京乃日本的文化宗教圣地,不可蹂躏。

最后总统和史汀生、马歇尔等人商量了一番决定:攻击目标是广岛、小仓、长崎和新潟,后来新潟和小仓又被排除,幸运躲过大劫。

1945 年 8 月 6 日,杜鲁门开启的第一朵蘑菇云在广岛升起!

号称"超级空中堡垒"的美军 B-29 轰炸机用一枚名曰"小男孩"的原子弹爆了广岛,广岛瞬间死伤 13 万!

杜鲁门激动万分,快乐地对人们说:"这是一次势不可当的胜利!"

三天后,杜鲁门开启的第二朵蘑菇云在长崎升起!

"超级空中堡垒"用一枚名曰"胖子"的原子弹秒杀了长崎的近 8 万日本人。

两次核爆,不但使两座日本城市刹那间化为废墟、瞬间要了数万日本人的命,还让成千上万的日本人得了重病,在未来的日子里慢慢死去。

在挨了核爆的同时,斯大林也对日本下了狠手,出兵中国东北和朝鲜北部干翻了日本关东军。两次致命打击,日本政府和军部彻底崩溃。

8 月 15 日,泪流满面的裕仁天皇宣布无条件投降。9 月 2 日,在"密苏里"号战列舰上举行了日本投降仪式。这艘战舰是杜鲁门专门选定的,一是因为军舰是以他家乡的名字命名的,二是因为命名典礼是他的宝贝闺女主持的,三是因为该舰是当时美军最大最新的战舰,非常拉风。

看着日本人投降时的那副衰样,杜鲁门心里那个美啊!

就这样,人类史上第二次超级群殴也是规模最大的一次群殴,随着杜鲁门开启的两朵蘑菇云而画上了句号,虽说这美国取得二战胜利应归功罗斯福的英明领导,但毕竟罗斯福还没看到德国和日本完蛋就闭眼了,正式、彻底打赢战争的还是杜鲁门。

老杜真个是豪情满怀、浑身亢奋。您想想,这位"密苏里骡子"出身农民,还没上过大学,但他愣是能当上世界最强国的总统,而且刚上任不到半年就打赢了世界大战,还成了史上第一位用核武器摧残别国的领导,他不亢奋谁亢奋啊!

43.并不浪漫的"韩剧"

亢奋完了之后的杜鲁门依然挺忙活,他要领导美国从战时状态向和平建设状态转型,还要很费力地去拯救世界。

那位要问了,这领导美国可以理解,他干吗还要拯救世界呢? 他又不是世界总统。

说到这儿,就得侃侃当时的国际形势了。

二战结束后,苏联的势力愈发雄壮,盛气凌人的苏联领导人以忽悠加暴力的手段在东欧拉扯了一帮"红色小弟",诸如波兰、罗马尼亚、阿尔巴尼亚、保加利亚、匈牙利等。这下可把"民主自由"的西欧诸国及美国吓得不轻。

杜鲁门觉得事态很严重,他和手下的官员、顾问们一商量,觉得美国拯救世界的时刻到来了。

杜鲁门于1947年3月12日以坚定的语气发表重要讲话,说美国必须去帮助那些自由国家,免得他们被共产主义给"祸害"了,接着要求国会掏出四亿美元援助希腊和土耳其,以免这俩国家被"共产"了。

这就是著名的"杜鲁门主义"。打这以后,美苏"冷战"正式开始。

啥叫"冷战"呢? 通俗点来说,就是"红色阵营"的老大苏联和"自由集团"的老大美国铆足了劲儿变着法地整对方,看谁的坑爹本事更强,但绝不动手对掐!

您瞧,刚玩儿完"热战"不到两年的杜鲁门又玩起了"冷战",这"密苏里骡子"还真是冷热通吃。

老杜玩"冷战"的具体方式有:

使劲掏美元帮助西欧诸国脱贫致富——即1947年启动的"马歇尔计

划"；

以搞飞机进行超级大空运的方式逼着苏联解除对柏林的封锁——即1948—1949 年的"第一次柏林危机"；

听说苏联研制出原子弹后赶紧鼓捣出比原子弹生猛数百倍的加强版终极武器——1952 年 11 月,由美国人研发的世界上的第一枚氢弹试爆成功。看来这老杜玩核武器已经玩上瘾了；

拉扯一帮"自由民主"的小弟兄如英、法、意、加、荷、比、丹、葡等国成功组团,鼓捣出了一个名曰"北大西洋公约组织"的军事帮派,以对抗苏联为首的"红色阵营"——1949 年"北约"正式成立。这个军事帮派兵强马壮、打功了得,到后面咱还会专门讲述它的干仗故事。

宣布美国要慷慨地砸钱援助那些穷得叮当响的亚非拉不发达国家——即 1949 年出笼的"第四点计划"……

用杜鲁门的话来说,他所做的这一切都是为了"维护人类正义和拯救自由世界"！何其无私,何其伟大也！

极端有种的杜总统,就像他们国家幻想出来的超级英雄超人、蝙蝠侠、蜘蛛侠、变形金刚一样,义无反顾地投入了拯救世界的壮举之中……

杜鲁门的"冷战"搞得轰轰烈烈有声有色,人家再怎么玩也不直接进行暴力,总是"温柔"地对抗着"共产主义的威胁",很遵守游戏规则。

但是,就在杜鲁门大玩"冷战"的时候,在遥远的亚洲爆发了一场"热战",杜鲁门认为,这场"热战"严重威胁了美国利益,美国必须要暴力一把了。

于是在打赢二战的五年后,"密苏里骡子"又领导美国进行了另一场战争,再次证明了他确实是冷热通吃的主。

杜鲁门是这样在亚洲打起来的。

话说 1945 年 8 月日本挨了原子弹,被日本蹂躏了半个世纪的朝鲜半岛终于获得了自由,但是旧的苦难结束,新的悲剧降临。

苏联大兵和美国大兵纷纷到来,他们开着坦克扛着枪,军靴踩得震天响！

苏联说朝鲜的北边儿我做主,美国说朝鲜的南边儿归我管,这俩超级大国很热情地替朝鲜人民当了家,他们以北纬 38 度线为界,把朝鲜给劈成两半了。

驻扎在朝鲜北边的日军向苏军投降,驻扎在朝鲜南边的日军向美军投降。

1948 年 8 月,一个 74 岁高龄的朝鲜老头在美国老大的支持下于南朝鲜建国,国名"大韩民国",定都汉城(今首尔),国旗有个太极图。

既然美国行动了,苏联人也不甘落后。

一个月后,一个年仅 37 岁的朝鲜爷们在苏联老大的支持下于北朝鲜建国,国名"朝鲜民主主义人民共和国",定都平壤,国旗有个红五星。

这一老一小、一南一北的两位朝鲜 BOSS 都是极能折腾的传奇牛人,在他们的共同努力和精心导演下,一幕并不浪漫的真实"韩剧"隆重上演。紧接着,高举星条旗的"密苏里骡子"杜鲁门也来插一杠子,于是乎,"韩剧"和"美剧"同步进行。

下面咱先分别介绍一下这对能把大老远的杜鲁门总统拉下水的乱世奇葩。

打造韩国的 74 岁老头名叫李承晚,生于 1875 年,逝于 1965 年,白羊座。出身落魄贵族家庭,自称朝鲜王族之后,但长得很瘦。

打造朝鲜的 37 岁爷们儿名叫金日成,生于 1912 年,逝于 1994 年。也是白羊座,出身贫农,但长得挺胖。

成为韩国 BOSS 之前,李承晚乃一介书生,只搞学问不打仗。他先后获得过美国乔治·华盛顿大学学士、哈佛大学硕士和普林斯顿大学博士学位,他是第一位在美国的大学获得博士学位的朝鲜人,是一个学术呱呱叫的文人。

成为朝鲜 BOSS 之前,金日成算是武人,不搞学问只打仗。他长期在中国东北领导游击队抗日,据说打死过好几个日本鬼子。朝鲜建国后,他又一直亲自担任朝鲜人民军最高司令官,还获得了大元帅的至高军衔,一辈子和军队密不可分。

李博士精通英语,信仰基督,喜读《圣经》,热爱美国,痛恨日本。朝鲜被日本人蹂躏期间,李承晚愤而斗争,他斗争的方式是跑到美国猛喊口号,呼吁美国帮助朝鲜打倒日本鬼子。

金大元帅精通汉语,信仰共产主义,热爱苏联,痛恨日本。朝鲜被日本人蹂躏期间,金日成也愤而斗争,他斗争的方式咱前面说过——跑到中国东北扛枪打游击。

日本投降后,李承晚于1948年成为韩国首任总统。金日成则出任朝鲜内阁首相,后又改任共和国主席,并兼任朝鲜劳动党总书记等职。

李博士结过两次婚,第二任老婆是奥地利企业家的女儿。

金大元帅也结过两次婚,第二任老婆原来是他的女秘书。

金日成和李承晚这二位同为白羊座的朝鲜政治家互不待见,力挺他们的老大苏联和美国更互不待见,南北朝鲜能亲密接触、和平共处才怪。

终于有一天,金将军和李博士掐了起来。那天,是1950年6月25日,志在统一朝鲜的金日成下令北朝鲜军队越过三八线狠踹韩国,可怜李承晚学问搞得好,打仗烂到家,韩军实在招架不住,仅三天工夫就把汉城慷慨地丢给了金日成,李承晚很悲伤,赶紧向老大美国发出了紧急求救信号。

44.联合国要打人

朝鲜战争爆发时,杜鲁门正打算在老家农场和家人度一个愉快的周末,当他听到朝韩开打的消息后好心情顿时消失,这位志在"拯救世界"的总统立即返回华盛顿,召集国防部长、国务卿等军政要员开会商讨对策。

这帮"自由民主"的捍卫者思来想去、侃来侃去,最终做出了一个重大决定!

为了防止"共产主义对亚洲的威胁",美国应出兵帮助李承晚狠揍金日成,同时派出第七舰队阻止中国大陆趁机进攻台湾,并加强美国在菲律宾的军事力量,还要求联合国号召更多的国家都来帮助韩国。

在古今中外历史上,当老大的想整出点重要决策,一般都离不开当军师的在老大身边煽风点火使劲儿忽悠,与其说这些重要决策是老大整出来的,不如说都是一脑子阴谋诡计的"军师"给谋划促成的。三国里的孔明和水浒里的吴用就是这路高智商大忽悠的典型。

这杜鲁门能做出武力帮韩国的决定,也要感谢"军师"的忽悠,此人便是当时的国务卿艾奇逊。曾在2005—2009年担任小布什政府国务卿、备受利比亚前BOSS卡扎菲喜爱的黑人女外交家赖斯,就是这位艾大叔的铁杆粉丝,一直以这位前辈为楷模。

话说迪安·艾奇逊生于1893年,逝于1971年,白羊座,加拿大人后裔。风度翩翩,才思敏捷,智商极高,能言善辩,性情高傲。毕业于耶鲁和哈佛这两大名校,大四的时候就被评为班级"才智最牛者"和"服饰最佳者"。

艾奇逊毕业后成为华盛顿著名律师,罗斯福时代当过财政部代理部长,曾因法律问题和罗斯福大吵一架。

有趣的是,这位绅士男不喜欢同样风度翩翩的罗斯福,却很喜欢言谈粗鲁的杜鲁门,几乎每次杜总统被别人骂,他都会力挺总统,终于得到杜鲁门的信任和重用,1949年被任命为国务卿,成为杜鲁门的头号外交智囊。

可以说,杜鲁门对外干的那些事儿,都是艾奇逊"教唆"的,他是这个时代美国外交政策的总策划。

"杜鲁门主义"和"马歇尔计划",还不如说是"艾奇逊主义"和"艾奇逊计划",因为艾国务卿在这里面发挥的作用比杜总统和马将军大多了。

这不,朝鲜一出事,艾奇逊又跳出来出谋划策了,就连李承晚的求救信和几乎沮丧喷泪的南韩大使都是他带到总统面前的。

在一轮又一轮关于出兵朝鲜的讨论会上,没见总统、国防部长和三军参谋长们怎么说话,就看见艾国务卿在那儿唾沫星子横飞了,这位伟大的外交家充分发挥他的聪明才智,一步一步把他敬爱的领导推向了战后第一场大规模局部战争。

按照惯例,这出兵打仗的事儿,应由美国国会宣布,可艾奇逊就是牛,人家"教唆"杜鲁门没必要听国会那帮傻帽的,应该高举联合国的伟大旗帜,也就是直接操纵联合国对朝鲜动武!

由于苏联退出联合国安理会会议表示抗议,再加上新成立的中华人民共和国被"屏蔽",所以联合国这个维护世界和平的组织还真就听了美国的话,于 6 月 27 日做出决定,出兵帮助韩国打朝鲜。

接着,在杜鲁门的提议下,一支包括美、韩、英、加、土、法、比、荷、菲等 17 国军队在内的"联合国军"闪亮登场,兴致勃勃地跑去亚洲干涉朝鲜内战。

联合国军的主力自然是这帮国家的老大——杜鲁门的美军,所以联合国军的总司令肯定要由美国将军担任,杜鲁门慧眼一扫,选中了一位战功显赫的军界牛人,便把这"17 国联军老总"的帽子扣在了他的脑袋上,这位将军就是在太平洋战争中打得日军嗷嗷叫、战后又把天皇玩得团团转的陆军五星上将麦克阿瑟,江湖人送绰号"美国恺撒"。

关于这位"墨镜烟斗控"的成长历程和他在世界大战中的壮举,咱在讲罗斯福干仗史时说过,这里不再多叙,只说说他是怎么指挥朝鲜战争的。

老麦接到杜鲁门的任命时,正在东京美滋滋地当"太上皇"呢,他对总统说:"我个人完全忠于你,正如我绝对忠于你所争取世界和平的伟大斗争一样,我绝不会让你失望!"

您看老麦这番表白多好啊,可是没多久,这位狂傲的老兵就差点儿把他的领导给活活气死。

"美国恺撒"麦克阿瑟披挂上阵后,以昔日"血胆将军"巴顿的老部下、绰号"虎头狗"的坦克猛男沃尔顿·沃克(时任美国第 8 集团军司令,并兼管韩国军队)为麾下主将,豪情满怀地把枪口对准了朝鲜军队!

1951 年 9 月 15 日—9 月 28 日,麦克阿瑟极富创意地玩了一个经典杰作——在所有人都认为几乎不可能登陆的仁川(汉城东海岸港口)成功登陆,吓了金日成一大跳!

别看这朝鲜军队揍韩国军队时所向披靡排山倒海,但他们遭遇了两栖登陆战的顶级高手麦克阿瑟和武器精良的"联合国军",马上就退潮了。

登陆成功后的麦克阿瑟不但于 9 月 28 日神速地帮助李承晚重新夺

回了汉城,还越过三八线,于 10 月 19 日端掉了金日成的首都平壤!

"虎头狗"沃克的第 8 集团军势如破竹,北朝鲜军队瞬间崩溃,损失数万人!

胜也匆匆败也匆匆的金日成,傻眼了。

本就狂妄自恋的麦克阿瑟,更认为自己是无敌神人、宇宙第一了!

有两位坐镇华盛顿的美军大腕儿被老麦的军事壮举所深深折服,对老麦大力夸赞,这两位和老麦一样,都曾经是叱咤二战的风云巨星,他们的故事咱前面都说过。一位是刚被杜鲁门任命为国防部长的马歇尔将军,一位是刚被杜鲁门提升为五星上将的参谋长联席会议主席布莱德雷。

马部长给老麦写了一封亲笔信,信上吹曰:"您在朝鲜指挥的英勇战役以及完美的战略行动,实际上已结束了这场战争,请接受我个人的敬意。"

布主席也吹道:"麦克阿瑟可以说是当之无愧的军事天才。仁川战役是他取得的最大胆也是最耀眼的一次胜利。"布主席还在底特律的一次演讲中称赞仁川战役真乃"军事奇迹"也!

别看这两位美军大腕儿把老麦夸得跟什么似的,但老麦并不买这两位顶头上司的账,从捋胳膊卷袖子对朝鲜动手那天起,桀骜不驯的老麦就没听过国防部和参联的话,完全是我的战场我做主,想怎么折腾就怎么折腾,天王老子也休想管。

其实别说是马歇尔和布莱德雷了,就是三军总司令杜鲁门,也难以驾驭这位目中无人的"美国恺撒"。

您想想,罗斯福活着的时候,老麦就敢对这位美国人民的伟大领袖吹胡子瞪眼,他又怎么会听政治新手杜鲁门的话呢? 对他来说,总统有啥了不起的?!

前线形势无限美好,此时此刻,无论是杜鲁门、艾奇逊、马歇尔、布莱德雷这些坐镇后方的首脑,还是麦克阿瑟、沃克这俩前线指挥的大将,都是打死也没想到,美国很"仗义"地用玩暴力的方式帮助了韩国,而另一个国家竟然敢和美国叫板——也很"仗义"地用武力帮助了朝鲜。

这个敢和美国对抗的国家还不是朝鲜的老大、实力可与美国相抗衡的苏联,而是刚成立仅仅一年,各方面都和美国相差十万八千里的中华人民共和国——当然,咱们的面积和人口和美国相比还是很占优势的。

45.梦断鸭绿江,两眼泪汪汪

话说早在 40 年代,杜鲁门就和中国打过交道,使劲儿掏钱掏枪援助国民党领袖蒋介石对抗共产党领袖毛泽东,结果蒋介石还是被毛泽东赶到了台湾,把杜鲁门气得七窍生烟,"骡子"本性爆发,破口大骂蒋介石政权"他妈的全是贼!"

不过气归气,骂归骂,对满脑子"共产主义威胁"的杜鲁门来说,蒋介石再怎么是"贼"终究还是自己人,而毛泽东才是大敌。

所以当朝鲜战争爆发时,杜鲁门于 6 月 27 日命令张牙舞爪的美国第七舰队开入台湾海峡,防止共产党"威胁太平洋地区的安全"。杜鲁门手下的军事精英们更认为台湾比朝鲜重要得多。

您还别说,这杜鲁门还真是怕啥来啥,就在他一手搞朝鲜一手搞台湾的壮举开始后没多久,共产主义就跑来"威胁"他了,不过"威胁"的地点倒不是台湾,而是朝鲜!

就在麦克阿瑟夺回汉城五天后,即 1950 年 10 月 3 日,中国人突然"路见不平一声吼"!

中国总理兼外长周恩来通过印度驻华大使潘尼迦发出警告:"如果美军越过三八线,中国不会坐视不管。"然而一向瞧不上中国的老美们没把这个警告当回事,艾奇逊认为这是"惊慌失措的潘尼迦发出的纯粹放肆的言论"。麦克阿瑟更是冷笑着声言中国的警告纯属吓唬人。

其实老美们的想法也没啥不对的。您想想,这中国刚结束了大规模内战,百废待兴,虽然部队人数够多,但武器装备和地球第一的美军比起来简直是天壤之别,再加上中国的空军很原始,中国的海军很幼稚(对美国来说,当时中国的海空军和没有也差不多),怎么可能和美国为首的"联合国军"对打呢?

孙子曰"知己知彼,百战不殆",看来老美们还是不了解"思维奇诡"

的毛泽东。

1950 年 10 月 8 日，毛泽东决定出兵朝鲜打"美帝"，为此专门组建了中国人民志愿军，并以勇冠三军、耿直火暴的名将彭德怀为司令员。在五年后授衔的共和国十大元帅中，彭德怀排名第二，仅次于朱老总。而彭帅的对手麦克阿瑟，在 20 世纪美国最高军衔的名将中论资历也是排名第二，仅次于一战时的骨灰级宿将潘兴。这场东西方两位超级将星的 PK，堪称精彩绝伦的高手对决。

10 月 19 日，志愿军"雄赳赳，气昂昂，跨过鸭绿江"。

就在四天前，杜鲁门还在太平洋上的威克岛和麦克阿瑟会面时专门问过老麦："咱能肯定中国不会干涉朝鲜内战吗？"

傲气冲天的麦克阿瑟信誓旦旦地对总统说："此事发生概率非常小。"还说就算中国真的来了，美国的空军也能"屠"了他们。

在麦克阿瑟看来，中国兵都是"洗衣工"，土得掉渣儿，不堪一击。之所以老麦这样认为，是因为当时在美国的华人好多都是干洗衣店的。

麦克阿瑟的自我感觉好极了，他手下的美国大兵们也都感觉不错，他们都特信总司令的话——感恩节前粉碎敌人抵抗，圣诞节前就可以欢乐回国合家团圆。

很快，麦克阿瑟就被他鄙视的"洗衣工"狠狠地修理了。

由于过分轻敌、措手不及、指挥失误外加实在不适应毛泽东军队那种"非主流"的打法，麦克阿瑟麾下武器精良、吃饱穿暖的美国大兵被彭德怀麾下缺吃少穿、装备低劣的志愿军打得节节败退。

咱这里说的中国军队的"非主流打法"，即机动灵活和一不怕苦二不怕死。

美国史学家曾这样评价志愿军：

"他们是伪装高手，善于运用欺骗战术和攻击的突然性。"

"他们白天躲得无影无踪，晚上极其秘密地渗透到对手的阵地。简直令人难以置信。"

"尽管缺衣少食，也没有其他物质享受，中国军人被证明是吃苦耐劳、纪律严明的斗士……"

1950 年 10 月 25 日,志愿军打响了入朝后的第一次战役,重创美韩军四个师,击溃近两万人,"联合国军"感觉有点晕,再深入感觉一下吧,还是稀里糊涂! 咱一开始打得不是挺牛吗,怎么突然败了? 是谁? 谁在打俺们?!

11 月 25 日,志愿军的第二次战役开打,美韩军被歼 3.6 万人,终于撑不住了,他们丢掉了平壤,被迫转入战略退却。接着毛泽东下令彭德怀越过三八线。

1950 年的最后一天,志愿军发动第三次战役,五天内攻占汉城,九天内把美韩军赶到了三七线一带。美韩军的日子继续悲催。

美韩军队在陆地上连遭痛扁的同时,天上也出意外了。五年前还在德国和杜鲁门笑眯眯亲切会晤的斯大林脑子一转,派出苏联空军秘密入朝对付美军。苏联最新款的空战武器、火力生猛的米格-15 战斗机成了美军飞行员的劲敌。

俗话说:福无双至,祸不单行。倒大霉的不只是美国兵,还有一位美国将军,他混得更惨。

12 月 23 日,第 8 集团军司令"虎头狗"沃克将军在败退时突然英勇壮烈,其死因尚有争议,有说死于车祸的,有说被对手打死的。美国军政界集体受惊!

就在华盛顿的头头们被朝鲜战场形势逆转严重惊吓的同时,一位远在伦敦的 BOSS 竟然也被惊吓了,此人便是英国首相艾德礼。

说到这儿,那位要问了,这英国首相咋也受惊了呢? 那英国虽也在韩战爆发后出兵朝鲜跟着起哄,但毕竟人数不多,而且朝鲜和英国关系不大,英国受的哪门子惊呢? 难不成这英国不但是"美国打谁我打谁",还要"美国受惊我也惊"吗?

咱要告诉您,这英国首相受惊,是被杜鲁门给吓得! 因为这位"骡子总统"在 11 月 30 日的记者招待会说出了一句耸人听闻的话。

"俺们美国将使用原子弹!"

此言一出,媒体疯炒,世界震惊,人心惶惶! 难道杜鲁门玩核爆的瘾又上来了? 中国会成为继日本之后,第二个被原子弹袭击的国家吗?

46."俺真想把他踹进中国海！"

话说美国在地球上的第一好友就是英国,自打杜鲁门对朝鲜动武以来,英国首相艾德礼的心理就连续忐忑,他担心美国一门心思地大搞亚洲而不管欧洲兄弟的死活了,也担心那位打仗打疯了的麦克阿瑟将军会把英国拖下水。

当杜鲁门说出将使用原子弹的惊悚言论后,艾德礼吓得险些灵魂出窍!

我靠,玩什么玩! 英国好不容易才熬出了二战,打得国内到处稀烂,殖民地纷纷脱离,还没消停几年呢,这美国佬又准备玩核战,这要把中国和苏联全都惹毛了,再打一场世界大战,英国作为美国的第一盟友肯定得搅和进来,而且很有可能遭到苏联的核袭(英国地盘驻有美军轰炸机部队),那英国人还过不过了?!

不行! 得赶紧帮助老杜改变错误思想,可不能让他瞎折腾!

于是乎,艾德礼怀着极其不安的心情赶紧飞到美国,和杜鲁门进行磋商,磨破了嘴皮子劝说老杜:赶紧停火吧,不要扩大战争啦,不要惹怒中国人啊,大不了你们从朝鲜和台湾撤走,让中国进入联合国呗。

艾德礼的言论让国务卿艾奇逊很不爽,他觉得这家伙不帮忙倒也罢了,还来添乱,真是岂有此理! 所以在会谈上,艾国务卿悄悄地跺了杜总统一脚,这意思是:您可千万别被他忽悠了!

那么杜鲁门心里到底是怎么想的呢? 他还真打算用原子弹吗?

其实吧,那天杜鲁门在记者招待会上,是上了记者的套。坚信新闻报道语不惊人死不休的记者挖空了心思反复"勾引"总统:"您是否考虑使用原子弹呢?"

老杜一不留神,中招了,迷迷糊糊地说了句:"俺们会使用俺们所有的武器。"

记者再问:"您所说的包括原子弹吗?"

总统答:"俺们一直在积极考虑使用它……"

这下可好,一言既出,驷马难追,记者们好不兴奋,趁机在各大媒体热炒,结果举世震惊,尤其是英国。

是啊,人们没法不相信,因为杜鲁门之前又不是没用过原子弹。

这事儿告诉我们:公众人物偶尔头脑不清醒说错一两句话,后果是很严重的,尤其是面对媒体的记者们。

其实杜鲁门还是一位比较理智的政治家,后来的事实证明,"使用原子弹"只是这位"密苏里骡子"一时头脑不清爽说说而已。他心里很明白,当初核爆日本,多数人都支持,因为当时的日本是"邪恶"的,全世界都不爽它。而中国可不是日本,世界上没几个国家真正想和中国对打,况且中国还有苏联及整个社会主义阵营力挺,要对中国使用原子弹,定会酿成塌天大祸!

最终,在各方压力下,杜鲁门表示,不会使用原子弹,舆论这才消停下来,受惊不小的艾德礼首相也终于松了口气。

总统是理智的,但总统麾下那位指挥战争的将军却越来越疯。

前线的几轮激战,使"美国恺撒"终于被揍醒了,老麦被迫承认,他的部下确实遭遇了活蹦乱跳的中国大军。

不过醒悟归醒悟,但他可不认为自己有错,他认为"联合国军"之所以连遭痛殴,绝对不是他身为总司令的指挥不力,而是华盛顿那帮高层领导太垃圾!

麦克阿瑟坚决认为,要打赢这场战争,只有把战火扩大到中国,对中国东北和沿海城市进行玩儿命轰炸,同时再拉上台湾的蒋"总统"一起反攻大陆!

对于麦克阿瑟又吃败仗又不认错又推卸责任又违背领导的行为,杜鲁门十分恼火,总统认为和中国硬耗下去对美国没啥好处,目前最好的办法只有"体面地停战"。

杜鲁门命令麦克阿瑟一定要顶住,要尽力扭转美军的不利处境,这样才能在停火谈判中讨价还价。

杜鲁门本来就不喜欢麦克阿瑟这号目中无人的自恋狂,之所以任命他挂帅出征,无非是因为他在国内外人气够旺、军事本领够强、离朝鲜和韩国够近,如今老麦不服领导、连吃败仗又推卸责任,是该考虑一下关于炒掉他的问题了。

早在朝鲜战争刚爆发的时候,杜鲁门和艾奇逊就明确表示,坚决不能让台湾老蒋的军队搅和进来,以免扩大战争,可是老麦偏偏自作聪明,于战争爆发的一个月后,即1950年7月31日乐呵呵地擅自访问台湾,大吹"美蒋友爱",逗得老蒋眉开眼笑。

杜鲁门是从8月1日的报纸上才得知这一消息的,顿时气得两眼冒火口舌生烟。

虽说杜鲁门是个出了名的暴脾气,但当了那么些年政治家,他已经学会了深厚的"忍功",他压住自己的火,派出曾在二战中折冲樽俎的忽悠高手、外交家哈里曼为总统私人代表前去东京,面见老麦,向老麦说明总统的意思:切不可和老蒋走得太近,以免惹怒了中共。

没想到,老麦这次竟然异常听话,他对哈里曼说:我坚决拥护总统的英明指示!

杜鲁门知道后大喜,认为可以放心了。

哪知两周后,老麦原形毕露,他在致海外退伍老兵大会的一封信中,对杜鲁门的台湾政策大加讽刺。

杜鲁门知道后气得"嘴唇发白",但极力克制。艾奇逊也气得不轻,认为老麦的行为纯属"厚颜无耻"。虽然老麦很快又"听话"地收回了这个声明,但总统已经很难再相信老麦了。

1950年10月—12月,麦克阿瑟被彭德怀打得节节败退,又胡乱嚷嚷,杜鲁门连急带气几乎抓狂。1951年1月,中国人民志愿军攻占汉城(但不久就撤离了),麦克阿瑟再次强烈要求华盛顿方面对中国下狠手!

杜鲁门继续发挥"忍功",连续给麦克阿瑟发了三份电报,让将军领会政府的意思。而麦克阿瑟依然我行我素,乐此不疲地与政府大唱反调。

杜鲁门的"忍功"终于到了极限,他对闺女说:"俺真想把他踹进中国海!在俺的一生中,从未处于如此艰难的境遇。他当他自己是美国总督呢,可以他妈的为所欲为!"

如果再不采取行动,麦克阿瑟很可能擅自行动,对中国全面开战,如果到时候苏联再全方位立体化地搅和进来,美国的麻烦可就大了!虽然苏联空军已经入朝参战,但只是偷偷摸摸地小打小闹而已。倘若斯大林正式发飙,美国还真怕!

杜鲁门一咬牙,终于采取了非常措施!

你麦克阿瑟不是"联合国军"的总司令吗?但我杜鲁门可是所有美国军队的总司令,咱倒要看看到底是哪位总司令说的算?!

1951 年 4 月 6 日到 9 日,杜鲁门召集军政精英们连续开了三次会,和他最信任的四位部属艾奇逊、哈里曼、马歇尔和布莱德雷讨论老麦的事儿,最终他们做出共同决定——炒掉麦克阿瑟这货!

当麦克阿瑟得知自己被总统免除一切职务的噩耗后,表情呆滞,面如死灰,沉默了片刻后他对老婆温柔地说:珍妮,咱终于该回家了。

这位美国史上拥有 N 多第一的超级名将就这样永远告别了军事舞台。成名于一战,扬威于二战,巅峰于韩战,亦倒塌于韩战。

"横刀立马"的彭大将军听说老麦被炒的消息后说:"麦克阿瑟年已七十高龄,吃了败仗就发疯,早该回家养老去了,看来杜鲁门要比他明智些。"

一个韩国人听说老麦被炒的消息后,恰如挨了雷劈,顿感人生无望,接着泪如泉涌。这位韩国人就是李承晚。在老李心目中,伟大的麦克阿瑟就是拯救韩国的希望,而杜鲁门毁了这个希望。

英国政府听说老麦被炒的消息后,乐翻了天。伦敦议会上下一片欢呼,因为他们再也不用担心老麦的疯狂行为会把英国卷入核战深渊了。

日本人听说老麦被炒的消息后,反应最雷人——他们跟死了亲爹一样难过。虽然老麦曾在太平洋战争中狂扁他们,并把他们敬爱的天皇当傀儡玩,还盛气凌人地独霸他们的国家那么多年,但心理扭曲的日本人却爱上了这位征服者,他们觉得老麦魅力无双盖世无敌,还给日本带来了民主。被炒掉的老麦卷起铺盖离开东京返回老家,日本人心如刀绞。《朝日新闻》说:俺们好像失去了慈爱的父亲……

对炒掉老麦一事反应最大的,要算是美国人。

你猜美国人怎么着了?他们疯了!彻底疯了!

"明智"的杜鲁门万万没想到,撤了老麦就等于捅了马蜂窝,这麦克阿瑟在美国享有崇高威望,美国人把他视为超级战神和偶像巨星,杜鲁门炒了老麦的事件严重刺激了无数美国人的心灵,再加上不少早就对杜鲁门看不顺眼的人趁机捣乱,一时间,整个美国掀起了一阵"鄙视杜鲁门"的风暴……

47."雷人名将"出击

炒掉麦克阿瑟的行为直接导致 48 小时内白宫收到了 12 万多封辱骂、嘲讽和攻击总统的电报,这些言辞激烈的电报就像一颗颗重磅炸弹,差点把白宫给掀了!

在白宫之外,成群结队的人们开始焚烧杜鲁门画像、张贴"杜鲁门靠边站"的标语、玩着"拳打杜鲁门"的新款游戏……

几乎所有能想到的骂人词汇都被美国人送给了他们的总统,稍微好听一些的有"小政客""白痴""低能儿""叛徒",难听的便是诸如"自称是总统的杂种""狗崽子""猪猡",等等。

与此形成鲜明对比的是,麦克阿瑟被炒回国后,依旧被美国人当作超级偶像来崇拜,打了败仗丢了官的他如英雄般凯旋,有 700 万人向他疯狂欢呼,其中 10 多人因激动过度导致精神错乱被送进医院。

杜鲁门震撼了!

他怎么也不会想到挺擅长骂人的自己竟被无数人群骂,差点淹死在唾沫里。而麦克阿瑟这个失败的将军在美国人的心目中的地位竟然远胜总统!

杜鲁门毕竟是了不起的政治家,坚强的他根本不理会这些,目前最重要的事儿还是解决朝鲜问题,别人爱怎么骂就怎么骂好了。

换掉麦克阿瑟的同时,杜鲁门选择了一位既听话又有本事的将军接替老麦,此君名曰马修·邦克·李奇微。

李奇微生于 1895 年,逝于 1993 年,双鱼座。美国陆军四星上将。思维敏锐,果断骁勇,激情四射,出招狠辣,美国大兵给他起了个绰号叫"老铁马"。

此君经常以脖子上挂俩手雷的造型在军队中和媒体前亮相，堪称货真价实的"雷人"。如果说墨镜和烟斗是麦克阿瑟的个人品牌，那么手雷就是李奇微的经典标志。

李奇微毕业于西点军校，二战时曾任美国第 82 空降师师长和第 18 空降军军长，最擅长用伞兵突击来对付德国人，在西西里登陆战役、诺曼底登陆战役和阿登战役中屡立战功，是美军中一流的空降作战高手。

在美国伞兵心目中，李奇微简直就是超人、神人，和好莱坞虚构出来的那些无敌英雄有的一拼。一位士兵曾说："好像他只需吹一口气就能摧毁一栋楼……他是力量的化身。"

李奇微才华卓绝，不仅麦克阿瑟对其大为欣赏，杜鲁门和参谋长联席会议的头头们也对其相当看好。当 1950 年 12 月美国第 8 集团军司令"虎头狗"沃克将军在朝鲜战场突然壮烈后，"老铁马"李奇微便被派到前线接替沃克的职务。

本来这第 8 集团军已经被中国军队打颓废了，一副半死不活的状态，李奇微到任后马上对其进行更新和升级，具体措施有：

到处溜达——让自己"雷人"的形象深入每一个官兵的心中；

使劲儿忽悠——告诉士兵们占不占阵地无所谓，杀死更多的敌人才是王道；

亲自上阵——乘坐轻型侦察机飞越中朝军队的阵地仔细侦察对手可能的进攻方向；

温暖人心——规定连续战斗几个月的美国兵可以放假进行"东京五日游"（能享受日美女的周到服务），并设置战地流动医院为伤兵提供紧急救护。

…………

李奇微不愧是美国兵心目中超人、神人级别的名将，经过这些折腾，第 8 集团军愣被整得士气高昂热血沸腾！

重振雄风后，李奇微立马出招！

前面咱说过 1950 年 1 月志愿军曾攻克汉城，但不久就被迫撤出了，这就是李奇微的"杰作"。他于 2 月开始实施了一系列代号吓人的行动——"杀手""撕裂"和"狂暴",使中国军队遭遇巨大伤亡,被迫撤退到汉江对岸。

此为志愿军的第四次战役。"雷人战将"李奇微,够难缠!

在接下来的第五次战役(4 月—6 月)中,李奇微狡诈依旧,凶悍依旧,志愿军打起来吃力依旧,损失惨重依旧。

尽管李奇微在军界的人气远不如麦克阿瑟,但他在朝鲜战场上的表现已超越了他的前辈和领导麦克阿瑟。

竟然表现得比老子还厉害?! 本来十分欣赏李奇微的麦克阿瑟开始嫉妒这位部下了。嫉妒完了,老麦开始抢功,他毫不脸红地对人们说:是我命令李奇微发动进攻的!

李奇微得知自己上司这一极端不厚道的事儿后,相当无语。

不过很快,老麦想抢功也抢不成了——他被踹回国了。联合国军总司令的职务就被杜鲁门授给了李奇微。"雷人战将"终于成功挂帅,开始全面指挥韩战。

李奇微原先担任的第 8 集团军司令之职务由范佛里特将军担任,这位老兄曾在诺曼底登陆战役中率先攻上犹他滩头,绝对是个猛人。

詹姆斯·范佛里特,这位整整活了 100 岁的美国军人是一位橄榄球高手,也是一位"炮弹控",他打仗时最喜欢像倒豆子似的对敌军倾泻炮弹。

在上任的半年后,即 1952 年 10 月,老范将军非常彪悍地发动了一场异常残酷的血战,一使劲儿砸出了 230 多万颗炮弹,虽然给志愿军造成巨大伤亡(1.5 万人),但还是没打赢。这仗就是著名的上甘岭血战,它使堵枪眼的黄继光成为中国家喻户晓的英雄,而发动此战的老范,多数中国人却并不熟悉。

老范放下不提,咱再说他的上级老李。话说"雷人战将"李奇微上任后,果然比老麦听话万倍,他坚决秉承领导意愿,全面贯彻政府指示,所进行的一切军事行动都只是为和谈提供有利条件。

从 1951 年 7 月起,战争的双方开始谈判,不过动口的时候他们还是忍不住动手,军事外交相结合,谈谈打打,打打谈谈,这边外交辞令,那边枪炮齐鸣。

在这段既费唾沫又费子弹的日子里,虽然李奇微够狠够猛够聪明,但由于对手同样够狠够猛够聪明,所以美军依然死伤不少;而中国志愿军呢,虽然一不怕苦二不怕死,但由于装备太差等原因也打得甚为惨烈,牺牲巨大。双方直杀得血流成河难解难分!

48.朝鲜——那个最糟的打仗地点

战争打到 1952 年 5 月的时候,"雷人战将"李奇微有了新任务,去欧洲接替昔日热爱美女司机的二战名将艾森豪威尔担任北约总司令,杜鲁门第二次临阵换将,将"联合国军"总司令的位子授予了李奇微的同学兼好友马克·威纳·克拉克将军。这是一个爱好网球、高尔夫球和乒乓球的美国军人,昵称"美国鹰",因为他长得很像老鹰。

克拉克生于 1896 年,逝于 1984 年,金牛座,美国陆军四星上将。和李奇微一样,这位老兄也是马歇尔的得意门生,也曾在二战中大显身手,曾任美军第 5 集团军和第 15 集团军司令,三大轴心国老窝之一的罗马就是他于 1944 年 6 月给端下来的。

"克老鹰"战功是比较显赫的,咱得承认,但他失误也不少。打意大利的时候,由于防守意大利的德军名将、"微笑伙计"凯塞林元帅过于凶猛,而"克老鹰"指挥时偶尔失误,导致美军在意大利死伤惨重,大兵们叫苦连天。很多人都骂"克老鹰"是个"白痴级的名将"。

现在许多年过去了,"克老鹰"又非常不幸地接手了朝鲜这个烂摊子,上任仅一年后,他就郁闷地成了"史上第一位签订没有胜利的停战条约的美国陆军司令官"。于是乎,很多不待见他的人坚定认为——这家伙果然是个不折不扣的白痴级名将。

1953 年 7 月 13 日,志愿军进行了朝鲜战争中的最后一仗——金城战役,在这场历时 15 天的激斗中,志愿军灭韩国军队 5 万多,还缴获了韩军"王牌团"的虎头旗,这就是著名的"奇袭白虎团"。有趣的是,山姆大叔对"思密达"这次挨扁非但不同情,反而极端鄙视,因为李承晚这老小子长胆了,不听美国老大的招呼,死活不愿停战谈判,非要和中朝军队干到底,气得美国人恨不得弄死他。

"让中国人狠揍一下韩国人吧!"这是克拉克将军说的。唉,美国人真不仗义!可怜老迈年高的李博士混得姥姥不疼舅舅不爱,情何以堪……

金城战役,成为"韩战大片"的尾声。

7月27日上午10时,历时三年一个多月的朝鲜战争终于画上了句号。韩战双方的代表在三八线上的小村庄板门店签订了停战协议。可叹"美国老鹰"克拉克将军,扬威于灿烂辉煌的世界名城罗马,悲催于孤零荒凉的小村庄板门店。遥望滔滔鸭绿江,"老鹰"哽咽欲断肠……

这里咱要特别说明一下,此时的杜鲁门已经不是美国的总统了,白宫里坐着的BOSS是那位在1952年11月赢得总统大选的二战英雄艾森豪威尔。

正如40年代罗斯福领导美国参加了二战而杜鲁门领导美国结束了二战一样,50年代杜鲁门领导美国参加了韩战而艾森豪威尔领导美国结束了韩战,都是"前人田地后人收"。

只不过二战这"田地"美国收得很爽,可谓辉煌雄壮;而韩战这"田地"美国收得太衰,可谓暗淡无光。

在这场二战后世界上第一场大规模局部战争中,美国阵亡5万多人,受伤10万多人;韩国伤亡100多万人;中国伤亡38万多人;朝鲜伤亡50万人左右(关于朝鲜战争双方的伤亡数据,一直存在争议,确切数字很难统计);而死于战争中的朝、韩平民超过200万,尽管布莱德雷将军曾说:"我们不想伤害平民……"

战火是熄灭了,但韩朝两国的问题没有解决。时至今日,朝鲜半岛仍未统一,韩朝两国依旧对立,剑拔弩张时有危机,平壤、汉城两片天地……

关于这场战争的胜负,众说纷纭。

有人说美国打赢了,因为它保住了韩国,没让韩国被"共产主义"控制;

有人说美国打输了，因为它没想到中国能介入，还被装备低劣的中国军队重创，也没能消灭北朝鲜这个"邪恶的政权"；

也有人说是不分胜负，反正打之前，是俩朝鲜，打之后，还是俩朝鲜。

不管怎么说，这场战争美国人打得确实挺郁闷，于是乎老美们干脆把它"选择性忘掉"。就这样，韩战成了"被美国遗忘的战争"和"不为人知的战争"。这些年来，关于二战和越战的美国大片层出不穷，而关于朝鲜战争的，却寥寥无几。

那位曾积极撺掇杜鲁门出兵朝鲜的"外交智囊"艾奇逊曾说过这样的话——如果世界上最聪明的人为我们找个最糟的打仗地点，那一致的选择必然是朝鲜。

无论韩战中挂了多少大兵毁了多少百姓，把美国投入战争的 BOSS 照样家庭温暖生活幸福。

1953 年 1 月，杜鲁门全家搬出了白宫，他没有感觉到一丝的悲伤和失落，反倒觉得特别轻松，终于可以无忧无虑地安静生活喽！因为朝鲜的烂摊子早就把他折磨得"快爆炸了"，他巴不得快点抽身，如今好了，终于解放了！

就在杜总统获得"解放"的前几天，他竟然又被两个人给气了一下——老子都要离任了，还不让老子舒服些！这二位气着他的人还都是昔日的二战名将，一位就是即将就职成为新总统的艾森豪威尔，一位就是被杜鲁门严重伤害的麦克阿瑟，看来老麦真是阴魂不散啊！

身为"驴党"斗士的老杜和"象党"大腕儿艾森豪威尔一直不和，对艾克自称搞定朝鲜问题更是嗤之以鼻。麦克阿瑟，就更不用说了，老杜对他恨之入骨。这两位美军巨星在老杜离任前凑到一起笑嘻嘻地商量朝鲜问题，老杜能不暴怒吗？

直到离任前的最后日子里，朝鲜战争还在折磨着杜鲁门……

不管杜鲁门怎么愤怒，反正朝鲜的事儿已经不归他管了，那里的一切，都遗留给了艾克，他想怎么搞就怎么搞吧。退休后的老杜回归老家，从一个纵横政坛、指点战争的领袖又变成了普通百姓，和老婆闺女过着平淡温馨的生活。随着杜鲁门离开白宫，他的头号智囊艾奇逊也离开了国务卿的位子。一个时代结束了。

晚年的杜鲁门最大的梦想就是当姥爷,值得他欣慰的是,他的梦想实现了——他女儿成功地生了两个宝宝。此时的杜鲁门,就是一位享受快乐日子的退休老人,管他什么冷战热战。

一切都变得那么遥远,一切都无所谓了。

1972 年 12 月 26 日,杜鲁门在家乡密苏里因病逝世,终年 89 岁。

关于这位蹂躏了日本又开启了"冷战",援助了欧洲又"保卫"了韩国的美国总统,历来褒贬不一毁誉参半,日本人、中国人(主要是大陆)和朝鲜人自然对他没啥好话,欧洲人(主要是西欧)对他比较感谢,他自己国家的人虽然曾把他骂得狗血喷头,但时间冲淡了他的"污点"。

在杜鲁门去世的多年后,朝鲜战争逐渐被美国人遗忘。提起杜鲁门,美国人更多的印象是他的正直廉洁、平易近人和认真果敢,记住的是他对打败日本、抚平美国战后创伤和援助他国所做出的努力和贡献。

非要提起朝鲜战争的话,也有不少人称赞他的表现,比如在战争关键时刻严令疯狂又昏头的麦克阿瑟下课,换上了老实又有才的李奇微,可谓决断果敢,慧眼识才。他的努力,阻止了"共产主义的扩张",也避免了战争的扩大。

所以在评选美国历史上最伟大总统时,这位来自乡村的"密苏里骡子"光荣地进入十强。

朝鲜战争美国打得很郁闷,但好了伤疤忘了疼的美国人似乎不长记性,韩战结束还不到 10 年,美国人在另一个亚洲小国又卷入了一场局部战争,把这场战争升级的美国总统和杜鲁门一样,也是一位农民大叔出身的政治家,他有一个相当猥琐的称呼——"一个性饥渴的老男人"……

同志们都来看啊,这位长着一对夸张招风耳的"玉米饼大叔"一面寻花问柳,一面把大把大把的美国大兵扔进了恐怖的越南丛林……

"玉米饼大叔"的丛林厄运

——美国总统约翰逊和越南战争

49.性饥渴的牛仔

话说 20 世纪 50 年代,"山姆大叔"刚在朝鲜闹腾完,另一个亚洲小国越南又做出了一件对美国来说非常可怕的大事。

在这块据说盛产美女的国家(这可不是咱胡诌,美国人管它叫"东方美女国")冒出来一个被称为"胡伯伯"的白胡子瘦老头,该老头由于大玩"红色",还和当时最强大的两个红色大国苏联和中国亲密接触,令美国政府极端不爽。

1960 年,以年轻帅气、风流好色著称的肯尼迪总统开始将大把大把的军事顾问扔到越南对付越共。

短短三年后,越共依旧欢腾,肯尼迪却被自己人给做了。

咱在前面讲杜鲁门的时候说过,美国总统在任内如果突然挂了,副总统要赶紧补上,于是,肯尼迪的副总统林登·约翰逊——一位好色指数比肯尼迪有过之而无不及的德州大叔幸运地接手了总统位子,同时也很不幸地接手了越南的烂摊子。

约翰逊上台后在越南折腾得比他的前任还要猛,在他的"英明领导"下,越战变成了一场折磨无数美国人的噩梦,也丰富了好莱坞战争大片的内容……

话说林登·约翰逊绰号"玉米饼大叔",天生一对异常夸张的大耳朵——有人说他那一对耳朵跟大象似的。他身高 1.84 米,浑身上下充满了牛仔气质——火暴,威猛,彪悍,野蛮,粗俗。

约翰逊生于 1908 年 8 月 27 日,处女座。和杜鲁门一样,也是一位农民出身的美国总统,只不过杜鲁门是密苏里州的农民,而约翰逊是德克萨斯州的农民。

约翰逊打小就不爱学习,看到课本就烦,中学毕业后他和几个哥们儿离家出走,闯荡江湖,从德州流浪到了加州。没想到这混社会实在是太艰难了,在干了一些洗盘子之类的工作后,约翰逊清醒地感受到,还是上大学好!

18岁那年,约翰逊从银行贷款75美元考入了德州的西南师范学院,开始半工半读的生活。上大学期间他的赚钱方式是给一帮墨西哥小孩当老师。也是在这个时候,他开始对政治产生了浓厚的兴趣。

大学毕业后的约翰逊已经长成了一个身材高大、精力旺盛的男人,特长是"能在同一时刻处理两三件事情"。正是这个本事和他对政治的热爱,使得他于24岁时作为"毛驴党"的坚强战士当上了国会议员克莱伯格先生的秘书。

三年后,事业成功的约翰逊秘书在爱情上大有斩获,他以闪电战般迅捷的追女招数把绰号"小瓢虫"的美人泰勒小姐娶到了手,这泰勒小姐不但继承了老妈的大笔财产使老公脱贫致富,还在未来的日子里积极投身环保事业,成为一位备受美国人民尊敬和爱戴的"第一夫人"(这位杰出的大妈活了94岁,直到2007年去世)。

虽然老婆漂亮贤良又能干,但约翰逊也不知从哪天起,成了个爱好寻花问柳的好色之徒,尤其是当上总统后,这种风格越发严重。

约翰逊在白宫办公室里有八个女秘书,其中五个都和他保持着不纯洁的男女关系。有一次,他从德州带来三个性感得足以当《花花公子》封面女郎的女孩在他手底下工作,尽管这仨美女连打字都不会。

约翰逊干得最严重的一次"流氓事件"是:有一回他在办公室的沙发上和女秘书亲热,结果被老婆抓了个现行,奸情彻底败露。事后约翰逊暴跳如雷,大骂安保人员,接着就在办公室安装了警报器,以防止自己再和小蜜亲热时第一夫人突然闯入。

这约翰逊不但行动上好色,语言上也下流,绝对做到了言行一致。那位整天骂骂咧咧、脏话连篇的杜鲁门总统的言谈已算是很粗俗不堪了,但要和约翰逊比起来,老杜的粗口就显得文明高雅了!这约翰逊特爱讲黄色笑话,还喜欢把自己搞女人时的"雄姿"拿出来当众吹牛。他的下属送给他一个比较形象的绰号:"一个性饥渴的老男人"。

当然,流氓归流氓,粗俗归粗俗,这约翰逊干正经事儿的本事还是相当出色的。

在入主白宫之前,他先后当过全国青年署德克萨斯州署长、众议员和参议员,罗斯福总统执政时他坚决支持罗斯福,杜鲁门总统执政时他衷心拥护杜鲁门,艾森豪威尔总统执政时他积极配合艾森豪威尔。效忠领导,热爱祖国,积极向上,努力工作,堪称政坛不倒翁和一名优秀的"毛驴党"战士。

二战期间约翰逊还参加过美国海军,曾在一次军事行动中飞临日本鬼子的阵地,由于表现英勇被麦克阿瑟将军亲自授予银星勋章,算得上是一位抗日英雄。

这位"好色牛仔"纵横政坛,人气飙升,官运亨通,终于在1960年成功当选为同样好色成性的肯尼迪的副总统,成为地球第一强国的二把手。

50.搂着小蜜建设"伟大的社会"

话说这位约翰·肯尼迪总统也是个出了名的风流种子,上学时即猎艳不断,从政后更是绯闻泛滥,拥有包括玛丽莲·梦露在内的诸多情人。此君既是富二代,又是大帅哥,风流倜傥,才华横溢,入主白宫时年仅43岁,是美国历史上最年轻的总统,举世瞩目的"阿波罗登月计划"就是他启动的。

本来这位活力四射、魅力无穷的年轻总统可以为美国人做出更多的贡献,遗憾的是,1963年11月22日,他在德州达拉斯市突然遇刺身亡,英年早逝,撒下了无比热爱他的美国人民!

美国总统突遭不测,全球震惊,美国国内更是一片翻腾,国不可一日无主,心情紧张的副总统约翰逊匆匆地在"空军一号"上宣誓就任美国第36任总统。

此时新总统的旁边站着两位美女,一位是他自己的老婆,另一位就是刚失去老公的肯尼迪夫人杰奎琳,两位美女都表示,坚决支持约翰逊。

约翰逊总统上台后第一件事就是领导美国人民沉痛哀悼肯尼迪,哀悼完了后约翰逊宣布要继承肯尼迪遗志,把美国发展得更好更美更富强。

约翰逊果然说到做到,不但继承了肯尼迪的国内改革还继承了肯尼迪的乱搞女人。在主掌白宫的日子里,约翰逊边和漂亮的女秘书们偷情,边实施他的号称"伟大社会"的政策。

虽说约翰逊受肯尼迪影响很大,但他最崇拜的前辈总统倒不是肯尼迪,而是罗斯福。约翰逊觉得这位坐轮椅的伟人既能搞定一场伟大的经济改革,又能打赢一场伟大的战争,是最了不起的大政治家。

约翰逊做梦都想成为罗斯福那样和华盛顿、林肯齐名的美国最伟大的总统,甚至心中对罗斯福有一种强烈的羡慕嫉妒恨。

为了伟大的梦想,约翰逊大喝一声,开始行动!

他高呼出一句著名的口号:"向贫穷开战!"更通俗点来说就是让美国老百姓过上好日子——吃得香,穿得靓,上得好学,买得起房,看得起病,处处有保障,白人乐颠颠,黑人喜洋洋!

约翰逊鼓捣出的一系列法案如色香味俱佳的饭菜般接连上桌,强烈地吸引着全国百姓,诸如医疗保险、城市美化、教育投资、农村建设……尤其是1964年旨在推动种族平等的《民权法案》更是赢得无数欢呼声。

随着美国经济的复兴和失业率的下降,约翰逊的人气不断增高,在1964年的总统大选中他以绝对优势获胜,得以继续在白宫边偷情边工作。他感觉自己似乎真的要赶上伟大的罗斯福了!

约翰逊的"伟大社会"给他迎来了无数的鲜花和掌声,但他搞着搞着,突然大脑抽筋,只因一件和政治没有任何关系的小破事引来骂声一片。

别急,这还不是越战,而是"虐狗门事件"。

话说有一天,约翰逊在白宫草坪时当着记者们的面摆弄他的宠物小猎狗,这位大耳朵总统一时兴起,突然揪着狗狗的小耳朵把它提了起来,小狗疼得嗷嗷叫!

后来记者问：您为啥干这事儿？

总统乐滋滋地说：俺就是喜欢听它们叫，多好玩……

此事可了不得，惹怒了全美国的爱犬人士以及所有喜欢小动物的人，"防止虐待动物协会"奋起游行，厉声抗议，大骂约翰逊这家伙没爱心、忒残忍。

约翰逊傻眼了，不过他还为自己辩护：我敢打赌，小狗之所以叫，绝不是喊疼，而是欢快的叫声！

此事虽小，却成为约翰逊总统生涯中做下的著名蠢事载入了美国史册，人们由此断定，这位总统属于那种"矛盾统一体"——时而英明，时而缺心眼儿。

这种特点也使他在未来的日子里惹出了真正的大祸，引来了规模更大、影响更大的怒骂浪潮……

无论是"伟大社会"也罢，"虐待"小狗也好，乃至于和女秘书乱七八糟，约翰逊在国内搞得有声有色，甭管是赞是骂，反正都挺热闹挺精彩，一点不平淡。

而对国外，约翰逊搞得也挺热闹，他的外交壮举最精彩的就是打人。

伟大的总统必须要建立非凡的文治武功，文治搞得不错，也得搞点武功，约翰逊心目中的偶像和榜样罗斯福总统不就是这样吗？

于是乎，约翰逊开始满世界到处打人。

那么约翰逊打谁呢？当然是那些不服美国的国家。不过对于勃列日涅夫统治下的苏联和毛泽东领导下的中国，约翰逊是不敢碰的，他下手的都是些亚非拉的孱弱小国——

比如1964年巴拿马人民因为巴拿马运河主权的问题爆发了反美游行，约翰逊出兵镇压，造成21个巴拿马人死亡，气得巴拿马人又踹美国大使馆又和美国断交又向联合国申诉；

又如1965年，多米尼加发生政变，约翰逊担心多米尼加变成古巴那样的红色国家，赶紧派出两万多美国大兵和300多架飞机"帮助"多米尼加人民实现"自由民主"；

再如60年代刚果局势大乱，约翰逊马上以出动飞机和坦克的方式

"帮助"刚果人民实现"全国和解"……

和他的前辈杜鲁门、艾森豪威尔、肯尼迪一样,约翰逊要不知疲倦地扮演超人角色,肩负起领导美国拯救世界的重任,为了地球人民的和平、繁荣、民主和自由而奋斗不息。哪怕是到处点火、到处放血也在所不惜。

在约翰逊的打架生涯中,打得最惊心动魄最轰动全球也是对美国历史和世界历史影响最深远的一次,发生在亚洲的越南丛林。

事实证明,这一仗,是个超级屎坑,约翰逊一脚跌了进去,再也没有爬上来。无论他怎么挣扎,也无济于事,反而弄得自己臭不可闻,恶心至极,痛苦不堪。

亚洲的那片丛林,彻底毁了约翰逊,还捎带毁了无数的越南人和美国人……

51.美女国红颜命薄

话说这越南素有"东方美女国"之称,很多外国人都对独具特色的越南姑娘情有独钟。

不幸的是,这越南的历史命运也跟历史上的某些美女似的——红颜薄命。

古代的时候,越南长时间给中国的王朝当小弟,即藩属国,年年进贡,岁岁称臣,也备受灿烂的华夏文明的熏染。

到了 19 世纪中期,处于清朝统治下的中国衰了,西方国家却纷纷崛起个个灿烂,身为中国小弟的越南遭到法国入侵,不幸沦为法国的殖民地。

转眼到了 20 世纪 40 年代,法国在二战中被希特勒蹂躏了,作为法国殖民地的越南则被希特勒的亲密盟友日本天皇蹂躏了,苦命的越南继续着它的痛苦生涯……

此时越南出了一位长着灰白山羊胡须的瘦老头,此君很喜欢改名字,他原名阮必成,后来改名阮爱国,最后连姓都改了,叫胡志明。这位老爷爷乃是一位为了共产主义事业到死也不结婚的坚强战士(但也有史料披露,其实他秘密结过婚),革命本领甚是了得。他搞了一个叫“越盟”(即“越南独立同盟”)的组织,亲苏亲华,反法反日,叱咤风云,江湖人送赞誉“胡伯伯”。

1945年日本投降后,胡志明庄严宣布:越南从此独立啦!越南民主共和国成立啦!紧跟着欢呼掌声一大片……越南人民似乎看到了希望。

不料不甘寂寞的法国人卷土重来,迅速控制了越南南方,并把越南阮朝的末代皇帝阮福晪(年号“保大”)重新推上了王位。顺便说一下,这阮朝在清朝衰了之前曾是中国的小弟,其第一位皇帝被嘉庆皇帝册封为“越南国王”。

“胡伯伯”愤怒了,在中国的有力支持下,他开始率领越南军民和法国殖民者英勇抗战,尤其是1954年3—5月打得最猛,“胡伯伯”麾下第一大将在奠边府一战揍得法军满地找牙,生擒了法军指挥官卡斯特里将军。此时的美国人可想不到,这位痛扁法军的越南大将会在将来的日子里以同样的方式折磨美军,而且活了100岁还没去世!此人是谁?咱后面再说。

爱玩浪漫的法国人在越南再也欢乐不起来了,被迫全面撤退。

法国人伤心地回了老家,但越南的悲剧并没有结束,这,仅仅是个开头……

和另一个红色的亚洲小国朝鲜一样,越南也被大国们摆弄成了两半:

一半是胡志明越共领导的北越,即“越南民主共和国”,首都河内;

一半是吴庭艳领导的南越,即“越南共和国”,首都西贡,即今天的胡志明市。

这吴庭艳是个狂热的天主教徒,偏偏还极端鄙视佛教徒,此人统治南越时有一大特色:让他漂亮的弟媳妇瑈夫人积极参政,担任“第一夫人”的角色。

胡志明一直和苏联及中国亲密接触,吴庭艳则投入了美国的怀抱。

在胡志明的鼓励和支持下,南越的反政府武装——越共游击队(即“越南南方民族解放阵线”)一天到晚给吴庭艳添乱,斗志昂扬闹革命,时时刻刻不消停。

南越政府恨得咬牙切齿,开始往死里镇压,但镇压了几年后南越政府惊悚地发现,越共游击队竟然愈打愈多,愈闹愈欢……

自打杜鲁门总统宣布美国有责任拯救"自由世界"并和"红色阵营"狠掐到底之后,美国历届总统几乎都要在世界各地折腾一番。

美国人认为,他们应该慷慨地帮助越南人民实现"自由和民主",于是开始不断地包装南越,掏钱掏枪为他们训练军队,让他们和越共对抗。

1961年,风流帅哥肯尼迪总统直接向南越派出大量的战斗部队和军事顾问,一开始的时候只有400多人,一年后竟然直接增加到11万多人。

著名的"特种战争"就此闪亮登场。

所谓"特种",即特别、特殊、特色的种类。美国这种出枪出钱出专家帮助他国窝里斗的"准暴力行为",就是"特种战争"。

当然,您要把"特种"理解为"特别有种",似乎也成。因为美国在越南的壮举确实挺有种的。不管路途多么遥远,不管形势多么复杂,不管环境多么险恶,不管花费多么巨额,不管希望多么渺茫,山姆大叔都是勇往直前,义无反顾,死干到底!而且最终直接由"特种"干到了"变种"——升级成了一场影响巨大的局部战争。

"胡伯伯"再次愤怒了,只见这位年过古稀的坚强老人家胡须乱摆,振臂咆哮:"一定要把美帝从越南赶出去!解放南越!!统一祖国!!!"

美国的"特种战争"打到1963年11月的时候,出大事了!两个越战的关键性人物先后挂掉——残酷迫害佛教徒的吴庭艳在军事政变中被杀,三个星期后,积极卷入越南的肯尼迪总统在达拉斯遇刺身亡,随着这两位BOSS的归西,越南形势越发糟糕。

此后南越政局一片混乱,政变就跟玩儿似的,今儿个你上台,明儿个我执政,后儿个他掌权,总统和总理宝座上的屁股换来换去,让人看着眼花缭乱。

南越的政客们为了争权夺利闹得很欢腾,而他们的敌人——越共游击队为了革命大业,闹得更欢腾,他们神出鬼没,奋勇出击,打得南越政府军晕头转向。

越南人把自己的事儿搞得很大很乱很揪心,对于肩负着拯救自由世界重任的美国人来说,这不能坐视不管,美国,也该搞搞大行动了。

突然继任的约翰逊总统经过再三思考,做出了一项惊天决定……

52.炮击鲸鱼

话说这约翰逊当副总统时,越南问题对他来说只是一个比较抽象的概念,反正都是肯尼迪的活,不关他二把手什么事儿。

当上总统后,约翰逊一直想着"伟大社会"的改革,越南问题也不在他的计划之中。但你不想找事儿,不代表事儿不找你,越南问题没那么简单。如今的美国在肯尼迪的努力下,已经黏上越南了,使劲儿甩也甩不掉。

约翰逊除了接下这个累活外,别无选择,谁让他现在当上一把手了呢?

约翰逊的脑子有点乱,这时肯尼迪遗留给约翰逊的三位军政精英蹦出来,合伙给约翰逊洗脑,让他千万不能放弃越南,要继续坚持不懈地对南越进行"慷慨仗义"的军事援助。

这三位精英都是高学历、高智商、高职务,且个个经历传奇,还都对越南"情有独钟"。

第一位精英是秃顶肥胖的国务卿迪安·腊斯克。

此人生于 1909 年,逝于 1994 年,水瓶座,乃牛津大学硕士。二战时在中缅印战区当上校军官,后来抛弃军事,搞了外交。1961 年,他被肯尼迪总统任命为国务卿,积极协助总统"和共产主义作斗争",但他心里并不喜欢肯尼迪这位提拔他的领导,却对约翰逊一往情深,还成了好友。

腊外长生性沉默,不爱说话,貌似闷骚,但工作的原因迫使他必须说很多很多的话。美国政府刚开始去越南搅和的时候,他并不赞同,但随着美国在越战屎坑里越搅越臭,他顿时感觉自己责任重大,于是思想大变,开始为越战辩护,全面发挥其专业特长,为越战的合理性玩儿命地找理由,满世界忽悠。

腊外长之所以对"东方美女国"那么"情有独钟",其最大原因就是——被共产主义吓得有点儿神经了！他坚定认为"红色凶猛"，如果地球都被"红色"了，后果不堪设想。他曾说"用核武器武装起来的十亿中国人"是对美国的严重威胁，令他非常不安。所以为了保卫"自由民主"的美好世界，就必须"遏制共产主义"，就必须将越战进行到底！

第二位精英是背头油亮的国防部长罗伯特·麦克纳马拉。

此人生于1916年，逝于2009年，双子座，毕业于加州大学，获得过哈佛商学院硕士学位，还曾被扣上多所著名大学名誉博士的帽子。曾任哈佛助理教授、陆军部特别顾问、福特公司老总、世界银行行长等职。您只要看看他干得这些基本上谁都不挨着谁的工作，就知道这位老兄是多么多才多艺了。

麦先生精通法律、数学和经济，搞金融很有一套，智商发达，脑子和计算机有的一拼。和腊斯克一样，他也不怎么爱说话，想的和做的远远多于说的，被誉为"精明小子"和"数据天才"，还被世人赠予"运筹学家"的头衔。

1961年，44岁的麦克纳马拉被肯尼迪总统任命为国防部长，很拉风地进入五角大楼工作，搞经济的他开始搞起了军事。他以玩经济的手段来玩军事战略，一使劲儿，为美国节省了大约150多亿美元的国防开支，还让美国武装力量实力升级，焕然一新，活力四射。

在越南问题上，麦部长坚决认为，只要美国努力干预，越南就能实现真正的"独立、自由和民主"，于是积极鼓动肯尼迪在越南大玩"特种战争"。后来人们给他赠送了一顶并不值得自豪的"桂冠"——"越战的总设计师"。

第三位精英是杀气腾腾的参谋长联席会议主席马克斯韦尔·泰勒上将。

此人生于1901年，逝于1987年，处女座，毕业于培养出大批璀璨将星的西点军校和陆军军事学院。自幼痴迷军事，最爱听打仗故事，小学六年级时就立志成为一名将军，后来果然从了军，果然打了仗，又果然成了将军，而且还是名将。

泰勒早年曾在东京工作，搜集日军情报，还来过中国北京进行考察。

美国参战后,他成为威名赫赫的空降高手,曾任号称"呼啸之鹰"的美军第 101 空降师师长,深受马歇尔、艾森豪威尔、布莱德雷、巴顿等二战美军大腕的赏识。

泰勒还是朝鲜战争中最后一位美军战场指挥官,即"联合国军"最后一任总司令克拉克将军麾下的第 8 集团军司令。这一仗对他来说,相当郁闷。

1962 年,泰勒被肯尼迪总统任命为美国参谋长联席会议主席,终于混成了美国军界的头号大腕儿。这里顺便说一下,美国的国防部长是文职,所以参联主席就是美国军人所能获得的最高职务。

这位将军表面温文尔雅,实则凶猛狠辣,整日叫嚣战争,绰号"进攻先生",乃华盛顿高层中的头号"鹰派"狠人。

在三位精英中,泰勒是最激烈最狂猛最好斗的一个,著名的"灵活反应战略"就是他鼓捣出来的经典杰作。那么啥叫"灵活反应战略"呢?

这个战略简单点来说就是:让美国既能耍得起核战,也能玩得起常规战,还能搞得起特种战;既能和苏联及中国这俩"大牛"打大战,也能和亚非拉那些"小猫"打小战……怎么样,这厮果然有点战争狂的味儿吧!

泰勒和国防部长麦克纳马拉关系极铁,两人都积极主张美国插足越南,还手拉手一起亲赴南越进行实地考察,回国后就跟打了兴奋剂似的忽悠肯尼迪总统,要坚定不移地实现不让南越落入共产党之手的目标,要用尽一切手段剿灭越共!

腊斯克、麦克纳马拉、泰勒这三位老兄所担任的最高公职即"国务卿""国防部长"和"参联主席",都是肯尼迪总统给提拔的,肯尼迪能一脚陷入越南屎坑而不能自拔,他仨功不可没。

可惜肯尼迪突遭不测,任期短暂,仨精英的本事还没来得及全面施展呢,不太过瘾。幸好约翰逊很厚道,他上台后并没有"一朝天子一朝臣",而是对这三位"前朝老臣"全部留用,而且大用特用,几乎是说啥听啥。

于是仨精英兴冲冲地把在肯尼迪那儿还没来得及发挥的激情和才智,一股脑地全部释放到约翰逊这儿,尤其是大力忽悠约翰逊继续在越南闹腾。

　　精英们和绝大多数华盛顿高层人士都认为如果不帮南越,那越共就要席卷了整个越南,这共产主义的革命又成功了,而且共产主义是会"传染"的,越南不就是被苏联和中国"传染"的吗?

　　如果胡志明那个山羊胡子统一了整个越南,那越南肯定会传染其他东南亚国家,这样一来实在可怕!

　　约翰逊认为精英们的观点非常正确,他用他惯用的低俗语言更经典地诠释这一理论——

　　"如果你让歹徒进入你的前院,第二天他就会进入你的走廊,第三天就会在你的床上强奸你老婆。"

　　为了"老婆不被歹徒强奸",约翰逊决定将越战升级一个档次,对"邪恶"的胡志明的北越实施更狠一些的打击!

　　想到这儿,约翰逊顿时感到出兵狠揍胡志明是非常必要的,也是意义深远的。他的脑海中出现了这样一幅美好的画面:在美国人的热情帮助下,北越的共产党终于完了,北越人民"自由民主"脱贫致富了,湄公河变成了田纳西河一样的为民造福的无敌水利网了,北越人民手舞足蹈欢歌笑语异口同声地大喊:"俺爱美利坚! 俺爱约翰逊!"倾注毕生心血的"伟大社会"在亚洲也实现了!

　　噢! 上帝! 真美好啊! 当然,为了实现这个伟大的梦想,首先要做的就是揍人! 只有剿灭了越共,才能造福于全越南的人民。那么怎样才能剿灭越共呢? 首先就得轰炸,至于是不是有可能炸死北越老百姓,就不能考虑那么多了。反正总有一天,他们会知道,我约翰逊是为了他们好,他们会爱我的! 对,就这样!

　　打别人总是需要借口的,无缘无故地或者理由不充分地去打别人,是有损美国"自由民主"形象的,也是有损总统形象的。所以约翰逊升级越战也就必须找个"合理"的借口,这个借口,就是耸人听闻的"北部湾事件"(也称"东京湾事件",这里说的东京可不是日本,"东京湾"是"北部湾"的旧称,北部湾是位于南中国海西北部分沿陆封闭式海湾)!

　　1964年8月4日,约翰逊对美国人民发表电视讲话,说北越共军的鱼雷艇在北部湾袭击了美国舰队,咱们必须对北越进行报复行动!

您瞧,这约翰逊表演得多精彩! 这样一来,可是你北越先动手的,为了美国的利益而战当然是正义的!

8 月 5 日,美国先后出动飞机 64 架次开始轰炸北越的油库和海军基地。

背头油亮的国防部长麦克纳马拉迅速调兵遣将:太平洋地区的美军航空母舰群、战斗机群、轰炸机群、反潜特种部队、海军陆战队……全部进入蓄势待发状态! 秃顶肥胖的国务卿腊斯克则用语言积极配合,眉飞色舞地向国内外使劲儿忽悠,狂侃这次干仗的重要性和正义性。

由于美国政府把这场战争包装成为和平而战,就像二战时的珍珠港一样,美国是忍无可忍才被迫还击的。所以美国民众百分之八十五都支持约翰逊,觉得约翰逊这事儿干得太漂亮了。

约翰逊自己也很得意,满怀豪情,他对美国人民说,这次事件让全体美国人深刻认识到在东南亚为自由和安全而进行斗争的重要性。

多年之后,关于北部湾事件的真相浮出水面,原来所谓的美国舰队遭到北越袭击一事纯属扯淡,当时美国军舰压根儿啥也没看清就开火还击了,就连约翰逊私下也承认:"据我所知,咱们的军舰炮击的是鲸鱼……"

这真是典型的欲加之罪何患无辞也!

越南战争终于升级了,一直渴望成为"伟大总统"的约翰逊决定利用手里最精良的武器装备狂灭越共,并以一位勇冠三军的铁血悍将指挥此战。

这位悍将便是绰号"铁汉"的威斯特摩兰将军。

53."铁汉"打"蚂蚁"

话说威廉·威斯特摩兰生于 1914 年,逝于 2005 年,白羊座,此人生得浓眉大眼,打小就狂热迷恋军事,勇猛彪悍,胆大包天,爱好骑马打猎,对比他小 12 岁的老婆温柔体贴,对所有的敌人一概冷酷无情。

小威毕业于西点军校,参加过二战和韩战,既能玩转炮兵也能玩转伞兵,美军的超级巨星麦克阿瑟将军和刚才咱说过的那位"鹰派"狠人泰勒将军都是小威心中的偶像,他立志要像这二位前辈一样,也成为叱咤风云的闪耀将星。

1955年,42岁的"铁汉"威斯特摩兰成为美国史上最年轻的陆军少将。1964年6月,这位美军精英被约翰逊任命为援越美军总司令,并晋升为四星上将,统领在南越所有的美国陆海空武装及海军陆战队,兵精粮足,虎视北越。

威斯特摩兰挂帅出征,光荣地成为继朝鲜战争之后美国出兵最多的一次局部战争的前线总指挥,一腔壮志豪情直冲云霄。

在去南越首都西贡任职时,约翰逊总统对威将军说:俺希望你不要扮演麦克阿瑟的角色。

麦克阿瑟在朝鲜战争中扮演的角色,咱已经很清楚了。约翰逊的意思,稍有智商的人都明白。

此时的威斯特摩兰可没想到,由他主打的这场战争比他心目中的偶像麦克阿瑟主打的韩战还要悲催。

更要命的是,那老麦虽在朝鲜战败,但依然被美国人捧为超级英雄,而小威呢,越南战争直接让他身败名裂,差点没淹死在口水里……

自视甚高的威斯特摩兰一贯鄙视越南,认为越南是个不上档次的"蚂蚁国度"。他可能没想到,有些时候,蚂蚁也是很难缠的。蚁群的力量,异常可怕。

为了迅速灭光"蚂蚁",威将军跟上了发条似的每周工作7天,每天工作14个小时以上,不但狂扔炸弹,还要狂扔传单。

说到这儿,那位要问了,这扔炸弹咱能理解,扔传单是干吗呢?

原来这威将军还真懂得"不战而屈人之兵"的道理,为此他专门下令印发了10亿张反共传单毫无保留地扔向越共阵地,忽悠越共抛弃共产主义、投入"自由民主"的怀抱。

您还别说,此举还真有效,愣是导致大约2000名越共人员前来投诚。一开始美军还乐得不行,但很快他们又哭了。原来这帮越共都是些间谍!他们名义是投诚的,实际上都是来搞破坏的,不遗余力地演绎着真实的丛林谍战剧。

威将军知道真相后气得浓眉乱舞——看来这越共分子真是够狡猾的，对他们真的不能手软啊！

1964 年 12 月，怒气冲冲的"铁汉"威斯特摩兰玩起了代号"横滚"的行动，顾名思义，"横滚"，即"横着往前滚"，用啥"滚"呢？当然是炸弹。

威将军开始每周出动两次飞机对越南的一条"输血管"进行使劲踩踏，他觉得，只要能把这条"输血管"给踩踏爆了，越共就得失血而死！

这条"输血管"就是现在被越南人变成旅游景点的"胡志明小道"。

想当年，这条隐匿于重山密林中的道路（不过被美国人发现后，也隐不住了），是山羊胡子"胡伯伯"给南越游击队输送干仗物资和干仗人力的重要通道，美军头头们对其恨得牙根痒痒，只要发现有车辆和人员通过，就使劲儿倾泻炸弹。

虽然这条"输血管"被美军炸得千疮百孔，但实在是硬得厉害，始终没被毁掉。威斯特摩兰愤恨至极！

和威将军同时被"胡伯伯"气得要命的还有好几位美国军政要人，他们纷纷请求约翰逊总统加大狠揍北越的力度，也就是升级轰炸规模。

1965 年 1 月，毕业于耶鲁的数学高手、白宫安全顾问邦迪（也是一位肯尼迪留给约翰逊的精英）、背头油亮的国防部长麦克纳马拉，再加上已从参联主席改任驻南越大使（有点南越"太上皇"的味道）"鹰派"狠人泰勒上将，三位老兄联手忽悠约翰逊——

总统啊！赶紧下令升级轰炸程度吧！原先那种零零碎碎的小轰炸根本不管用！要玩就得玩大的！否则北越就会愈发嚣张！这样下去南越也就玩儿完啦！

本来这约翰逊对加大轰炸北越并不感冒，他总觉得这不是对付"胡伯伯"的最佳招数，还应该观望一下再做决定，到底是继续炸呢？还是派特种部队出击呢？还是和越共谈判呢？还是……

总统的脑子里进行着激烈的思想斗争。正在这时候，精英们的忽悠来了，那忽悠如排山倒海，似风卷残云。

约翰逊终于架不住了，当即决定支持精英们。

总统于 1965 年 2 月 13 日正式批准了代号"滚雷行动"的持续轰炸计

划!

远在西贡的"鹰派"狠人泰勒知道总统的决策后兴奋得差点没蹦起来,他在"滚雷行动"获批的这天给儿子写信说:"吾历尽艰辛,苦等了一年半,可算是盼到这一时刻的降临了!"

其实这约翰逊挺害怕"滚雷行动"的真相被世人知道,会招致骂名,使自己身败名裂事业玩儿完,毕竟仗着自己有钱有势拳头硬去欺负人家穷得叮当响的北越并不是啥值得显摆的好事儿,更何况这事儿干得不但费钱,还得搭上士兵的命,对美国人只有无数坏处,没有一点好处。

为此约翰逊只有采取非常手段——撒谎,而且要不停地撒,使劲儿地撒,变着花样地撒,直撒得自己都感觉有点真假难分了。

虽然有人夸赞约翰逊撒谎的本事天下无敌,然而谎言不能长久,真相只有一个。当越来越多求真相的人得知实情时,约翰逊只会更加丢人现眼。

约翰逊也觉得撒谎很难受,他说了一句很有自己风格的话——"白天到处费劲儿挽救脸面,到晚上连屁股也丢了。"这话虽糙,但仔细一品,还很有些哲理和内涵,而且这句话,他可是一点没撒谎。

不管丢脸也好,丢屁股也罢,反正既然已豁出去了,也就顾不上那么许多了。

事实证明,美军对北越的轰炸自打开始后,就跟吸毒似的一发而不可收拾……

54.全民打敌机

1965 年 3 月 2 日,"滚雷行动"正式开始。

成群结队的号称"同温层堡垒"的 B-52 战略轰炸机开始跑到北越上空撒欢儿,尽情地狂丢炸弹,炸得北越遍地开花到处稀烂。

美国军方奋勇咆哮:"把越南炸回到石器时代!"

打这以后的 10 个月内,美军轰炸机出动 5.5 万架次,投弹 3.3 万吨。本就穷得叮当响的北越被迫走上了通往"石器时代"的道路……

看来,这约翰逊是够彪悍的,但他的对手胡志明也不是吃素的,这位被尊为"越南国父"的老人家依旧顽强不屈,毫无畏惧,精神抖擞,银须飘洒,振臂高呼,号召越南全民皆兵,和反动透顶的美帝国主义玩儿命到底!

在"胡伯伯"的伟大号召下和英明领导下,北越军队和南越的反美武装掀起了一场声势浩大的"全民打敌机"的运动!

你们美帝不是整天用 B-52 飞来飞去欺负俺们吗?那俺们就奋起神勇,打掉它!不但军人打,老百姓也打,不但用炮打,还要用枪打!

据说在这段激情燃烧的岁月里,越南英雄辈出,其中有一位名叫阮越凯的抗战猛人,他在番薯地里毅然发飙,用卡宾枪对空射击,一天内连续打爆了 4 架美机,简直是人间神话也!

"胡伯伯"的军民不但要勇打天上的美国飞机,也要勇打地上的美国飞机!

列位要问了,这地上怎么还有飞机啊?那咱告诉您,就是在美国飞机还没跑到天上撒欢儿的时候,就把它们消灭在"鸡窝"里,也就是神不知鬼不觉地去踹美国空军的机场!

从 1965 年 6 月到 1966 年 4 月,越共军队连续爆了 8 个美军"鸡窝",宰了 800 多架美国飞机,灭了 6000 多名美军飞行员和地勤人员。号称世界第一的堂堂美国空军竟被这帮"土鳖"玩得那么惨,美军官兵们真是伤心欲绝,欲哭无泪!

约翰逊总统和威斯特摩兰将军本想把北越给炸服了,没想到却把他们炸怒了,炸得人家全民奋勇,看来只在天上搞投弹是不行的。

约翰逊和精英们一商量,决定出动地面部队,步兵、大炮、坦克齐上阵,配合飞机一起来全方位立体化的群殴!

在威将军的强烈建议下,约翰逊于 1965 年 3 月派出第一支美国地面部队——第 9 海军陆战队在南越第二大城市岘港登陆。

威将军很兴奋,此后他只要一觉得敌人难打了,就伸手问总统要兵,约翰逊也很慷慨,几乎每次威将军伸手,他都会答应——

1965 年,把驻越美军增加到了 15 万多人;

1966 年,增加到近 40 万人;

1967 年,增加到 48 万人;

1968 年,增加到近 54 万人;

…………

在威斯特摩兰的忽悠下,这约翰逊就跟竹筒倒豆子似的,稀里哗啦地将大把大把的美国兵扔进了越南丛林,其实也等于将成批成批的美国家庭搞得妻离子散甚至家破人亡。

约翰逊往越南狂扔士兵的行为突然遭到一个美国高官的强烈反对,您猜这位老兄是谁? 他便是积极谋划越战的美国驻南越大使泰勒。

说到这儿,也许有朋友纳闷了,这泰勒将军不是著名的"鹰派"狠人吗? 当初不就是他跟着了魔似的忽悠约翰逊升级越战吗? 这怎么又反对出兵了呢? 难不成大脑受了啥刺激突然改邪归正热爱和平了?

原来,这泰勒对升级越战一往情深确实不假,但他只想玩儿命地轰炸,并不主张打陆战,因为朝鲜战场的悲催经历让他有了心理阴影,他可不想美国政府和韩战那样,把无数美国大兵的命毫无意义地赔在遥远的亚洲。

而泰勒的好弟子威斯特摩兰和泰勒的观点正好相反,他极力主张空中陆地一块儿上,怎么凶猛怎么来。

所以当第一批美军登陆岘港后,泰勒气得七窍生烟,冲着威将军一阵大吼,接着他又窜回华盛顿,和那些主张派出地面部队的将军进行激烈辩论,并请求总统一定要力挺自己。

这约翰逊狡猾得很,他一面假惺惺地答应泰勒,一面继续批准增兵,泰勒得知真相后仿佛脑袋上挨了一棒,心里那个难受啊!

然而世事风云变幻,不到半年,这泰勒就像变了个人似的,坚决支持威斯特摩兰,请求约翰逊总统迅速地、大量地、使劲儿地增兵越南!

这是咋回事呢? 莫非泰勒脑子真坏了?

原来泰勒在西贡待的时间越久,就越觉得敌手难缠,这帮不要命的家伙简直是越打越多,越打越欢,而南越政府的形势则一阵儿不如一阵儿——政治混乱,军事无能,经济崩溃,社会不堪。

看来仅凭轰炸就迫使"胡伯伯"服软,已经是不可能的了,所以泰勒也不管什么朝鲜战争的阴影了,他思维逆转,摇身一变,成了强烈主张狂增地面部队的美国高官,甚至比威斯特摩兰叫得还要凶。

背头油亮的国防部长麦克纳马拉完全赞同泰勒,约翰逊对精英们的建议几乎全都批准,在他们的共同努力下,一批又一批全副武装的美国大兵告别家乡,前赴后继,远征亚洲,钻进丛林,奔向悲剧……

由美国人导演的"南打北炸"的越战大片正式上演!

55.不是一个人在战斗

当第一批美国大兵踏入这片神秘的土地时,发现迎接他们的并不是传说中形同鬼魅的越共分子,而是一大群身着紧身衣的性感美女!

原来,这是南越政府和当地美军为他们举办的欢迎会。这就是要让别人去卖命,先要毫不吝啬地给甜头的道理。

美国大兵们被迷得神魂颠倒,然而这帮很傻很天真的阿兵哥哪里想得到:让他们尽情享受异国的美色,都是假的;让他们尽情享受异国的枪炮,才是真的!

性感美女的诱惑,只是短暂的,且极具忽悠性;

可怕敌人的折磨,才是长期的,也极具忽悠性。

美女,是领导们拿来忽悠阿兵哥们去卖命的;

而敌人,则是通过忽悠的手段来杀死他们的!

于是乎,令人欲火焚身的色情片变成了令人寒毛直竖的恐怖片,虽说这两种片子都会让人心跳加速,但后者明显不爽。

在这片令人窒息的丛林中,美国大兵逐渐发现他们的敌人还真的是如同鬼魅,足以吓疯活人!

越共游击队瘦小枯干、穿着破烂、武器低劣,很像丐帮,有时还掺杂着很有花木兰风格的女兵,如果你只看他们的表面认定他们菜鸟一群、不堪一击,那就等于被忽悠成功了,因为他们实际上相当厉害!

他们在丛林里若隐若现、神出鬼没,来无影去无踪;他们钻山洞,挖地道,设陷阱,埋炸药,引你上钩,蒙你进套,突然出手,吓你一跳,甚至还会用猩猩和猴子来干扰美军的电子武器,整个一捉迷藏游戏,只不过这游戏忒血腥。

有很多时候,越南战场都出现过这样的惊悚场景:美国大兵忐忑地端着枪去执行任务,半道上就被突然冲出的越共游击队往死里来那么一下子,瞬间归西;或是一不留神踩着了越共设置的机关,见了上帝。

无论美国大兵打死多少敌人,都有更多的敌人补上,继续纠缠,源源不断,没完没了,打不死你也烦死你……

为了打赢这场心目中的"正义之战",约翰逊不但把本国的士兵扔到战场,还忽悠一些美国的"小弟"诸如韩国、菲律宾、泰国、澳大利亚、新西兰等国踊跃参与,友情客串,积极对南越进行军事援助。老大发话,小弟们岂敢不从,于是乎,加南越为好友的人越来越多。

在这些美国"小弟"中,表现得最为积极的就是韩国。

不久前,美国老大在朝鲜战争期间不惜出动数十万大军拯救了几乎被灭的它,又整天往它兜里狂塞大量美元,韩国小弟真个是感激涕零。如今老大要揍人了,当小弟的还不得赶紧鞍前马后孝敬着。

在整个越战期间,共有31万韩国兵积极投入,反正都在亚洲,折腾起来也比较方便。在这些韩国军人中有一个团长名叫全斗焕,还有一个营长名叫卢泰愚,这二位在20世纪80、90年代的时候都混牛了,一先一后地当上了韩国总统。看来有些时候为老大卖命卖得出色,还是大有好处的。

美国,不是一个人在战斗,而北越,同样不孤独,不但苏联和中国这俩红色大国给他们大量的武器援助,就连捷克、波兰、罗马尼亚、朝鲜、古巴等这些红色小国也对他们进行支援,有钱的出钱,有力的出力,没钱没力的帮着摇旗呐喊。

其中对北越支援最大的便是咱中国,那威斯特摩兰不是三天两头伸手问约翰逊要兵吗,这胡志明同志也是经常向毛泽东同志要支援。所以说咱中国对北越绝对是大恩大德。

有了中国和苏联的力挺,"胡伯伯"更是无所畏惧,一边号召北越全民继续狠狠地打美国飞机,一边鼓动南越的越共武装继续努力地打游击。

"胡伯伯"很有种,搞得约总统很头疼、威将军很恼怒,他们太想快速搞定越南了,但又实在想不出更好的办法,只能依旧是玩儿命地"南打北炸",对南方的越共游击队进行更凶猛更残酷的扫荡,见着就杀,逮着就毙;用 B-52 轰炸机对北越的军事目标和"胡志明小道"实施毫不吝啬的"地毯式轰炸"。

地毯式轰炸,顾名思义,就是像铺地毯似的高密度、大面积的盲目轰炸,管他地上有人没人,一扫一大片再说,反正咱总统手里有的是钱!

在整个越战期间,美军的投弹量远远超过了二战期间对德国和日本投弹量的总和,纳粹和皇军情何以堪!

就这样,越南——这个威斯特摩兰眼中的"蚂蚁国",神奇地成了比发动二战的轴心国集团更能吸收美国货(炸弹)的国度!

胡志明——这位貌不惊人的山羊胡子瘦老头,竟然成了美国人心中比希特勒还要难缠的敌手。后来美国《时代周刊》把胡志明这位小国牛人和希特勒、罗斯福、丘吉尔、列宁、毛泽东等大国牛人并列为 20 世纪 100 位最重要人物。由此可见,小小的越南,对美国人心灵的刺激是多么严重!

低落、烦乱、恐惧、纠结、迷茫……这些乱七八糟的情绪几乎弥漫在每一个越战中的美国官兵的心头。

为了给前线的将士们打气,身为美国武装力量最高统帅的约翰逊于 1966 年 10 月 26 日亲自出马,前往南越的美军金兰湾基地视察,热情地慰问部队,和官兵们亲切交谈,努力让这些卖命的战士相信——领导对俺们是非常关爱的,祖国对俺们是非常倚重的!在总统的英明领导下,俺们必将胜利!为这场伟大的战争献身,俺们光荣自豪名垂青史!

总统坚定自信地高呼"星条旗将在这里永远飘扬!"喊完后,台下掌声一片,只是不知道真正发自内心相信总统的到底有几位。当然话又说回来了,约翰逊他自己信不信,都很难说。

就在约翰逊吼出这番豪言壮语的几个月后,他就疲软了,因为他瞪大眼珠子使劲看,也看不到美军在越南有一丝希望,竖起大耳朵使劲听,也听不到美军在越南有一点好消息。于是乎他对北越的态度突然转变,从凶神恶煞变成了满面微笑,于1967年初给他恨之入骨的对手"胡伯伯"写了封比较真诚的信,说只要你们北越别给南越游击队提供支援,我们美国就不炸你们。

"胡伯伯"的回答把约翰逊噎着了:你们美帝国主义在我们越南干的事儿就是赤裸裸的强盗行为!想和平也行,美帝必须从越南撤出所有武装力量!

唉,这个越南老头不识时务啊,既然谈崩了,南方还得使劲打,北方还得玩儿命炸。约翰逊只能再来硬的了。

就在威斯特摩兰将军指挥美国大兵们为了"星条旗永远飘扬"而狂轰滥打的时候,"胡伯伯"也派出了麾下的头号大将策划了一起惊天动地的"恐怖行动"!

这位号称越南第一名将的牛人便是历史老师出身的北越国防部长武元甲。前面咱说的那场把法国军队揍得叽哇哀号的奠边府大捷,就是这位猛男指挥的。在我写作本文的时候,这位威震世界的大将依然在世,已经整整100岁高龄了……

56.“他妈的,我一直以为我们打赢了呢!”

武元甲,这位和《水浒传》打虎英雄同姓,又和清末武术高手同名的大将,是越南头号"打星",被尊为越南"军神",但从未受过正儿八经的军事教育,长期统率北越军队即"越南人民军",先和日本军队干仗(1941—1945年),后和法国军队对掐(1946—1954年),再和美国军队玩儿命(1961—1972年),积极辅佐胡志明,忠心耿耿为革命。

1954年,武元甲的威名第一次冲出亚洲、走向世界。他在中国军事顾问的积极协助下和中国物资的大力支援下,打赢了举世震惊的奠边府战役,重创法军,结束了法国人在越南的殖民时代。巴黎,哭得一塌糊涂。从此武将军得了个"奠边府之虎"的绰号。

这位越南大将性格热情浪漫,干仗极有激情,曾三次登上《时代》封面,老美们认为他是地球上数一数二的游击战高手和罕有的军事奇才。

在老美鼓捣的一个"军事家排行榜"中，武元甲的排名比布莱德雷、巴顿、尼米兹这些美国名将都要高，由此可见老美们对他是何等推崇。但美国人似乎忽视了中国给他的军事援助和作战指导。当然，老美狂吹武元甲也有给自己打不赢越战找些借口的因素。

1968 年 1 月 31 日—2 月 2 日，武元甲奋起神威，指挥 8 万北越人民军和越共游击队一起对南越的 5 个主要城市、36 个省会和几乎所有的南越军事基地发动了山崩地裂般的猛攻，就连西贡的美国大使馆也被他们在午夜时分英勇地端了一下，大使馆院子里的激战一直打到次日黎明！

美国人惊恐万分，失魂落魄！

这就是越战史上著名的"春节攻势"。

"铁汉"威斯特摩兰反应还算快，匆忙指挥美军反击，由于双方的武器装备和军事素养不在一个档次上，北越人民军和越共武装被美军打死了 3 万多，美军伤亡只有 3000 多。

这场声势浩大的攻势看似武将军惨败、威将军大赢，但接下来发生的情况却截然相反。

由于北越人民军和越共游击队在这次攻势中的表现实在是太突然太生猛太吓人，美国人震惊了，接着就愤怒了，他们怒的倒不是暴踹美国大使馆的越南人，而是把数十万美国大好青年丢到越南的美国政府。

就这样，美国的反战运动达到了高潮！

其实早在 1965 年的时候，美国国内就有两万学生围攻白宫，他们振臂高呼："约翰逊！你杀死了多少美国青年？！"

而春节攻势后，更使五分之一的民众从支持越战变成了反对越战，各大媒体的反战舆论此起彼伏，一浪更比一浪高，全国人民齐声嚎！

哥伦比亚广播公司评论员克朗凯特在电视上讲了一句流行全国的牛话："他妈的，我还一直以为我们正在赢得这场战争呢！"

一位美国妇女直接给约翰逊写了封洋溢着愤怒之情的信，说："我老公曾在二战中服役，那时我们的国家处于战争时期。但现在，我儿子被送去了越南，这是怎么回事？我不明白，这是为什么？"

1967 年 10 月，更疯狂的事发生了，华盛顿 10 万美国学生和民众气势汹汹地围攻五角大楼,他们毅然扯掉星条旗,并和警察英勇对掐,此事轰动世界。

还有不少美国青年为了躲避兵役,绞尽脑汁地逃跑藏匿,他们都不想在大好年华被扔到东方那片陌生的丛林送死。

其中有一个来自阿肯色州的爱好音乐的大学生,就干过逃避越战兵役的壮举。20多年后,这孩子当上了美国总统,他的名字叫比尔·克林顿。

作为升级越战的最高BOSS,此时的约翰逊处于极度抓狂状态,前线的美国兵越死越多,后方骂他是败类的反战人士也越来越多,而美国政府腰包里的钱却越来越少。

为了这场破战争,美国的财政开支从1965年的1亿美元狂增到1968年的270亿美元,赤字严重得令人心寒,黄金储备嗖嗖下降。

您想想,这约翰逊为了他"伟大社会"的美好计划,已经伸手问国会要了不少钱了,而在越战上,他花的钱更多。政府,快要混成穷光蛋了。

越南,本来就穷,光脚的不怕穿鞋的,破罐子破摔,反正就这点破地儿,由着您使劲炸呗,越穷越烂越是玩得起。

美国,本来就富,但越富就越怕出事,再富也架不住这么抽风似的败家,把几十万、几百万、甚至上千万美元的武器砸出去,结果呢,也就是把一片烂地方砸得更烂一些。山姆大叔实在伤不起。

身为总统,忽悠国会既要为国内改革买单,又要为国外战争付款,而且每次还都是天文数字,这国会不气疯了才怪。就连约翰逊自己都觉得没脸了,他再次用他惯用的又比较经典的下流语言说了一句大实话:"如果俺是国会多数党领袖,发现一个总统企图这样干,俺肯定会揪掉他的睾丸!"

唉,人生如梦,俺的人生如噩梦!——约翰逊成了一个政治上很失败、军事上很失败、经济上也很失败的总统,他倾注一生心血勾勒的"伟大社会"竟然落得如此下场,开战时他那超高的人气如今已跌至谷底!

这场由他自己亲自升级的战争几乎让他得了精神病。

有一天凌晨,约翰逊在床上突然尖叫:"俺不得不征召60万小伙子,让他们离开家离开亲人啊!"

熟睡中的约翰逊夫人被惊醒,吓了一跳。第一夫人心里很清楚,老公快要被越战整疯了……

57."我们都是浑蛋!"

按说这"玉米饼大叔"已经够崩溃的了,而前线那位热血"铁汉"威斯特摩兰将军不但不干点安慰总统的事儿,反而又跑来给总统添堵了。

威将军第 N 次向总统伸手要兵,说只要再给他 20 万大军,他就能搞定敌人!

威将军执迷不悟狮子大开口的行为把国内的反战人士彻底气疯,他们群情激奋,大骂威斯特摩兰是"战争贩子"和"危险将军",恨不能把这个败家玩意儿生吞活剥挫骨扬灰。当然,威将军的真人版,他们是捞不到了,只能把威将军的"虚拟版"拿来泄愤。其方式之一,就是焚烧他的画像,烧得最欢的就是热血沸腾的学生们。

在美国人和越南人的共同努力下,威斯特摩兰,这位曾经威名远扬的"铁汉"猛将成功地变成了史上名声最臭的美国将军。

作为威将军的最高领导,约翰逊终于受够了这位老打不赢战争还总有借口伸手要兵的将军,也腻味了这场该死的战争。

1968 年 3 月 23 日,已经被群骂了好几年脑残的约翰逊突发英明,毅然摘掉了威将军驻越美军总司令的帽子,把他召回国担任陆军参谋长,虽然这个位子是美国陆军的老大,但身为败军之将的威斯特摩兰担当此任,滋味实在不爽。更何况,整天在国防部长和参联主席眼皮底下辛苦办公的陆军参谋长,并没啥实权,哪有当那个天高皇帝远的前线总司令惬意啊。

对败军之将明升暗降,是一种很文明也很精明的糟践人的方式。

四年之后,这位"越战忠魂"终于并不光荣地退役了。在隐退江湖的日子里,他依旧挺忙活,其中最重要的事儿就是和所有骂自己的人进行顽强斗争。"我尽了最大的努力,我没有遗憾,更无须道歉……他们爱怎么说就怎么说吧!"直到91岁去世前夕(2005年),他也坚持认为自己没错,越战没输。

撤掉威斯特摩兰八天后,沮丧的约翰逊发表全国讲话,宣布停止轰炸北越,并宣布不再参加下一届的总统竞选。

他和他的将军一样,都卸下了这个沉重的包袱。所不同的是,将军对战争还很狂热,而总统对战争,彻底幻灭了……

1969年1月,立志成为"伟大总统"却一不留神成为失败总统的约翰逊永别白宫,退出政坛,返回家乡德克萨斯州的牧场,从此不问国事,隐居乡间,每天最关心的问题就是诸如他养的母鸡能下多少鸡蛋这类的"不上档次"的事儿,成了一个名副其实的"玉米饼大叔"。

4年后的1月21日,尼克松总统宣布越南停火,接着宣布废除约翰逊倾注了毕生心血的"伟大社会"计划。第二天,约翰逊在家乡因心肌梗塞逝世,终年66岁。又过了两年,即1975年4月,北越人民军攻占南越首都西贡,越南全国统一,越南社会主义共和国宣告成立,为了纪念伟大的"胡伯伯"(老人家早在1969年,即约翰逊退休的那年就去世了,没能亲眼看到祖国统一),西贡被改名为胡志明市。

"繁荣强盛、自由民主"的美国,费尽九牛二虎之力,终究没能阻止"贫困落后、饱经战乱"的越南成为红色国度。

在这场美国历史上持续时间最长的战争中,美军死了5万多,北越和南越共死了100多万,美国空军的"铺地毯轰炸法"让北越很多地区几乎人口灭绝。20万南越女人为了生存沦为妓女,性病泛滥,黑市猖獗。整个越南都被搞得弹坑遍布,污染弥漫,直到战后,还有一些倒霉的农民踩到了那些还没爆炸的地雷而不幸身亡。

美国人的日子也不好过,战争整烂了美国的经济,搅乱了美国的社会,更严重地伤害了美国人的脑子,很多美国兵因为被战争折磨颓废而去吸毒,还有不少得了神经病("创伤后紧张紊乱症")。从此,美国政府只要一打算跑到国外去打人,第一个就会联想到越战。在打之前,军政头头们都会使劲琢磨一番。

越战,成了美国一代人挥之不去的梦魇。

约翰逊,是一位具有很多优点并且特渴望成功的政治家,壮志凌云的他曾经对自己的国家有着十分美好的设想和实践,但越战把他彻底毁了。

虽说韩战也是一场郁闷的战争,但领导美国进行韩战的杜鲁门依旧被评为伟大总统,因为韩战被美国人遗忘了,而杜鲁门除了韩战外还有其他的贡献和业绩,就算拿韩战来说事,人家老杜最起码还"保卫"了韩国。越战,由于对美国社会影响深远,对美国人刺激太大,使得约翰逊永远也当不成伟大总统。如今提起这位"玉米饼大叔",人们最能想到的除了他私生活混乱,就是他升级越战。

战争期间,约翰逊似乎显得非常被动,他几乎都是被身边的精英们牵着走,这帮肯尼迪遗留给他的旧臣们彻底坑了他。除了撤掉威斯特摩兰和宣布停止轰炸外,他在战争期间几乎没干过什么英明之举,他不但是美国历史上最糟糕的战时领袖,也是世界历史上最失败的干仗 BOSS 之一。

美国资深国会议员哈里曼曾评论约翰逊:"他在内政方面是一把好手……如果没有越南战争,他本可以成为美国史上最伟大的总统之一。"

那位整天教唆总统升级越战的"鹰派"狠人泰勒将军说过一句话,是对所有积极参与越战的美国人的最好诠释——

"没有一个人在这件事上表现卓越,没有谁可以称为英雄,都是浑蛋!也包括我本人!"

从鸭绿江畔到越南丛林,身为地球第一超级强国的美利坚在亚洲使劲折腾,费钱费命,作为和美利坚并列为世界超级大国的苏联,总和美国较劲,干啥都要比一比,看谁更牛逼。越战结束的四年后,苏联也派兵到亚洲折腾了,其折腾的程度不比美国弱,当然,其结果也不比美国好。

启动苏联这次亚洲之战的 BOSS 是一位热爱美女、汽车和勋章的粗眉毛老头,很多人认为,这货就是个彻头彻尾的傻帽儿,那他到底傻不傻呢?

快看,缔造苏联最牛时代的勃总飙车冲来,相貌和好色秉性都很像蜡笔小新的他,要和缠着头巾的阿富汗猛男展开激斗。杀戮中,一个名叫本·拉登的富二代开始悄悄崛起……

那对"邪恶"的粗眉毛
——苏联领导人勃列日涅夫和阿富汗战争

58.爱勋章,爱名车,爱美女

话说 1968 年,一个欧洲小国 BOSS 惹怒了一个狂热喜爱勋章、汽车和美女的大国 BOSS。大国 BOSS 怒火中烧,只见他脸上那对巨粗巨浓的眉毛彪悍地一晃,那位倒霉的欧洲小国 BOSS 马上被绑到了他的面前。

11 年后,一个亚洲小国 BOSS 不吸取教训,也得罪了这位大国 BOSS,结果大国 BOSS 再次大发雷霆,只见他那对超级眉毛又晃了晃,眨眼间,亚洲小国的 BOSS 就获得了比欧洲小国 BOSS 更完美的结局——直接被活活打死!

这位一副"谁惹老子谁完蛋"德行的大国 BOSS,便是长得很像蜡笔小新的勃列日涅夫,他是苏联史上最猛时期,即"超级大国时代"的最高领导人。

话说苏联第四代 BOSS 勃列日涅夫生于 1906 年 12 月 19 日,射手座。出身乌克兰一工人家庭。他年轻时是一位身材健美、浓眉大眼的俊男,也是一位杰出的工农两栖人才,在农业学校学习过,也在冶金学院深造过,既能在麦田里挥锄头,也能在工厂舞钳子,无论是拖拉机还是炼钢炉,他都能玩得转。

勃列日涅夫是一个很会把握时机的人,当时苏联最高领袖斯大林大搞"农业集体化",他就赶紧钻入农田。不久斯大林又说"技术决定一切",勃哥马上转行,跑进工厂……一切,都为了社会主义建设,当然,主要为了他自己的事业能早日发达。

1937 年,斯大林导演的恐怖大清洗上演到高潮部分,很多地方干部紧缺——因为干部们都被大胡子同志给整死了。这时善于抓住机遇的勃哥毅然放弃了从前的职业,踊跃从政,蹦进官场,成功当上了副市长。

没多久,希特勒就和斯大林玩崩了,打得昏天黑地腥风血雨,具体详情咱前面已讲过,这里不再多叙。

勃列日涅夫在苏德开打时,已经混成一名州委书记了。为了保家卫国,勃书记英勇地参军入伍——当然,擅长挥舞锄头和钳子的他是不会打枪放炮开坦克的,他参军只是成为苏联红军中的一名政治工作者,每天的任务就是对战士们进行思想政治教育,为他们讲述赤裸裸的革命真理,用无敌的马列主义思想武装战士们的头脑,好让他们在和"希特勒匪徒"玩儿命的时候无所畏惧、智勇双全。

战争结束后,勃书记光荣地成了勃少将。

对于日后当上一国 BOSS 后在世界舞台上大打出手的勃列日涅夫来说,苏德战争中的他,只是个小角色,唯一的壮举就是 1943 年乘船巡视桥头阵地时遭遇水雷,一声巨响,惨遭炸晕。

勃哥后来当上苏联的老大了,总觉得自己的战争经历不够伟大,于是他就号召那些战时的元帅大将写回忆录时必须提自己一下,而且必须是赞扬的口吻。

老大下令,谁敢不从,将帅们为了自己的前途,也只有在文字中努力扯淡了。

勃哥能在苏联政坛上平步青云,主要靠的是苏联第三代领导人赫鲁晓夫同志的提携,这位曾在联合国大会狂敲皮鞋的光头胖大叔认为小勃同志是一个忠诚的好干部,而勃哥呢,也积极表现,一天到晚狂吹老赫的英明伟大,于是一直官运亨通,1956 年被选为党中央书记处的书记。

在这段日子里,老勃给人的印象是智力一般、性情温和、能力平庸、软弱无力,往好听了说是平淡无奇,往难听了说是呆傻迟钝,唯一给人印象深刻的地方估计就是他那对粗壮雄浑的眉毛。

然而就是这个貌似缺心眼儿的人,在 1964 年 10 月和一帮党内"阴谋分子"无情地黑掉了他的"恩师"赫鲁晓夫!

他们成功地搞了一次"宫廷政变",在老赫毫不知情的情况下,宣布赫鲁晓夫同志"光荣退休",几个小时内就让遍布苏联各地的赫主席画像全部消失,搞得他的"恩师"悲愤无比老泪纵横却一点办法也没有。

不过,关于老勃在政变中到底起了多大作用,是一直存有争议的,有人说他是主谋,也有人说他也是身不由己地卷入。

搞掉赫鲁晓夫后,在党内一帮老同志的力挺下,59岁的勃列日涅夫光荣当选为苏共中央第一书记(后来又改称为"总书记")。

此后,这位在别人眼中脑子不太好使的粗眉毛老头到处安插亲信,打击异己,贬损别人,神吹自我,经过一番努力,终于成为大权在握、名副其实的克里姆林宫之主。

1976年5月,没有任何战功的老勃给自己授予了苏联元帅的军衔,第二年6月又给自己兼任了苏联最高苏维埃主席团主席(相当于国家主席)的职务。

老勃当BOSS的时候,这苏联和美国并列为超级大国,地盘广大,武器尖端,张牙舞爪,杀气腾腾。但他光玩军事去了,搞得政治腐败,经济停滞(主要是70年代末80年代初,不过也有人认为勃总时代苏联在经济建设方面成就很大),占据重要部门的领导们多数是饭桶。当然,饭桶们也有几个特长,即溜须拍马讨好上级,利用特权发家致富。

身为苏联党政军的一把手,勃列日涅夫在有些时候显得确实很傻。

比如他演讲水平很烂,但又有讲话癖,且每次都需要现成的讲话稿,否则一句话也说不顺溜。

更要命的是,就算端着讲话稿,他还经常发音错误,在听众和摄像机面前极不自然。勃总的讲话,可谓最好的催眠工具。

由于勃总的"傻帽儿形象"深入人心,民间讽刺勃总的笑话泛滥成灾,诸如:

勃总豪情满怀地把奥运五环读成五个"O";

勃总没文化的老妈担心儿子住得太奢华会被苏共惩罚;

勃总老婆趁勃总不在时毅然和秘书偷情;

…………

与此同时,西方国家也喜欢拿勃总涮着玩,才华横溢的漫画家们把本就很夸张的勃总粗眉毛画得更加蓬勃，以此来表现勃总的"邪恶"或"弱智"。

每当勃总看到这些糟践自己的资本主义漫画时，都极度不爽，恨不能把这些漫画家全部掐死。

当然对勃总来说，不爽，只是暂时的，欢乐，才是长久的。勃总的生活，是十分滋润的。他一生有许多沉浸其中无法自拔的爱好，如打猎、踢足球、看电影、游泳、抽烟等，其中最严重的有三样，即汽车、勋章和美女。

勃总一生收藏了 30 多辆世界名车。他的这一爱好世人皆知，所以每当欧美大国首脑访问莫斯科时，或勃总出访欧美大国时，外国首脑们都会投其所好，把名车作为礼物赠给他。

英国女王伊丽莎白送过他劳斯莱斯，法国总统蓬皮杜送过他雪铁龙和雷诺，美国总统尼克松送过他凯迪拉克和林肯，西德总理勃兰特送过他奔驰，而另一位西德总理施密特由于送他一支古代猎枪却没有送他名车（虽然勃总也喜欢打猎），导致勃总极度失望。

勃总还喜欢亲自在大马路上飙名车玩。有一次访美，他驾驶新车带着尼克松总统猛冲一个斜坡，险些碰得头破血流，吓得尼克松差点儿犯了心脏病。

对于勋章，勃总更是情有独钟，没事就给自己授上几枚，还总想法子让外国政府给自己授。他平生共拥有 114 枚勋章，比斯大林和赫鲁晓夫两人所拥有的勋章加起来还要多得多。挂满全身，五光十色，耀人眼晕，乍一看跟外星战士似的。

有一笑话说：如果鳄鱼吞了勃列日涅夫，就倒大霉了，因为鳄鱼需要用两周时间才能把勋章消化。

除了是一位狂热的"汽车控"和"勋章控"外，勃总还特喜欢搞情人。

据勃总的外孙女说，仅她知道的她姥爷的情人就有七位，其中一位金发美女比勃总小 30 多岁。就连保加利亚共产党第一书记日夫科夫的女儿也和勃总情意绵绵，关系暧昧。

说到这儿，您算是知道为啥勃列日涅夫时代的苏联干部普遍腐败了吧？这就是上梁不正下梁歪。

59.吓唬杜书记

挂着五光十色的勋章,坐着豪华舒适的名车,搂着金发碧眼的美女,勃列日涅夫惬意地统治着地球上面积最大的国家,一边盛气凌人地充当着"红色阵营"的绝对老大,一边继续和另一个超级大国美利坚玩着惊心动魄的"冷战"。

在勃总的不懈努力下,苏联的军事力量急剧膨胀,其战略核武器数量终于超过了美国,海军力量更是跃居全球第一,虽然很多苏联老百姓依然过着低收入的生活。

关于百姓受穷这一现状,勃总说了一句很精辟的话:"谁也不能只靠工资过日子。我们年轻时还给车皮卸货挣外快呢! 不都是这么生活的嘛!"

看来在勃总心中,能在军事上把美国比下去才是重要的,至于经济上,不比也罢……

仗着手里掌握着全球数一数二的强大武器,勃列日涅夫开始到处找碴儿,对那些不听话的国家实施暴力。

第一个惨遭勃总殴打的国家还是"自己人"——苏联的"小弟"捷克斯洛伐克。

话说这捷克斯洛伐克当时是和苏联一样颜色的国家,都属于"社会主义大家庭"的成员。咱在讲斯大林干仗的时候说过,二战末期,捷克就是苏联名将科涅夫元帅从纳粹德国手里解放出来的。

1955 年,苏联为了组团对抗美国为首的"北约",便鼓捣出来一个"华约",即"华沙条约组织",捷克斯洛伐克和匈牙利、波兰、阿尔巴尼亚、罗马尼亚、保加利亚、民主德国(即"东德")等苏联的小弟兄一样,都被拉了进来。

捷克语很荣幸地获得了和俄语一样的待遇——都是"华约"的官方用语。

本来这捷克和其他苏联小弟一样,都对老大毕恭毕敬,唯命是从,集体实行"苏联模式"治国,然而到了20世纪60年代时,捷克斯洛伐克发现"苏联模式"不好使了,经济越来越烂,老百姓的日子越来越难,捷克人民很愤怒,纷纷要求改革。1968年1月,当时捷克斯洛伐克的一把手、捷共第一书记诺沃提尼由于反对改革,被一帮反对派端下了台,新的领导人换成了特希望改革的亚历山大·杜布切克。

杜书记上台后,在捷克斯洛伐克搞起了"新的社会主义",大呼要"民主",要"公正",要"有活力",于是捷克出现了史称"布拉格之春"的局面。

这事可把远在莫斯科的勃总给惹火了!

勃总认为,捷克斯洛伐克的杜书记简直无法无天,竟然要搞和老大苏联不一样的社会主义,这不是和老大对着干吗?这不是吃饱了撑的闹事吗?

如果这样下去,万一其他社会主义小弟也学捷克,都哭着喊着要搞"新社会主义",那苏联在国际上的权威何在?权益何在?这样可不行!

这年5月,勃总把杜布切克书记喊到了莫斯科,对杜书记进行了严厉批评,而杜书记只是表面服软,实际上回国后继续搞他的那一套,用杜书记的话来说:"勃列日涅夫对我大喊大叫时,我只是尽力保持微笑,说'是的、是的',等回国后我什么也不执行。"

几天后,勃总又采取了新措施,把国防部长格列奇科元帅和总理柯西金派到捷克斯洛伐克首都布拉格,进一步吓唬杜书记,还说要在捷克搞"华约"军事演习。

但勇敢的杜书记依然故我。

这时候的勃总虽然愤怒,但还挺"善良",他没有立即做出暴打捷克的决定,他还是想"不战而屈人之兵",用政治压力迫使捷克服软。

从8月起,勃总多次和杜书记通电话,电话中软硬兼施,一面亲切地称呼杜书记的爱称——"萨沙",一面历数捷克犯下的"错误"并要求杜书记"回头是岸"。

杜书记真是有种,他对勃总说:"请采取你们认为的正确措施吧!"

勃总的底线终于被打破了!

他主持召开了政治局会议,开会的领导们一致认为,捷克斯洛伐克事件很危险,"帝国主义反动派"要在捷克进行反革命了,所以必须采取积极措施保卫捷克的社会主义,措施就是暴力!

实施暴力的不只是勃总的苏联红军,还有忠于勃总的那些"华约小弟"国家的军队!

60.八面出击的大章鱼

1968 年 8 月 20 日深夜,一架苏联民航客机突然降临在捷克斯洛伐克首都布拉格的国际机场,接着一大帮端着枪的苏联大兵迅速占领机场!

不久,一架又一架运输机把大量的坦克、大炮和苏联大兵送到了布拉格,没费多大工夫就把捷克首都给端了!

同时,苏联和他的四个华约小弟——东德、匈牙利、保加利亚和波兰的军队共 50 多万人从四面八方涌入捷克,不到 24 小时就占领了捷克斯洛伐克全境。

捷克斯洛伐克沦陷了,不听老大话的杜布切克书记倒霉了,这位很有个性的小国领袖此时此刻根本无力反抗,只是默默无语两眼泪,耳边响起轰隆声。

苏联大兵很粗暴地把杜书记和其他捷克领导人赶上了一架运牲口的巨型运输机,快速把他们押到了莫斯科,押到了克里姆林宫勃总的面前。

据说被押过程中,可怜的杜书记由于刺激太深,突然昏倒,还把脑袋给磕淌血了……

勃总见了杜书记后,先对他怒吼一番,接着强迫他在苏联早就拟定好的文件上签字,让他们承认苏军进入捷克斯洛伐克是被"邀请"的,苏军占领捷克斯洛伐克是合法的……

就这样,勃总以这种自称正义实则流氓的手段秒杀了捷克斯洛伐克这个可怜的小国,这种闪电般直接绑架别国首脑的"壮举"实为历史罕见!

用勃总自己的话来说,这一行为是"向兄弟国家提供军事援助以消除对社会主义制度的威胁"。勃总说得相当坦然。

从此,勃列日涅夫的形象在世界上更加"凶猛"了,他的那对粗壮的眉毛似乎越看越邪恶……

杜书记被勃总狠狠地欺负了,还有一个捷克名人也被勃总给欺负了,此君是个才华横溢的大文人,一贯憎恶苏联。苏军蹂躏了捷克斯洛伐克后,他和他的书全被苏联人给封杀了,他就是大名鼎鼎的文学家米兰·昆德拉,他的代表作《生命中不能承受之轻》便是以捷克被蹂躏一事为背景写作的。相信喜欢文学的朋友对他和他的作品并不陌生。

看来这勃总的暴力行动虽然可恶,但也促进了优秀文学作品的诞生,不知算不算勃总为世界文学做出的贡献。

蹂躏捷克,杀一儆百,勃总自我感觉不错,看来自己军队的本事果然了得,比那美利坚也毫不逊色。

就在入侵捷克斯洛伐克仅仅一年之后,勃总手下的苏联大兵们又对外暴力了一次,不过这次结果让勃总很不满意,因为苏军吃亏了,这个让勃总郁闷的国家就是咱中国。

话说早在赫鲁晓夫当苏联 BOSS 的时候,中苏关系就从亲密兄弟变成了对骂的仇家,勃总上台后,对中国依然很"坏",他在中苏边界陈兵百万,同时倒打一耙,说中国很有野心,不但想夺取世界社会主义老大的宝座,还想抢夺别国的地盘。

勃总的政策使中苏关系继续恶化,在中国人民眼中,"苏修"和"美帝"一样万恶,"苏修"头子勃列日涅夫更是个十恶不赦的坏蛋!

勃列日涅夫集团正在走希特勒的老路! 打倒苏修! 绞死勃列日涅夫! ——这是当时许多中国人的口号。

从 1967 年到 1969 年,中苏双方在边界不断发生摩擦,先是骂,后是打,到 1969 年 3 月,冲突终于升级——两军在黑龙江的珍宝岛发生了武装冲突,咱们称之为"珍宝岛自卫反击战"。

这场冲突规模不大,两军伤亡数百人(具体数字尚有争议)。在战斗中,苏军火力生猛的 T-62 主战坦克被击毁,苏军的列昂诺夫上校也"壮烈"了。

　　两军开打的时候,勃总正在去匈牙利的火车上睡大觉,醒来后得知此事,气得半死,说要动用一切手段赶走"侵略者"。

　　虽然勃总对这事异常愤怒,但毕竟中国不是捷克,中国的毛主席也不是捷克的杜书记,对中国的行动还得小心点才是。再加上勃总考虑到目前苏联的头号敌人是美国,苏联的战略重点在欧洲,如果真要和中国打大战,对苏联没啥好处,所以最终珍宝岛冲突没有酿成两国大战。当然,两国继续互相敌视着。

　　所以说,勃总并不是真傻帽儿,他知道,世界哪个国家可以捏,哪个不可以。

　　珍宝岛事件让勃总为首的苏联党政军领导们总感觉心里憋屈,他们时刻想着在和中国的对抗中能捞回点颜面。终于在五个月后,即 1969 年 8 月,苏军再度出击,于新疆铁列克提事件中以优势兵力和兵器挑事成功(苏军 300 人在直升机和坦克配合下对中国军队 100 人),给中国军队造成了不小的牺牲(官方宣称苏军伤亡 12 人,中方伤亡 68 人)。

　　"雪耻"成功的勃总比较兴奋,他那个据说不太发达的大脑突发奇想,又打算和苏联的头号大敌美国联合来对付中国,没想到铁列克提事件后还不到三年(1972 年 2 月),尼克松就跑到北京和毛泽东亲密握手了,勃总再次陷入郁闷。

　　两年工夫,勃总在欧洲和亚洲连干了好几架,他仿佛还觉得不过瘾,进入 70 年代,勃总斗志更加昂扬,在地球上的各个地方不知疲倦地全面折腾,目的就是培植更多的小弟以扩大苏联的影响、抗衡美国为首的西方资本主义国家。

　　这段日子里勃总很忙,在继续玩名车耍勋章找情人的同时,他慷慨地掏钱掏枪帮埃及打以色列(即 1973 年第四次中东战争)、帮印度打巴基斯坦(即 1971 年第三次印巴战争)、帮越南打柬埔寨(即 1978—1989 年的越柬战争),甚至还操纵拉美的国家和非洲的国家互殴——即运送古巴军队插足安哥拉内部的帮派混战(即 1975 年爆发的安哥拉内战)……

　　勃列日涅夫就像个大章鱼似的,触腕舞动,八面出击,能伸多远就伸多远。从这点来看,勃总的战功勋章和元帅肩章也不算是白来的,轰动世界的军事壮举,人家还真没少干!

转眼 70 年代就快过去了,在地球上搅和了一圈后的勃总不但没歇一会儿,反而在 70 年代的最后一年干了一次更轰动的军事业绩,而且直接把战火烧到了 80 年代。若和这次"非凡壮举"相比,勃总之前打的那些仗都是小把戏了……

这是勃总一生中发动的对世界历史影响最大的战争,其结果和美国发动的越南战争一样——陷入屎坑难以自拔……

这场战争的主要原因是一个硕士把勃总给惹火了。

硕士的国家,就是在历史上似乎从没消停过的阿富汗。

61. 硕士很有种

阿富汗,这国家的大名咱中国老百姓绝不陌生,新闻里常见。不久前,美国一直在揍它。

这个中亚国家到处都是高山和沙漠,虽然矿产丰富,但没能力开发,所以总是很穷很落后。

穷归穷,但阿富汗仍被大国们垂涎,因为它地处欧亚大陆腹心,北边是中亚,主要是乌兹别克、哈萨克、吉尔吉斯、土库曼这四个"斯坦"国,当时这些"斯坦"都是苏联的"加盟小弟";

南边是南亚,主要是巴基斯坦和印度这俩互不待见的国家,顺便还连着阿拉伯海和印度洋;

西边是西亚,主要是伊朗和伊拉克这俩很能闹腾的国家,顺便还连着波斯湾;

东边是东亚,主要就是咱中国了。所以这阿富汗历来都是列强必争的战略要地,如果把它搞到手了,那好处真是不可估量。

阿富汗人几乎都是穆斯林,缠着头巾穿着长袍。阿富汗爷们儿热情似火,也很勇敢,谁要惹了他们,他们会不顾一切地去玩儿命,而且玩得很是威武雄壮。

很不幸,自以为是的超级大国苏联惹了阿富汗。

事实证明,有时候,富人不要去欺负穷人,否则富人会很倒霉。咱前面说过的美国对越南干的事儿就是经典的例子,苏联对阿富汗也是。

早在 50 年代,苏联就打算把阿富汗这个山地之国发展成自己的小弟,经常以"给贷款、教文化、搞援建、送温暖"的方法在阿富汗大肆培植亲苏势力。到了勃列日涅夫当政时,苏联对阿富汗的兴趣就越发浓厚了。

1973 年 7 月 17 日,勃总的手下在阿富汗策划了一起兄弟互殴事件——支持阿富汗国王查希尔的堂弟、担任首相的达乌德打倒了自己的皇帝哥哥,推翻了统治阿富汗 40 年的查希尔王朝,建立了阿富汗共和国。

达乌德乐颠颠地当上了阿富汗共和国的第一位总统,还被力挺他的粉丝们吹嘘为"伟大英雄"。

苏联之所以支持达乌德,就是因为达乌德是个"乖孩子",上台前总是哭着喊着说要投入苏联怀抱,信誓旦旦地表示要在阿富汗大搞"社会主义"。

但是达乌德上台没几年,勃总就发现这厮有点不听话,总憋着劲想投靠欧美资本主义国家,他停止了和苏联的军事合作,打算派人去美国学习军事,还总变着法子整治那些亲苏的人,热情勾搭那些反苏的人。

勃总很不高兴,决定干掉达乌德。

1978 年 4 月 27 日,勃总的手下在阿富汗又搞了一次政变,这次搞的比上次震撼多了——直接动用苏联空军中的"王牌杀手"米格-21 战斗机和伊尔-10 攻击机去炸人家总统府,愣是把不听话的达乌德全家都给炸死了!

与此同时,苏联又扶植了一个擅长写书的文人担任阿富汗新总统,"阿富汗共和国"也改名为"阿富汗民主共和国"。

这个文人叫塔拉基,当过公司职员、记者和翻译,从政后的职务是阿富汗人民民主党主席。此人在达乌德执政时,由于亲苏,被达乌德给关了起来,现在苏联人终于解救了他,还把他送上了总统的宝座。

塔拉基上台后,全面投入勃总怀抱,对勃总忠心耿耿唯命是从,不但把数不清的金属矿、天然气、棉花、紫羔羊皮(这玩意儿绝对珍品)送给苏联,就连种植出来的大量新鲜水果,他都不让普通百姓尝,而是直接送去孝敬苏联。

当然，勃总对"小弟"也很慷慨仗义，经常把二战后淘汰下来的破旧武器送给阿富汗，把塔拉基感动得热泪盈眶。

塔拉基，这个擅长写书的文人，对外狂孝敬，对内瞎折腾，他大搞个人崇拜，自封无敌牛人，命令全国人民把自己奉若神明，寿诞时其粉丝们为他特制的超级生日蛋糕比他本大还高，撑死他一家也吃不完。

同时，他竭尽全力狠狠整治反对自己的人，尤其是对党内的"旗帜派"成员大肆迫害，搞得阿富汗国内很多人都认为塔拉基还真是个"大垃圾"。

那些遭整但还没被整死的人或逃亡国外，或扯旗造反，全国一片混乱，本来就穷得叮当响的阿富汗人民更是混到了要饭的地步。

在诸多反对者中，最恨塔拉基的人叫哈菲佐拉·阿明，这人年轻时当过中学老师，曾在美国哥伦比亚大学读书并拿下了硕士学位。后来积极追随塔拉基搞政变，塔拉基上台后就把总理的位子赏给了他。

但没多久，这二位就产生了矛盾，阿明硕士怎么看塔拉基怎么不顺眼，阿明认为，阿富汗形势变烂都是塔拉基搞的，而塔拉基则认为，都是阿明搞的。

1979 年 9 月 16 日，两人终于掐起来了。

这天，蓄谋已久的塔拉基和苏联驻阿富汗大使串通一气，密谋干掉阿明硕士，他们命令阿明来总统府一趟，阿明可不是傻子，他确实去了，但他穿着防弹衣，挎着手枪，带了六个保镖，还通知了大批前来接应的精锐部队。

塔拉基的人和阿明的人愤然开打，一番血战下来，塔拉基壮烈了。

紧接着，心情大爽的阿明硕士挎着宝剑，别着短枪，坐上了阿富汗民主共和国总统的宝座，还兼任着人民民主党的主席。

阿明上台的第二天，远在莫斯科的勃列日涅夫和他的总理柯西金就给这位硕士总统发来了"热情洋溢"的电报，表示"诚挚祝贺"。

勃总他们想得很美好，打算把阿明也发展成自己的忠心小弟。

勃总哪里知道，这阿明硕士可是个极端厌恶苏联的人，他根本不领情,上台后就开始大开杀戒,全力清除国内的亲苏势力。

一时间,阿富汗的监狱里蹲满了"热爱苏联"的人。同时,阿明还逼迫苏联撤换大使,不让苏联军事人员随便入境,还扬言要和美国亲密接触。

这个硕士很有种,人家不想当傀儡,人家想当一个独立自主的老大!

62.三驾马车向前冲

情况不妙,勃列日涅夫急了,万一阿富汗投入美国怀抱,那苏联多年的经营岂不白费了? 苏联对阿富汗的大量投资岂不血本无归?

于是,勃总又采取了一个措施,诚挚地邀请阿明访苏,希望热乎热乎友好一把。

但是,阿明压根儿就不搭理苏联人,还来了个公开拒绝!

真是给脸不要脸! 勃总再次愤怒了!

这时勃总手下三个各有所长的部属跑来面见勃总,强烈请求勃总出兵阿富汗,干掉阿明这个不识抬举的家伙!

勃总的这三位属下可都是苏联历史上的风云牛人,第一个叫安德烈·葛罗米柯,绰号"不倒翁"。

老葛生于1909年,逝于1989年,巨蟹座,毕业于农业技术学校。从1957年起就担任苏联外交部部长,并且一干就是28年。

老葛长着一张僵尸般毫无表情的老脸,西方人曾说他有一张"扑克牌面孔"。他天生"两行伶俐齿,三寸不烂舌",智商超高,擅长谈判,手段强硬,纵横国际,曾对付过九位美国总统,"忽悠"过无数其他外国首脑,堪称20世纪最具影响力的外交大师之一。

另一位叫尤里·安德罗波夫,此人是一个恐怖机关的掌门人,这个恐怖机关便是大名鼎鼎的苏联情报机构——"克格勃",即"苏联国家安全委员会"!

安先生生于1914年,逝于1984年,双子座。此人表面谈吐文雅文质彬彬,实则老谋深算心狠手辣,搞渗透、政变、暗杀、破坏之类的活相当在行。

老安从 1967 年起担任克格勃主席，1982 年勃总去世后他光荣接班成为苏共总书记。值得一提的是，在安总主掌克格勃的时候，手下有一个擅长柔道的年轻特工很受领导赏识，这个特工的名字叫普京。

第三位叫德米特里·乌斯季诺夫，生于 1908 年，逝于 1984 年，天秤座。此人早年和年轻时的勃总是同行——工厂里的钳工，后来猛然升级成一位搞武器研制的高手，人送美誉"军火工业专家"。无论是搞火箭，搞导弹，还是搞航母，搞核潜艇，他样样拿手。

1976 年，老乌被勃总任命为苏联国防部长，并被授予苏联元帅军衔。苏联的军事装备在他的领导下，超越欧洲，不让美国，苏联的军火也被贩卖到世界各地，参与了各种暴力。

乌元帅不但搞军事有一套，搞政治也是赛过猴精。勃总当政时，他一天到晚狂吹勃总英明，勃总死后安总上台，他又紧紧追随安总，绝对是个政治老滑头。

葛罗米柯、安德罗波夫、乌斯季诺夫，号称"忠诚的三驾马车"，都是勃总手下最得力的大将，由于勃总的身体健康状况一直不好，对总理柯西金又不是很信任，所以这三位就经常代替勃总处理具体的国家大事。

阿明上台后，这三位就一个劲地教唆勃总出兵阿富汗。

1979 年 12 月上旬，勃总在克里姆林宫开会商量出兵阿富汗的事儿。"三驾马车"都积极发言——

忽悠高手葛外长说：国际形势我已搞清楚了，对咱有利，没问题；

间谍高手安主席说：克格勃已掌握一切情报并且将在行动中发挥重要作用；

武器高手乌元帅说：军队已准备就绪，只要一开打，定能速战速决。

勃总认为三位说得很有道理，最后做出决定，要以军事手段帮助阿富汗的"进步力量"和"邪恶"的阿明作斗争！

"四巨头"杀气腾腾，先后在出兵决议上签上了自己的大名，只有对暴力不感兴趣的总理柯西金没有签字。

早在勃总脑子里有了干掉阿明这一念头的那天起，苏军就开始在阿富汗捣蛋了。12月初,他们打着"清查、检查和检修武器装备"的幌子,把阿富汗军队的主要武器装备都给卸了,使阿军完全失去了应变能力,变成"军事痴呆"。

苏军干得又顺手又心安,因为这些武器都是他们当初送给阿富汗人的,自己摆弄自己的东西,暗爽不已。

从12月25日开始,勃总大玩"三十六计"中的第八计——"暗度陈仓",使用军用飞机开始不断地、悄悄地、大批地把士兵、弹药、坦克和装甲运输车运到阿富汗首都喀布尔市附近。

到开战前,阿明老窝附近的苏军已达到一个师的兵力,阿明硕士像是一只被群狼包围的小羊羔,离死不远了。

与此同时,勃总还玩起了"三十六计"中的第十计——"笑里藏刀"。

勃总准备对阿明下手的时候,正值《苏阿友好睦邻条约》签订一周年之际,勃总亲自致电阿明,表示热烈祝贺,塔斯社等苏联媒体也秉承最高领导的指示,使劲给阿明灌迷魂汤,狂吹阿明这人是多么的出色以及苏阿两国人民的友谊是多么的深厚,其言辞的肉麻程度足以呕杀万人。

虽然苏军出兵阿富汗的结局和美国出兵越南的下场很相似,都属于损兵折将、得不偿失、陷入烂屎坑的悲剧,但这幕战争大片刚上演的时候倒是威武雄壮,苏联人秒杀敌人的高明暴力手段再次显现!

63.火箭弹对准总统

1979年12月27日晚,苏联方面一切准备就绪!无论是葛外长手下的驻阿大使,还是乌元帅手下的苏军官兵,以及安主席手下的克格勃特工,三拨力量齐出动,攻击目标锁定了阿明所居住的达鲁拉曼宫。

这是位于喀布尔西南郊的一座宫殿,由英国专家设计和修建,表面上是领导人享受腐败生活的豪宅,其实就是一安装了大量防护武器的无敌堡垒!

马上勃总就要玩"三十六计"中的第十八计——"擒贼擒王"了!

指挥偷袭阿明住处行动的苏联前线总指挥名叫帕普京(注意,不是普京),这是一个凶猛狡诈的谍战高手,最擅长搞政变,当时的职务是苏联内务部第一副部长,军衔中将。

接到行动命令后,帕普京脑子一转,打算先不用武力,而用唇舌把阿明硕士给吓唬投降了,正所谓"不战而屈人之兵,善之善者也"。

这天晚上10点多,帕将军勇敢地带领4名保镖,大踏步地闯入了阿明居住的达鲁拉曼宫殿,指着阿明的鼻子说:"赶紧给我下台! 否则后果很严重!"

帕普京万没想到,这阿明硕士竟然豁出去了,他不但不听劝,还下令保镖活捉帕普京!

帕将军的保镖和阿明的保镖展开激烈枪战,"嗒!嗒!嗒!"一阵互射,帕将军和他的保镖们竟然被打成了马蜂窝!

苏阿PK的第一局,阿明完胜!

阿明硕士的表现确实很英勇,然而很快他就获得了比被他打死的帕将军还要悲惨的下场。

第二天凌晨,苏军特种部队和克格勃特工以迅雷不及掩耳之势横扫了喀布尔市所有的政府机关、电视台、电台、车站和广场,并冲进了达鲁拉曼宫!

阿明的保镖们尽职尽责,他们为保护老大英勇奋战,结果集体壮烈!

清晨7点,苏军突击队长巴卡耶夫上校直接把火箭弹射进了阿明的办公室!

事实证明,彪悍硕士终究不是火箭弹的对手,这位上台不到4个月的总统就这样惨死了,更惨的是,他的4个老婆和20多个孩子全被苏军斩尽杀绝!

可怜的硕士,就因为不听老大的话,竟然被灭门了! 看来苏共非常明白"斩草不除根,春风吹又生"的道理,当初他们对待末代沙皇不也是这样吗?!

打死阿明的同时,苏军装甲大部队扬起滚滚尘埃穿过边界,轰隆隆地挺进阿富汗境内,苏军空降部队也迅速降临在阿富汗各大城市。

杀完人后,葛罗米柯外长手下的外交官们马上倒打一耙,说苏联出兵是受到阿富汗"合法政府"的邀请,来帮助他们镇压叛乱的。

于是人们都讽刺地说,原来是阿明主动邀请苏军,对苏军说:"老大啊,赶紧来吧,快来杀了我吧,求求你们啦!"

11年前,勃列日涅夫神速地绑架了捷克斯洛伐克的领导人,这一次,勃总暴力升级,神速地打死了阿富汗的领导人。

但是,阿富汗不是捷克,这个山地之国暗藏着威力巨大的小宇宙,一旦爆发,势不可当。

打死了不听话的阿明硕士后,勃总又找了一个听话的人出任阿富汗的新领导人,此人名曰卡尔迈勒,早年当过编辑,对苏联俯首帖耳,三从四德。

勃总乐坏了,在老卡上台后专门发电报对他表示"由衷的祝贺",并告诉老卡,要为"苏联和阿富汗的幸福友好而努力奋斗"。

事实证明,阿富汗不听话的人并不只有阿明硕士一人,一个阿明倒下去,千万个阿明站起来!

苏联入侵后,一大帮反政府武装奋起抵抗,为了信仰和自由而战,苏军不是占领了阿富汗所有的大城市吗?这些反政府武装就占领一些小城镇和广大乡村,和苏军抗衡到底!

苏军入侵阿富汗在世界上也惹起了一片反对之声,不但美国为首的西方国家一个劲地痛骂苏联的卑鄙暴行,就连中国和其他诸多亚非拉国家也对苏联展开了言论谴责。反应最激烈的,当数和阿富汗一样信仰的伊斯兰国家,它们纷纷爆发反苏游行,声援阿富汗。伊朗和巴基斯坦更是直接给阿富汗反苏武装提供支援和基地。而支持苏联的,只有它那几个华约小弟。

苏联惹怒了整个地球。不过勃总倒很乐观,他才不管那么多呢,有本事你们敢和我苏联开战吗?你们只敢瞎吵吵而已!

勃总十分清楚,阿富汗武装的武器装备和他的苏联红军相比,相差十万八千里,他认为这帮家伙都是乌合之众,一群暴民而已。

勃总始终相信,只用三四周,就可以完全办倒阿富汗!

勃总手下的三大将,也是这场战争的主要发动者——葛外长、乌元帅和安总自从搞死了阿明全家后,就更忙活了。勃总很想速战速决,他们更想,为了达到这个目的,他们把脑袋都想大了。

此外,还有一个人也忙得不亦乐乎,此人也是积极参与阿富汗战争的重要人物,他便是勃总麾下数一数二的名将:谢尔盖·列昂尼德维奇·索科洛夫元帅。

64.爱读《毛选》的"狮子"

索元帅生于1911年,双子座。在俺写作本文时,这位猛人还建在,已经整整100岁了(和前面咱写的越南大将武元甲一样)!

这位超级能活的索科洛夫乃是苏联的资格老将,这是一个头发很少,脑门很亮,胆子很大,干仗很猛的骁勇老头。此君十来岁时当过仓库工人,后来激情爆发,投身革命,参加红军,从一个小小的排长成长为满身勋章的集团军司令。

二战期间,老索既打过日军,也打过德军,最擅长用坦克灭人。战后他更受领导重视和提拔,他的专业也从地上转移到天上和海上——一天到晚研究导弹和核潜艇,强烈高呼苏联要建立强大的"战略核力量"和美国抗衡。

1967年,老索被勃总任命为国防部第一副部长,1978年晋升为苏联元帅。在今日的地球上,苏联元帅已成稀有品种,健在的仅有四位,老索便是其中之一。

1979年苏联入侵阿富汗后,勃总和手下"三驾马车"之一的国防部长乌斯季诺夫元帅都认为智勇双全的索元帅最适合去阿富汗"灭火",便任命他为阿富汗战事的苏军前敌总指挥。

豪迈的索元帅走马上任,誓将勃总和"三驾马车"速战速决的梦想早日实现。

在索科洛夫元帅眼里,那帮阿富汗"反动武装"是不堪一击的。您想想,这位老帅揍过德国打过日本又抗衡过美国,手里玩的兵器不是最新研制的坦克就是带"核"字的高科技产品,打死他也不会对那帮拿着几条破枪全身缠着布片的阿富汗游击队瞧上眼,更何况阿富汗游击队员们成员复杂,上到八十岁的老大爷,下到十一二岁的小男生,应有尽有。不知道的还以为养老院和小学校的人都跑来群殴了呢!

但是,就是这帮土得掉渣、童叟全包的阿富汗游击队,却让索元帅从信心百倍迅速变成了苦闷不堪。

苏军控制了阿富汗所有的大城市后,阿富汗游击队就深入农村和山区,经常在半夜三更趁苏军不防备的时候突然袭击苏军据点,猎杀苏联在阿富汗的军政头头,而且打完就跑,还到处破坏桥梁路段,设置障碍,埋伏陷阱,完全玩的是"敌进我退,敌退我追,敌驻我扰,敌疲我打"之术。

这招游击战术您瞅着眼熟吧?没错,咱中国历史上的一位伟人就是这种战术的行家里手。当时阿富汗名声最大的游击队领袖就经常阅读和研究《毛选》。这位老兄便是江湖人送绰号"潘杰希尔雄狮"的马苏德。

艾哈迈德·沙阿·马苏德生于1953年,被杀于2001年,处女座。原是一名门公子,毕业于喀布尔大学工程系。此人天生极不安分,浑身激情燃烧,极具梁山好汉气质。

苏军入侵后,马苏德在家乡潘杰希尔峡谷(喀布尔东北部)组建游击队英勇抗战,最初他的部队只有10个人,后来发展到3000多人。他认真学习毛泽东军事思想,指挥游击队挫败苏军多次围剿,揍得苏军头晕眼花凌乱不已。

明的不行,苏军就玩阴的——搞暗杀。但是,照样白费。

马苏德果真是神通了得,有如神助般躲过了苏军数次暗杀。其中一次是苏军派出他的老同学去暗害他,但这位同学愣是被他的魅力所折服,灵魂深处突然升华,毅然投诚了。

"潘杰希尔雄狮"声名大振,誉满全球,折腾得苏联人崩溃、吐血加神经。然而世事难料,这位躲过苏军多次围剿和暗杀的战争英雄最终还是落得个惨死的结局——假扮记者的杀手打着采访的幌子,引爆了摄像机内的炸弹,马苏德不幸身亡!当然,他并非死于苏联人之手,他遇害的时候,苏联早就解体了……

马苏德被杀于2001年9月9日,年仅48岁。凶案策划者便是大名鼎鼎的"基地组织"。原因是老马和美国关系很铁,还得知了"基地组织"要对美国狠狠地恐怖一把的重要消息。果然,马苏德被杀的两天后,即2011年9月11日,世贸中心和五角大楼就被撞了……

苏联人想整死最头疼敌手的心愿,竟然被恐怖团伙给实现了。有意思的是,这"基地组织"的老大,在勃列日涅夫祸害阿富汗的时候,也和马苏德一样,英勇抗战,折腾苏军。

在苏联入侵阿富汗时,有不少"志愿者"纷纷掏枪掏钱甚至亲赴前线支援阿富汗抗战,也让苏军甚为头疼。其中有个拥有数十亿美元资产的沙特富二代,他在美国的支援下,拉扯了一帮阿拉伯志士,英勇地投入了阿富汗的反苏斗争之中。

这个沙特富二代当时才30多岁,风华正茂,一腔热血,但并不著名。不过短短的10多年后,他的名字就在地球上家喻户晓妇孺皆知,其国际知名度比"潘杰希尔雄狮"马苏德要高得多。令人无语的是,这位拿了不少美元的家伙会以撞大楼的招数严重惊吓和伤害了美国人,成了白宫眼中的白眼狼。搞死马苏德,就是他指使的。

这位沙特"富二代"的名字叫:奥萨马·本·拉登。

虽然马苏德和本·拉登这两位暴力牛人比较有仇,但在苏联入侵阿富汗的时候,他们的目标基本一致,那就是把这帮该死的老毛子赶出阿富汗。

阿富汗游击队很猖狂,身为苏军前敌总指挥的索科洛夫元帅压力很大,他不断地向勃列日涅夫和乌斯季诺夫元帅要求增加兵力和武器装备(和前面咱讲的威斯特摩兰老问约翰逊伸手要兵打北越,何其相像也)。1980年,侵阿苏军已达到8万多人,米格式战机、萨姆导弹甚至连化学武器都招呼上了。

索元帅指挥苏军发动了一轮又一轮的大规模扫荡,对游击队活跃的地区进行残酷轰炸,将无数村庄和林区夷为平地,甚至很多时候苏军还会对阿富汗的老百姓狠下毒手,因为他们和游击队勾结,一起反苏。同时,索元帅还下令加强封锁,切断巴基斯坦支援阿富汗的交通线。

苏军的打击很猛烈,阿富汗游击队也确实损失惨重,本就穷得吓人的阿阿富汗被苏军蹂躏得都赶上原始社会了。但是游击队打也打不干净,他们永远地神出鬼没,永远地前赴后继,死了一百,来了一千;死了一千,来了五千……

无数缠着头巾的游击战士如恐怖幽灵一样,无情地折磨着苏联大兵们。

美国导演的越南战争悲剧在阿富汗重现了。和当年与美国玩儿命到底的越南(即北越及越共)一样,阿富汗也不是一个人在战斗,越南不是有苏联和中国的力挺吗,这阿富汗也有诸多"仗义好友"直接或间接援助,比如巴基斯坦、沙特阿拉伯、美国、英国、中国等。谁让这苏联在世界上混得人缘那么差,而阿富汗的战略价值又那么重要呢?

曾经暴踹德国、狂扁日本的苏联红军,如今在阿富汗威风不再,脸面全无……

65.甩手烂摊子

这时候在莫斯科的勃列日涅夫状况也很不好,阿富汗的局势对他的精神打击很大,他的身体健康日渐损害,就连脑子也不大好使了——已经有些倾向于真正的呆傻了。

这勃总整日和汽车、勋章、美女相伴,享乐人生,身体健康却一直不怎么样。早在出兵阿富汗之前的 1976 年,他就来了一把"临床死亡",幸亏医生及时把他给救活了。从此就有一大帮急救医生围着他,随时准备抢救他们的总书记。

美国人也很关注勃总的身体状况,他们十分清楚,这个老态龙钟的粗眉毛 BOSS 的生与死直接影响到世界大局。

苏军出兵阿富汗之后,勃总的身体状况日趋恶化,打仗的事儿基本都由葛罗米柯、安德罗波夫和乌斯季诺夫"三驾马车"和战事总指挥索科洛夫元帅负责,勃总已经没啥精力和体力管太多的事儿了,顶多也就是盖盖章,签签字。属下们爱怎么打就怎么打吧。

1982 年 11 月 10 日,勃总和老婆维克托莉娅吃完早餐后,独自回书房拿东西,但很长时间没出来。勃总老婆进屋一看,大惊失色——勃总已经躺在地毯上,心脏停跳了。

这位统治苏联 18 年的粗眉毛巨头带着未能搞定阿富汗的遗憾与世长辞,享年 75 岁。他的勋章、汽车和美女们,他一个也没能带走。

苏联政府为勃列日涅夫举行了隆重的葬礼。接着勃总手下的"三驾马车"之一、克格勃主席安德罗波夫继承了他的位子,成为苏联第五代领导人。

勃列日涅夫死了,但他发动的阿富汗战争还在继续。安总继承了勃总的位子,也接手了阿富汗的烂摊子。在安总的领导下,苏军继续在阿富汗屎坑里搅和着。

安主席在位仅仅两年就追随勃总而去撒手人寰了,年轻时当过雇工的契尔年科同志当选为苏联第六代领导人,然而这位老总的身子骨也不给力,在位仅一年多一点就见了马克思。于是乎,脑袋上有块著名地图胎记的戈尔巴乔夫成为苏联新一任的 BOSS,他觉得阿富汗战争彻底没希望了,便从 1986 年开始撤军,到 1989 年 2 月,最后一个苏联大兵离开了阿富汗,这场纠结了四代苏联领导人的郁闷战争终于宣告结束。

历时 9 年的阿富汗战争,苏军死了 1 万多人,受伤 3 万多人,耗费 600 亿卢布,国内经济折腾得一塌糊涂。苏军撤出后,阿富汗依然是个烂摊子,帮派林立,乱七八糟,塔利班等组织继续玩战乱,老百姓继续受苦受难。而苏联,这个地球上仅次于美国的超级大国,于 1991 年 12 月宣告解体,从此不复存在。

关于勃列日涅夫这位在苏联执政时间仅次于斯大林的 BOSS,历来评价不一。

批评者说他能力平庸,性格优柔,好大喜功,爱慕虚荣,思想保守,行事搞笑,整天生活在各种幻想中,不但比列宁和斯大林差上十万八千里,就连砸皮鞋的赫鲁晓夫也比不上,很多人都用"停滞"这个词来形容他所统治的时代,甚至还说他是苏联"真正的掘墓人"。

而赞誉者则说这位粗眉毛是"一代伟人",说他刚毅勇敢,精明审慎,极具魅力,就算看起来有点呆傻,但也是大智若愚,他英明地缔造了苏联的"黄金时代",勃总时代的俄罗斯实力和俄国人的生活水平就算再差,也比今天的俄罗斯强上百倍。还有不少俄罗斯人特怀念那个超牛的时代。在 2006 年 12 月勃列日涅夫百年诞辰之际,俄罗斯举行了各种形式的纪念活动。

不过对于勃总发动的阿富汗战争,人们的评价基本一致——赔了银子又折兵,乱了世界又丢人。有意思的是,虽然勃总是发动战争的最重要人物,但他由于死得早,只领导苏联打了 3 年,而苏联跟阿富汗足足打了 10 年。战争伊始,他靠着苏联精英们的才能和武器装备的优势秒杀敌方 BOSS,本以为可以万事大吉,没料到却陷入泥沼。战争正式开打后,由于体力和智力直线下滑和敌人越来越难缠,勃总已经操控不了由他亲自开启的这场大战了。和被越战毁掉的美国总统约翰逊一样,勃列日涅夫也是历史上最糟糕的战时领袖之一。

话说就在勃列日涅夫去世的这年,一位异常彪悍的英国 BOSS 也干了一场轰动全球的大仗,和苏联入侵阿富汗差不多,英国此举也有点恃强凌弱的意思,只不过人家英国最终打赢了,而且打赢这仗的英国 BOSS 还是个女的……

看!一代铁血猛姐,骑着哈利·波特最爱的"坐骑"——扫帚划过天际(她曾和《哈利·波特》的作者罗琳等超级牛女作为当代英国最杰出女性受邀出席女王午宴),大英帝国似乎要雄风再起了!

彪悍姐的华丽风暴

——英国首相撒切尔夫人和英阿马岛战争

66."大妈状态"的小美女

话说二战结束后,美苏这俩超级大国一直牛气烘烘横行无忌,对内使劲地造尖端武器,对外兴奋地毆打那些他们看着不顺眼的国家,而二战中与美苏并列"三强"的英国却一直很低调。没办法,国力不行了,玩不起大名堂。

一眨眼,到了 20 世纪 80 年代,英国突然冒出来一位超级猛女,在世界上狠狠地使衰落的英国奋然雄起了一把。这位化学专业的资深美女以不亚于任何纯爷们儿的强硬手段,在世界上掀起了一阵令人眼花缭乱的华丽风暴,尤其是她在大西洋冰海上干的那一场高科技立体化大战,更是惊天地泣鬼神,吓得对手没了魂,"铁娘子"大名响彻全球。

在战后的日子里,英国的对外政策基本上是"美国打谁我打谁",但是这位猛女执掌英国权柄时,英国是:我要打谁,美国甭管,非但管不着,还得来帮忙。

话说这位生猛牛女原名玛格丽特·罗伯茨,1925 年 10 月 13 日生于英格兰林肯郡,天秤座。她爹罗伯茨是个商政两栖人物——先开杂货店赚钱,后入市政府当官(市长)。

玛格丽特小时候非常崇拜自己的老爹,总爱和同学说"我爹是罗伯茨市长"。这倒不是因为这丫头是个仗势欺人的"官二代",毕竟在英国这小小的"官二代"并不值钱。她之所以如此标榜,只是因为她太爱爹了,为拥有这么一个优秀的爹而倍感自豪。

玛格丽特吹爹有瘾,走火入魔,为此常被同学们嘲笑(咱们可以想象一下,咱上学时要有这么个女同学,多烦人啊),很多同学都认为她就是一不招人待见的脑残女。

其实吧,玛格丽特的萝莉时代也确实不属于那种讨人喜欢的可爱女生,人家别的小女孩都是有说有笑欢蹦乱跳,玛格丽特却总是很拘谨很严肃,而且对所有女孩都认为是枯燥乏味的政治兴趣十足。

她平时不爱说话,但只要一开口,就是一套一套的政治理论,实在令人无语。在同学中,她一直属于处于边缘的寂寞独行侠。

18 岁时,玛格丽特考入牛津大学,专业化学。刚入学就兴奋地参加了学校的保守党委员会,大三时又当选为大学保守党俱乐部主席,大四时连任,成为有史以来第一个担当此职的女生。

大学女生玛格丽特继续扮演着枯燥乏味的严肃角色,不过只要一参加政治活动,她就两眼放光全身震颤。当多数女生张口帅哥明星男朋友,闭口衣服鞋子化妆品的时候,她却在俱乐部深入学习和探讨前辈丘吉尔首相的重要讲话精神。唉,这样的极品孩子要当不上政治家,天理难容啊……

按说玛格丽特在青春时代也是个小美女,相貌身材都不错,打扮得也算可以,无奈总是不迷人。经调查研究,其中最大因素是——她的造型一直都是"大妈状",衣服全是中年妇女型,再加上多数时候都是不苟言笑绷着脸,所以在朋友中赢得了"玛格丽特大婶"的美誉。

当然,这倒不是说玛格丽特不注重自己的形象,她可是相当注重的,她对各种化妆品了如指掌,只是为了搞政治,她必须打扮成这样。您想想,一搞政治的女生,一天到晚打扮得跟非主流似的,这选民们能受得了吗?

牛津大学毕业后,玛小姐进入几家公司工作,但职场打拼总感觉不如玩政治过瘾,于是乎奋勇从政。

这位小女子自杀入政坛以后,练就了一身本事,思维灵敏,言辞犀利,勇猛过人,胜似须眉。作为保守党的坚强战士,她骂起工党来如锋刀利剑,所有人都对这个威力无比的小女子刮目相看。

玛小姐总是体力超强,精力旺盛,不到六点就起床,凌晨两点以前基本不熄灯,而且工作起来总是兴致勃勃,异常亢奋,还从不娱乐。要么说这女人一搞起政治来,那就相当可怕呢,咱中国历史上的武则天就是典型,玛格丽特也够呛。

27 岁时,玛小姐成功嫁人了。虽说玛格丽特貌似严肃乏味,但人家毕竟也是一美女,只要是美女,就肯定有人追。在牛津上学时,彪悍的玛小姐就连续交了仨男朋友,学习恋爱两不误,边搞政治边谈情,结果政治学得无比成功,三段恋情全部失败。

直到工作五年后,玛格丽特才在爱情上大有斩获,并顺利成为新娘。她的老公丹尼斯·撒切尔比她大 10 岁,戴着黑框大眼镜,狂热喜爱高尔夫球,他是一个离过婚的公司老板,兜里有的是钱。

婚礼上,新娘子一改平日的严肃风格,不搞主流,大玩个性,她愣是不穿白色婚纱,而是身着天蓝色天鹅绒大衣,头戴灰色鸵鸟羽毛帽子,色彩艳丽,光彩夺目。美女终于不再是"大妈状"了!

玛格丽特小姐,哦,不对,这时应该称"撒切尔夫人",她成名后曾说:"老公的钱可是帮了我大忙。"这话说得有点俗,却是事实。嫁个有钱人,撒切尔夫人就不用为辛苦赚钱而烦恼了,还可以使劲拿着老公的钱去搞政治。

当然,人家嫁个有钱老公也不是图财,这二位举案齐眉比翼双飞,撒切尔先生虽然对政治兴趣不大,但积极支持老婆搞政治,甘当贤内助。老婆当了英国首相后,他又甘当"第一夫人"。

撒切尔先生的地位和其他国家的总统夫人、总理夫人是一样的。为了老婆大人的政治事业,他总是全力以赴,毫无怨言。每当撒切尔夫人心情不好时,就拿老公当出气筒(只是发脾气,并不动拳脚),撒切尔先生总是温柔地展开双臂,抱住老婆说:"亲爱的,你真像哈罗德·威尔逊首相(1964—1970 年和 1974—1976 年两度出任英国首相,这个老烟鬼乃工党领袖,算是撒切尔夫人的政敌)。"

不过有时候,撒切尔先生也想显示一下自己绝不是那种对老婆唯命是从的"软男",他常对朋友吹嘘道:"我老婆管着那么多男人,而我管着她!"如此老公,绝对是精品中的精品!

67.骑扫帚的邪恶巫婆

在精品老公的大力支持下,在自己的不懈奋斗下,撒切尔夫人在政坛上摸爬滚打,冲锋陷阵,所向披靡,无数纯爷们儿被她挑落马下!

1959 年,34 岁的撒切尔夫人成功当选为下院议员;1970 年,45 岁的她当选为教育大臣;1975 年,50 岁的她成为保守党历史上第一位女领袖;1979 年 5 月,54 岁的她赢得大选,入主唐宁街 10 号,此后又连任两届(1983 年第二次当选、1987 年第三次当选)。

英国,在历史上其君王宝座上相继坐过 6 位女王。但首相位子,一直都是男人来坐,属纯阳刚型的。而撒切尔夫人的雄起,终于让首相的位子上头一次迎来了一个女人,也是迄今为止唯一的一位女人。

当这位身材婀娜、美丽动人、智勇兼备的大妈(这时候的她已经成为一个货真价实的大妈)得知自己能住进唐宁街 10 号的时候,平生第一次情绪失控,泪如泉涌,彪悍的泪珠儿噼里啪啦地打湿了演讲稿……

为了这一激荡灵魂、光宗耀祖、超越自我、震撼老公的牛 B 时刻,撒大妈不但喷出了大量唾沫星子、损耗了无数脑细胞,还减掉了十多斤肉——这倒不是她累瘦了,而是她为了保持美好形象以吸引选民而秘密实施的"快速瘦身计划",该计划中的重要一条就是每周食用 28 个鸡蛋。如有想模仿这招的女性朋友,尽管去做,如果不灵,请去英国找撒大妈算账,本人概不负责。

话说这撒切尔夫人没当首相时就风风火火铜头铁臂,当了首相后更是翻江倒海乾坤挪移。

撒夫人上台时英国整体状态很糟糕:

国内经济很衰,失业人数突破 200 万,"工资物价两茫茫,找不到工作买不起房";英国的国际地位也一天不如一天,影响力远不如超级大国美国和苏联,苏联领导人和美国总统的大名在世界各国几乎家喻户晓,而英国首相呢? 除了 40 年前那位伟大的雪茄肥男丘吉尔,没多少普通百姓知道英国首相是哪根葱,倒是都知道那位闲着没事的伊丽莎白二世女王。

撒夫人上台后全面抖擞，着手扭转乾坤，志在重振大英雄风！她在国内大搞经济改革，使英国在 80 年代中期出现了经济繁荣，拥有自己住房的家庭数量噌噌上涨，因对社会不满导致的罢工的次数嗖嗖下降。

在国内取得佳绩的撒夫人在国际舞台上干得更漂亮，她带着珍珠项链蹬着高跟鞋拎着小皮包满世界溜达，在诸多男性首脑之间来回穿越，左冲右突，纵横捭阖，独具魅力，使尽浑身解数努力让英国充当欧洲的老大，和美苏平起平坐。

她和美国亲密合作，与那位好莱坞二流演员出身的罗纳德·里根总统大搞"政治暧昧"，被八卦新闻形容是"恰似情侣"；

对苏联，她一贯是鄙视加仇恨，一提到"苏联"这个词，她就张牙舞爪，骂不绝口，并和里根联手一起挤对苏联。

早在撒夫人还没当首相之前的 1976 年，身为保守党领袖的她就在演说中狂骂苏联，气得苏联官方火冒三丈，不但给她起了一个"铁娘子"的绰号（这可不是赞扬她的，而是说她冷酷无情，心狠手辣），还画了幅很有哈利·波特风格的漫画糟践这位"铁娘子"。苏联漫画家把撒切尔夫人塑造成一位骑着扫帚的恐怖女人，并上书："西方的邪恶巫婆"。

你瞧这苏联，到底是超级大国，果然功夫了得，就连糟践别人，也是那么有水平——形式很生动很搞笑，还非常符合被糟践者所在国家的特色——英国传说中骑扫帚的人何其多也……

当撒夫人知道苏联人称她为"铁娘子"时，她非但不生气，反而顿感无比兴奋，甚至引以为豪，还说："他们说得对，英国就需要一个铁娘子！"

和美国玩暧昧，和苏联玩骂架，而和另一个国家，撒夫人却玩起了暴力——这可是货真价实的真枪真炮的暴力！

这个被"铁娘子"玩暴力的国家便是擅长玩足球的南美国家阿根廷。

玩足球，英格兰和阿根廷都算是牛国，脚功了得，各有千秋，两国球星璀璨，球迷无数。更重要的是，这两国球队在绿茵场上还是一对死敌，而"铁娘子"玩的这次沙场暴力，则大大加深了这一仇恨。

那么撒夫人为啥要揍阿根廷呢？他们一个欧洲，一个南美，相距那么老远。这其中原因、比较复杂，咱先得从一帮整天玩远航搞探险的海上牛人说起。

68.都是船长惹的祸

话说公元 1690 年,也就是咱中国的康熙年间,一个叫约翰·斯特朗的英国船长登上了南半球南大西洋上的一个群岛,兴致勃勃地查看岛上的动植物。

从此,英国人把这片群岛命名为"福克兰群岛"(福克兰是当时英国海军司令的名字)。

到了 18 世纪初,一队法国探险者也发现了这个群岛,将其命名为"马罗伊内斯群岛",还给群岛画了第一幅地图,后来西班牙人把"马罗伊内斯"读成了"马尔维纳斯",所以这地儿也被称为"马尔维纳斯群岛"。

到了 1764 年,也就是咱中国乾隆年间,法国航海家布甘维尔率领一探险队也晃到了这地儿,他们宣布这一群岛归浪漫的法国人所有,还留下 28 个人定居了。这下可把当时殖民南美洲的西班牙给气坏了,西班牙人爆发了斗牛激情,硬说按照 1494 年教皇赞同的一份协议规定,这群岛绝对是西班牙的!

第二年,英国著名的风流诗人拜伦的爷爷约翰·拜伦船长来到了这地儿举行了升旗仪式,宣布从此这群岛归英王陛下。

就是这帮爱好在大海上瞎折腾的探险家,把这个本来平静安详的小岛变成了一颗随时可能引爆的炸弹!

1767 年,法国国王路易十五缺钱花,把群岛东半部的主权以 2.4 万英镑的价钱卖给了西班牙。

没多久,英国也缺钱花了,为了省钱,他们撤走了马岛的部队,撤走前在马岛的碉堡大门上订了一块牌子,说这地儿永远属于英王陛下。

西班牙人乐坏了,把马岛划归阿根廷东南部一个城市管辖。当时,包括阿根廷在内的几乎整个南美都是西班牙人的殖民地。

转眼到了 19 世纪,西班牙在南美的殖民统治彻底完蛋,阿根廷乐颠颠地宣布独立,同时还宣布要继承西班牙对马岛的主权。英国人听了,怒发冲冠,于 1833 年出兵马岛,狠狠地撤掉了阿根廷的蓝白国旗,兴冲冲地升起了米字旗,从此统治马岛。

可怜的阿根廷人干憋气,毕竟打架能力和英国相比差之甚远,只能一天到晚梦想马岛是自己的,同时坚持不懈地大骂英国人不是东西。

那么这个并不起眼的小群岛到底是贴金了还是镶钻了,值得那么多人争来抢去呢?

话说这马岛离阿根廷只有 500 多公里,离英国却是 13000 公里。它面积不太大,环境也很差,人口只有 2000 人左右。想当年,达尔文考察马岛后曾说这是"一个阴惨惨的荒岛"。

然而就是这个貌似一钱不值的破岛,却被英国和阿根廷看成是命根子,因为这破岛占据着太平洋和大西洋的航线要冲,又离南极大陆很近,可以成为去南极考察的前进基地。还有一帮专家说,这里的附近海域可能暗藏着大量的海底石油。于是乎,这块破岛成了一份儿诱人的美餐。

虽然阿根廷人在马岛问题上憋屈了 100 多年,但到 20 世纪 80 年代初的时候,阿根廷突然冒出来一个很有种的爷们儿,他怒目横眉,大喝一声,拔刀而起,毅然决然地挑战了英国!

69."嘿嘿,她毕竟是个女人"

话说这位阿根廷猛男名曰莱奥波尔多·加尔铁里,生于 1926 年,逝于 2003 年,巨蟹座,比撒切尔夫人小一岁,乃意大利移民后代,此人乃职业军人,工兵出身,年轻时是一俊男,老了也是帅大叔,身高近两米,气场威武,迷死万人。

加帅哥野心勃勃,心黑手毒,性格狂暴,最擅长的事儿就是利用手里的武器让反政府的人永远从地球上消失。不过"自由民主"的美国人倒是很喜欢这位将军,其中一个重要原因是——此人反共反得很有一套,美国人那个开心啊,甚至吹捧他是"阿根廷的巴顿将军"。

不过加帅哥并不满足于只当"阿根廷版的巴顿",他还强烈渴望成为"阿根廷的艾森豪威尔"。原因很简单,巴顿和艾森豪威尔虽然都是极具魅力的一代名将，但后者当总统了。

在加尔铁里混得最火的时候，俨然阿根廷的无敌神人，其名气和魅力甚至盖过了阿根廷的那些球星，走到哪里都是鲜花掌声外加尖叫一片。

1980 年，这位将军当上了阿根廷的陆军总司令，一年后，他一脚踹翻了总统，成为玫瑰宫（阿根廷总统府）的新老大，终于梦想成真。

这位加帅哥搞阴谋诡计、杀人放火极其擅长，但对经济却一窍不通，上台后经过一番努力，把阿根廷老百姓都搞成了穷光蛋。

后来加帅哥一琢磨，这样下去可不是好事，万一老百姓怒了，把自己干掉了咋办？于是他想到一妙招——转移老百姓的视线，别让他们老想着吃饱穿暖物价房价，让他们全变成激情燃烧斗志昂扬的愤青，脑子里全是阿根廷的"赫赫武功"！

怎么变呢？那就是把英国人占领的马岛给夺回来！

1982 年 4 月 1 日，雄姿勃发的加尔铁里将军准备行动了。在动手前，他先和自己的"亲密老大"——美国总统里根通了电话，说自己要收复马岛。

您瞧这加将军还真把自己当盘菜了，他觉得美国会全力支持自己的"爱国壮举"，其实他哪里知道，他充其量也只是美国人的小弟而已，而他的敌人英国可是和美国情深意长的铁杆盟友，更何况里根和撒切尔夫人个人之间亲密得跟情侣似的。

果然，里根总统发话了，他让加将军千万别干出格的事儿，还说以他对撒夫人的了解，她肯定会报复的！而加将军现在已经昏头了，他坚决认为，英国离马岛那么老远，怎么可能跑来和阿根廷打仗呢？

4 月 2 日，坐镇首都布宜诺斯艾利斯的加将军派出的阿根廷特混舰队攻占马岛，代号"罗萨里奥行动"。

守卫马岛的英军只有一支 42 人组成的海军陆战队分遣队外加后来增派的几十名海军陆战队队员，哪里是阿根廷全副武装的陆海空大军的对手，很快蓝白旗就取代了米字旗。

被英国人统治了 150 多年的马岛终于回到了阿根廷人的手里。

消息传来，阿根廷举国欢腾，全民皆疯，正如加将军所料，阿根廷人突然忘了自己的日子还在受穷,全变成了精神无敌的爱国者,成千上万的人在布宜诺斯艾利斯舞动国旗,高唱国歌,欢呼万岁,其疯狂程度比夺了世界杯冠军还要震撼。

就在加尔铁里将军沉醉于美好幸福的时候,一个脑子还没疯的议员对他严肃地说:

"英国真的会就此罢休吗?现在英国执政的可是撒切尔夫人。"

加将军极为不屑地笑了笑说:

"英国人敢来吗?撒切尔夫人,嘿嘿,她毕竟是个女人!"

唉,加将军真是不长脑子啊,他怎么就不了解,那撒切尔夫人是一般的女人吗?这女人要发起飙来,可比男人惊悚多了!

正如里根所说的那样,伦敦的撒切尔夫人得知阿根廷的"暴行"后,果断地采取了激烈迅猛的报复措施!

70.电影演员力挺姐们儿

阿根廷抢走马岛的消息传到英国后,英国人也和阿根廷人一样,全疯了!当然,英国人不是乐疯的,而是气疯的。

所有的英国媒体都报道了这个深深伤害英国人自尊的新闻,伦敦《每日邮报》头版标题就一个词——"可耻!"

整个伦敦都炸开了锅!

股票暴跌——开创二战以后下跌最猛的纪录!

英镑暴跌——和美元的比价跌到最低点!

政府形象暴跌——舆论界和反对党大骂内阁无能,纷纷要求撒切尔首相带着她的国防大臣和外交大臣立即下课!

4月2日正午,被阿根廷人严重刺激了心灵的"巫婆"兼"铁娘子"在BBC 节目中亮相,只见她衣着端庄,表情威严,目光炯炯,言辞犀利,气场超强!

就像40多年前她的前辈牛人丘吉尔号召全民抗击希特勒一样,她也以国家民族的危亡来说事儿,向英国人发出震荡灵魂的号召:"今天,英国蒙受了本世纪以来最大的耻辱……力挺吾吧,挺吾即挺英国也!"

接着,撒夫人召开紧急会议,决定出兵远征马岛,痛打阿根廷。原来一向以互殴著称的议员们这次奇迹般地团结起来,全票赞成,就连昔日对撒夫人恨之入骨的反对派议员也坚定地狂顶撒夫人。整个英国上下同仇敌忾!

撒夫人感动得心跳加速,差点落泪。

"铁娘子"要干仗了,全世界的目光都聚焦在这个女人身上。

记者问她:"有媒体说,女人不会走入战争,您怎么想?"

撒夫人斩钉截铁地答道:"请你提醒他们别忘了,梅厄夫人和甘地夫人都曾毫不犹豫地走入战争,而且都赢了!"

撒夫人所说的这两位大妈都是她的同行——大权在握的一国首脑,而且和她一样,都是比男人还雄武的女人。

梅厄夫人曾于1969—1974年担任以色列总理,被誉为"雄伟的母狮子",甘地夫人曾于1966—1977年和1980—1984年两任印度总理,被誉为"世界上最有权势的娘儿们"。前者在1973年的第四次中东战争中痛打了埃及和叙利亚,后者在1971年第三次印巴战争中肢解了巴基斯坦(原"东巴基斯坦"变成了今天的孟加拉国)。她们都是重口味的凶猛女人,打起仗来不要命,惹她们的敌人全倒霉!

看来这撒夫人是要和这两位亚洲铁娘子走同一条道儿了,当一个女人中的干仗高手!

由于撒夫人所领导的英国,军事实力、经济实力和国际影响力都要强于以色列和印度,而且这次战争打的是万里之外的敌人,所以撒夫人注定比这二位前辈牛女干仗干得更雄壮、更轰动,也更复杂。

撒夫人要打仗,她的亲密盟友里根总统心情很复杂,这位前电影演员既不想得罪阿根廷小弟,也不想得罪英国姐们儿,他脑子一转,认为最好的办法就是派人来劝架,其实他太了解他的姐们儿了——"一个得理不饶人的女人。"

所以这次劝架,老帅哥里根也没抱多大希望。

果不出所料,撒夫人态度坚决,高呼"大英帝国不可辱!"而加尔铁里也是毫不示弱,高呼"我们只是收回自己的地盘!"

里根多精啊,英国和阿根廷孰轻孰重,他心里有数。他是宁可得罪小弟,也不能得罪姐们儿。于是乎,他马上和小弟翻脸,强烈指责阿根廷是侵略者,还对阿根廷进行经济制裁。姐们儿出兵后,里根又向姐们儿提供重要情报,又给姐们儿奉送响尾蛇空对空导弹,还让姐们儿可以随便使用美军在大西洋阿森松岛上空军基地和所有军事设备。只为博姐们儿一笑,前影星仗义出招,星条旗和米字旗搂搂抱抱,蓝白旗被坑得嗷嗷叫……

自以为美国人肯定会罩着自己的加尔铁里傻眼了,他悲愤道:吾甚痛心! 老美忒不仗义! 欺人太甚!

71.迷恋赛车的高科技人才

为了打赢战争,撒切尔夫人和前辈丘吉尔一样,由自己、国防大臣、外交大臣等五人组成战时内阁,作为最高统帅部,遥控指挥这场旨在挽回英国脸面的大战。

一切准备就绪,英国舰队可以向南大西洋奋勇挺进了!

那么把这项艰巨的任务交给哪位将军指挥呢?

撒夫人看上了一位满脑袋红头发的数学高手兼计算机高手,此人便是海军少将桑迪·伍德沃德——英国皇家海军中的精英。

历史上懂军事或者对军事感兴趣的女人很稀少,就和喜欢逛街购物或精通化妆品的男人很稀少一样。撒夫人也是不懂军事的,但她知道这样一个道理,身为最高领袖(女王只是名义上的最高领袖),对军事用不着太懂,只要慧眼一扫,选出能征惯战的军事统帅去打就行。

所以,撒夫人选中了海军精英伍德沃德,让这位猛将在前线随意发挥,自己只要坐镇伦敦掌控全局就可以了。

看来,这英阿马岛战争的爆发可以简单总结为:一个阿根廷帅哥惹毛了一个英国美女,这个英国美女得到了一个美国帅哥的力挺,接着派出了一个忠于自己的英国帅哥去收拾那个惹毛了自己的阿根廷帅哥……

这架的过程和结果如何呢？请听我细细道来。

话说这桑迪·伍德沃德海军少将生于 1932 年，逝于 2013 年，金牛座，马岛战争爆发时正好 50 岁。生得一头红发，身材高大，严肃深沉，头脑敏锐，知识广博，江湖人送绰号"海狼"，是一位精于海上暴力的英格兰型男。

这位"海狼型男"13 岁投身英国皇家海军，毕业于皇家海军学院，理科甚强，精通数学、核工程和计算机，擅玩潜艇、驱逐舰和导弹，是皇家海军培养出来的一流高科技人才。1976 年，他被任命为英国最新型驱逐舰——"谢菲尔德"号舰长；两年后升为国防部海军计划处处长；1981 年获海军少将军衔。官运一帆风顺，前途一片辉煌。

伍将军虽是海军精英，但年轻时却对陆地上的赛车狂热迷恋——跟韩寒似的，为此他曾掏光积蓄买了一辆性能超好的赛车，没事就飙车玩。

没多久，小伍遇到了一位让他如痴如醉的女孩夏洛特小姐，他二话没说就把视若珍宝的赛车送给了女孩，结果成功地把女孩变成了自己的老婆。

从这个非军事事件咱就能看出这位将军的风格——勇敢，执着，果断，还挺会算计的——赛车换老婆，多值啊！到头来还不都是自己的?!不愧为出类拔萃的数学和计算机高手！

在撒夫人眼中，伍德沃德是"皇家海军中最聪明的人"，所以远征马岛的艰巨任务，除了他别无选择。正如英国国防大臣诺特所说的："我们英国有一个铁的首相，她下了铁的决心，我们也要找一位铁的司令官！"

阿根廷惹事后的短短几天内，撒夫人就快速组建了一支集中英国三分之二海军力量的特混舰队，包括两艘航母（"无敌"号和"竞技神"号）和两艘核动力潜艇，伍德沃德被任命为舰队司令，可以独立指挥舰队，拥有"将在外，君命有所不受"的权力，气势汹汹地杀奔万里之外！

72.可怕的"飞鱼"

自打爱将伍德沃德全副武装浩荡出征去打架后，撒切尔夫人的心里也跟打架似的——乱七八糟稀里哗啦,整个人像是魔怔了似的直到深夜也守着电话,一大堆很可能发生的吓人情景不断地在她脑海里蹦来跳去——

万一恶劣天气给特混舰队捣蛋咋办?

万一舰队稀里糊涂地开进阿根廷的禁区咋办?

万一登陆时突然遭到敌军狂扁咋办?

万一登陆成功后却站不稳咋办?

万一后勤补给跟不上咋办?

万一阿根廷军队跟你全面玩儿命咋办?

万一亲自上阵的伊丽莎白女王的宝贝儿子安德鲁王子(这位勇猛的王子亲自开飞机执行反潜任务)精忠报国了咋办?

…………

这要是心理素质差的女人,早崩溃了。

撒夫人是勇武彪悍的"铁娘子"不假,但"铁娘子"再怎么"铁",也终究是"娘子",毕竟有女人柔弱的一面。

有些时候,女人遇到实在纠结得要死的难题时,还真的需要强有力的男同胞们来拉一把。更何况,这个女人正在操控一场决定无数人命运的残酷战争呢?!

在这段忐忑的日子里,能在身边给撒夫人以最大安慰的男人不是她老公,而是英国陆海空三军的将帅们,尤其是海军出身的总参谋长卢因。这位海军元帅性情温柔,多谋善断,在首相身边成功地诠释着军师的角色。

每当撒夫人遇到搞不懂的军事问题时,或是担心前线状况时,卢军师总会及时出现,不辞劳苦地为女老大排忧解难。"铁娘子"只要一看到他,心里立马就敞亮了。"男女搭配,干活不累",这话真是搁哪儿都适用。

坐镇伦敦的首相不容易,前线开打的伍德沃德将军也不容易。

和前面咱说过的一战、二战、韩战、越战不同,这伍将军所指挥的是一场只有高学历精英才玩得转的高科技大战。在他的旗舰"竞技神"号航母上,有个自动化指挥室,满屋子都是电脑、键盘、仪表和指示灯,由这位数学高手兼计算机高手全盘操作,决不能有一丝一毫的错误。

大西洋上巨浪滔天,气候变幻无常,忽而狂风席卷,忽而大雪飘飞,伍将军一边航行一边训练,同时还对阿根廷军队玩着电子干扰。

4月25日,即特混舰队离开英国10天后,伍德沃德率先拿下了进攻整个马岛的前进基地——南乔治亚岛(这地儿一直是英国的南极考察基地),一个多小时就把岛上100多名阿根廷官兵包了饺子,英军首战告捷,士气大振!

这一胜利来得太突然太迅速了,就连伍将军自己也吓了一跳,因为他一直琢磨着在南乔治亚岛怎么也得惊心动魄地大杀一场,没想到岛上的阿根廷军队菜得难以想象,没让他过这个瘾。

南乔治亚岛胜利的消息传到伦敦,撒切尔夫人的紧张心情马上消除了许多,她乐呵呵地出现在媒体前。大小媒体也跟着欢呼,说伍德沃德拿下南乔治亚岛是"正餐前的开胃品"。

"开胃"后的伍将军进抵马岛海域,对马岛实施了海空全面封锁!入禁区者,只有一个字——死!

5月1日,是伍将军50岁生日。这一天,铁血柔情的将军特想念自己的那位用赛车征服的老婆大人,于是他给这一天起了个名字"C日","C"是他老婆夏洛特名字的第一个字母。

也是在这一天,玩儿完了浪漫温柔的伍将军玩起了血腥暴力,他在脑海中暂时将老婆屏蔽掉,指挥"火神"式战略轰炸机和"鹞"式战斗机蹂躏了马岛的阿根廷机场。第二天,他又出动核潜艇击沉了阿根廷海军的宝贝蛋——"贝尔格拉诺将军"号巡洋舰,虽然该舰是老美二战时玩剩下又卖给阿根廷的过时玩意儿,但对加尔铁里来说,依然是他武器库中的重量级精品,它的沉没,对加帅哥刺激很大。

不过阿根廷倒也不是老那么菜,很快他们就成功地进行报复。

在他们的宝贝巡洋舰壮烈的两天后,阿根廷人就用"超级军旗"战斗机把两枚法国货——"飞鱼"导弹送进了英国导弹驱逐舰"谢菲尔德"号的肚子里。

阿根廷人这次赚大发了,"飞鱼"导弹是 20 万美元一枚,而"谢菲尔德"号的价值是 5000 万美元！

这事对英国人打击不小,伍将军曾担任过这艘老舰的舰长,和它感情深厚,得知老舰惨死,内心无比悲痛。撒夫人听到消息后也是惊得半晌无语接着泪流满面。特混舰队的将士们更是被"飞鱼"吓得不轻,很多人都得了"恐鱼症",生怕在以后不知哪天会突然从天上冒出俩夺命的"飞鱼"扑向自己……

这一局,英军玩得有点衰,好在首相是气冲霄汉的"铁姐",司令是无所畏惧的"海狼",什么事儿他们都能扛得住。

在稍微抚慰了一下受伤的心灵后,英军马上采取了更为凶猛的行动！

73.女首相赌赢,男球王报仇

5 月 21 日,伍将军来了招"避实击虚"外加"瞒天过海",指挥英军神不知鬼不觉地在马岛成功登陆,接着把成批成批的军用物资运到岛上,准备随时祸害阿根廷军队。

在大西洋上翻江搅海折腾了那么些日子,全身海鲜味的英军可算是爬上岸了！上岸后的英军在伍德沃德的亲密战友、英军登陆部队司令穆尔少将指挥下,两路迂回,直逼阿军重兵防守的马岛首府斯坦利港。

就在英军登陆的这天,阿军干了一件很搞笑的事情。他们出动大批战机对英军特混舰队进行猛烈轰炸,命中多艘英军战舰,但大批阿军炸弹落到英军战舰上,只是"当"的一声,并不是"轰"的一声,因为都没炸。

这些"只当不轰"的炸弹都是阿根廷从美国人手里购买的。

美国佬,坑爹啊！

这到底是咋回事呢? 难道是里根通过卖假货的方式暗中帮助他的姐们儿?

其实这还真不是美国人坑害阿根廷,而是阿根廷人自己坑自己。这些美国炸弹质量是没问题的,却是阿根廷 10 年前买的,它们在仓库里待的时间太久太久了,引信很不幸地锈蚀了！

据后来统计,阿军扔给英军的炸弹中,百分之八十都没爆炸。英军何其幸运!伍德沃德何其幸运!撒切尔夫人何其幸运!阿根廷人何其悲催!

6月11日晚,穆尔少将在亲密战友伍德沃德的强大火力支援下,指挥全面爆发了爱国激情的英军部队对阿军发动了总攻!

事实证明,阿根廷军队的干仗水平远不如他们的足球技艺,在沙场上无论如何也找不到绿茵场上的感觉,并不是所有的阿根廷士兵和阿根廷武器都有"飞鱼"的本事,英阿两军正儿八经地PK,阿军的"打功"差之甚远。

阿军的"打功"很烂,除了装备比较低档次外,还有一个重要原因——阿根廷陆军已经有100多年没尝过打仗是啥滋味了,战争,对他们来说,极其陌生。更要命的是,就是这支100多年都没打过仗的部队,还缺吃少穿。

由于伍德沃德的封锁过于严密,导致岛上阿军在严寒下只有一条毛毯盖,而且好几天才能吃一顿热饭,甚至有时候两天才能吃一顿饭。英军呢,吃得香穿得暖,馋得阿军干瞪眼!

6月14日,伍德沃德指示航母上的英军电台吓唬阿军——继续挣扎毫无意义,你们已被包围,赶紧投降吧!

遭到轮番痛殴的阿根廷军队指挥官梅嫩德斯将军万念俱灰,一狠心,投降了!

在签署投降文件时,自觉对不起总统、祖国和人民的梅将军热泪直喷,心碎不已。

战报传到伦敦,身为最高统帅的撒切尔夫人却显得异常淡定,她只说了一句话:"太好了!"其实此时此刻,"铁娘子"的心里已如大西洋一样波涛澎湃。后来撒夫人用这样几个词形容了她当时的心情——如释重负、妙不可言、梦寐以求。她还说,阿根廷军队投降的消息一经证实,她就知道在她任首相期间以后甭管碰到啥样的难题和麻烦,和马岛战争比起来,都算不了什么……

三天后,伍德沃德坐着直升机从"竞技神"号飞到斯坦利港,以胜利者的姿态欣赏了群岛的美丽风光,也欣赏了阿根廷战俘们那颓废的面容。

7月4日,打赢战争的伍德沃德将军起程回国,终于可以和他牵肠挂肚的老婆团聚了,这场战争使他成为世界军事舞台上的新生代海军名将,作为史上第一场计算机战争的指挥者,他的大名已载入史册,他用自己的行动证实了自己确实是"皇家海军的骄傲"。

在这场74天的激战中,阿根廷损失飞机约132架,舰船9艘以及全部地面部队的武器装备外加649名士兵;英军损失飞机34架,舰船6艘外加258名士兵。相比英国人在20世纪主打的其他大战,这场暴力游戏还不算残酷。

英国花费了40亿美元打赢了这场高科技立体化战争,被誉为"大不列颠在20世纪的最后一次展示"。对撒切尔夫人来说,这是一次惊天豪赌,她说:"马岛成了我的一切,融化到我的血液里。"

战争胜利后,"铁娘子"一下子变成了万众欢呼的民族英雄、威望如日中天的超级巨星,俨然丘吉尔以来人气最旺的英国首相。

在庆祝集会上,撒夫人激情高呼:"我们不再是个日薄西山的国家,我们已经重新找回了自信……英国已经和过去一样,重新散发出耀眼的光芒,且今日之光绝不逊色于以往!"

英国全民欢庆喜气洋洋,阿根廷人则全民流泪丧气弥漫,最惨的是那位启动这场战争的帅男加尔铁里将军,由于他导演的这部战争大片开头精彩,中间暗淡,结尾稀烂,致使作为总导演的他名声一落千丈。

回过神儿来的阿根廷人又想起来这货平时祸国殃民,令百姓受穷,现在既让国家丢人,又白死了那么多人,都恨不得弄死他。

战争结束四天后,加尔铁里就被踹下台了,第二年又被判了12年徒刑,到1991年才被特赦出狱。但2002年特赦令被宣布无效,他第二次被捕,2003年郁闷病逝。事实证明,所谓的"阿根廷的巴顿将军""阿根廷的艾森豪威尔将军",全是忽悠,全是扯淡……

偷鸡不成蚀把米的加尔铁里完蛋了,但阿根廷还有一位可以为他们争光的货真价实的猛男,会把英国人揍得屁滚尿流!

在马岛战争结束四年后,即1986年的世界杯四分之一决赛中,这位阿根廷猛男力挫英格兰,阿根廷人就跟当初英国打赢了马岛战争一样,全民乐疯!

无数媒体热情高呼:阿根廷终于报了一箭之仇!

这位报仇成功的阿根廷猛男名叫迭戈·马拉多纳。有人说,如果没有马岛战争这个背景,那么老马这次在绿茵场的壮举会失色不少

不过阿根廷大败英格兰的壮举也只能出现在赛场上,而战场上,阿根廷还不知哪辈子才能报仇呢,毕竟"球王"再牛,也不能扛枪打仗。不过话又说回来了,即便是在赛场上,阿根廷遭遇英格兰,也不能永远得意。后来英阿两国球队只要一碰上,就红眼,就玩儿命。在 2002 年世界杯小组赛上,贝克汉姆又给英国报了仇,他用一记点球力克阿根廷。看来这英阿两国的仇恨,八辈子也难化解了。

球星放下不提,继续说"铁娘子"。

打赢了马岛战争三个月后,这位彪悍姐携战争之余威访问了中国,和中国领导人商讨香港问题。

作为玩儿命维护英国利益的"铁娘子",她很想在中国也彪悍一把,无奈香港不是马岛,中国不是阿根廷。中国足球是不如阿根廷,但综合实力可比阿根廷牛多了。在香港问题上,撒夫人非但占不到便宜,还在人民大会堂的台阶上摔了个大马趴(这位老太太摔倒后,四五个人争着抢着上来扶,这就是非凡老太太和一般老太太的差距),最终不得不于 1984 年12 月签订了《中英联合声明》,规定英国于 1997 年 7 月 1 日把香港还给中国。不过这些不属于撒夫人的干仗史,咱就不再详述了。

英阿马岛战争是撒切尔夫人彪悍生涯的巅峰,曾经盛气凌人的南美猛男在她的猛攻下,不但丢了官还折进去整个人生。然而站在巅峰上的"铁娘子"哪里想得到,她自己在打赢大战 8 年后也丢了官。和前辈丘吉尔一样,也是被"忘恩负义"的英国人给踢下了首相宝座。

80 年代末,由于保守党的政策失误,搞得英国经济狂衰,民怨沸腾。再加上撒夫人整天一副牛气烘烘唯我独尊的架势,得理不饶人,没理还得搅三分,直接导致"铁娘子"声名狼藉,威信扫地,最终政治生涯彻底玩儿完。

1990 年 11 月,被迫丢掉了保守党领袖和内阁首相的铁娘子泪别唐宁街 10 号。不过她也挺值了,因为 11 年半的任期已经使她成为 20 世纪执政时间最长的英国首相,比前辈丘吉尔还牛。

对于这位不寻常的杰出大妈应该怎么评价呢?坚强自信、专横好斗,既智勇兼备、雄才大略,又刚愎自用、独断专行,有时候深明大义,有时候胡搅蛮缠。她的一生毁誉参半,夸她的人和骂她的人基本持平。不过无论是敌是友,全都公认一条——她是 20 世纪仅次于丘吉尔的最具影响力也是最负盛名的英国首相。

撒切尔夫人执政期间的内外政策,深深地影响着英国的历史,由她主打的世界史上第一场计算机战争,虽然有些倚强凌弱的味道,但毕竟在表面上重振了英国雄风,在一定程度上恢复了英国人的自信,堪称英国继两次世界大战之后打得最漂亮的一战,对世界军事影响颇深。

从战争爆发到战争结束,"铁娘子"反应神速、决断果敢、从善如流、表现极佳,可谓现代史上最强的女性战时领袖。但是这场大战也让英国经济大大受损,也并不能真正让英国穿越到昔日的辉煌时期。在往后的国际大事上,只要和美国凑到一起,英国只能当配角。

在 2002 年 BBC 鼓捣出的"史上最伟大 100 位英国人排行榜"中,撒切尔夫人光荣地名列第 16 位,高于她为之效忠的女王伊丽莎白二世(第 24 位)。退隐多年的铁娘子看到这个排行榜后,应该大为欣慰了。

2012 年 2 月,一部由著名影星梅丽尔·斯特里普主演的电影《铁娘子》获得了第 84 届奥斯卡最佳女主角奖和最佳化妆奖,影片向世人再现了撒切尔夫人昔日的风采。有趣的是,已 88 岁高龄的撒切尔夫人及其家人却很不高兴,因为他们觉得电影过于胡扯,有损"铁娘子"的光辉形象。

2013 年 4 月 8 日,20 世纪世界政坛最具影响力的女政治家玛格丽特·撒切尔夫人于当天早晨中风后在家中去世,享年 87 岁。伟大的"铁娘子",终于走完了她传奇的一生……

话说就在撒切尔夫人离开首相宝座的两个月前,即 1990 年 10 月,中东地区一个当过职业杀手的国家首脑突然挑起了一场规模和影响力远大于马岛战争的又一次高科技大战,气得美国的 BOSS 七窍生烟,撒切尔夫人也强烈主张西方国家对这个"职业杀手"不能手软。

以美国为首的"多国部队"大打出手,英国虽然积极参加了此战,但开打前,生猛的撒切尔夫人就黯然下台了,无缘操控此战。

全面指导此战的头号明星自然是当时的美国总统,也是一位精通足球、棒球、篮球,又擅长驾驶轰炸机,还很懂得经商赚钱的公司老板。这里顺便八卦一句,这位世界政治大腕在退休后的日子里曾和范冰冰亲切交谈过,还和这位中国美女合了影,并在照片上签上了自己的大名——乔治·布什(即"老布什")。

公司老总痛扁职业杀手

——美国总统老布什和海湾战争

74.多才多艺的富二代

话说特热爱帮助其他国家人民实现"自由民主"的山姆大叔在越南悲剧了一场后,在打大规模局部战争这事儿上就一直挺谨慎。直到1991年,他们才雄风再起气壮山河,又在亚洲壮怀激烈地主打了一场大规模局部战争,只付出伤亡343人的代价就打死了20多万敌军(也有说数万)。

领导美国获胜的BOSS名曰乔治·赫伯特·沃克·布什,俗称"老布什",在当总统前的身份之一是石油公司的总经理,后又升级为董事长,整天谈生意,买卖红火,赚钱无数。

被老布什痛扁的敌国BOSS名曰萨达姆·侯赛因,他在当伊拉克总统之前的身份之一是职业杀手,整天揣着枪,常干刺杀活动,动不动就对着别人"啪啪"两下,接着血光冲天。

在这场前公司老总和前职业杀手的PK中,血腥味严重的后者被铜臭味严重的前者打得惨不忍睹,而更让后者痛苦不堪的是,这场战争结束的12年后,他竟然又被前者的宝贝儿子堵住往死里打,最终落得个被生擒活拿,送上绞架的结局。

儿子小布什的干仗史放下不提,先表老布什。

话说乔治·布什1924年6月12日生于马萨诸塞州密尔顿一有钱人之家,双子座。其爹既是政坛大腕儿又是商界达人,其娘乃纽约富豪千金。

布什是个典型的富二代,不过家里虽然银子泛滥,但家教甚严,布什打小就被爹妈教育"要先赚钱,再存钱,最后花钱",一定要独立奋斗,谦逊正直，切不可仗着家里有权有势花天酒地胡作非为。

在爹娘的正确教育下，布什没成为那种不务正业、纨绔败家的富二代，而是成了一位多才多艺、勇猛无畏的富二代。

说布什多才多艺是因为他从小就擅长体育活动，棒球，足球，篮球样样精通，是中学校园里人气超高的赛场明星。

说他勇猛无畏是因为他20岁时参加海军航空兵的轰炸机中队，在二战太平洋战场激烈厮杀。他驾驶轰炸机狂轰日本鬼子，曾在一次战斗中被日本高射炮击中，鲜血哗哗，艰难跳伞，死里逃生。

复员后布什进入耶鲁大学主修经济，毕业后他不要家庭支持，独闯江湖，商海创业，30多岁即成为石油公司老板。公司在布总的英明管理下，资产1000多万美元，拥有最先进的钻探设备，布什董事长本人也成为百万富翁——这可是20世纪五六十年代的百万富翁啊，现在的百万富翁与其不可同日而语也！

赛场战场商场都能玩转的布什确实很有才，几十年丰富多彩的经历已经使得他变成了一个既有冒险精神的贼大胆又老谋深算的人精。他曾说："我要寻找一种新的生活，要寻求刺激，不甘心循规蹈矩。"

发了大财的布什觉得只是做生意赚钱已经不过瘾了，便于1966年辞去公司老总职务，华丽转型，杀入政坛，且成功当选为众议员，此后连续被好几任总统提拔——尼克松上台后，他先后被任命为美国驻联合国代表和共和国全国委员会主席。尼克松倒台福特总统上台后，他又被任命为美国驻中国联络处主任，派驻北京。

在北京的日子里，布什经常和老婆芭芭拉骑着自行车穿大街走小巷，狂吃中国美食，并两次见到了毛泽东。这段经历使他成为一位对中国很友好的美国官员。

1975年，布什再获新职，担任大名鼎鼎的美国中央情报局（CIA）的局长，由于非常能干获得过情报功勋奖章。

1981年，布什又换了工作，他成为好莱坞二流演员出身的里根总统的副总统，和前面咱讲过的杜鲁门和约翰逊一样，成了美国名义上的"老二"。

由于忠心耿耿任劳任怨,布什受到里根的高度赏识,被誉为"最佳副总统",您要知道,几乎全世界所有一把手都喜欢这种忠心耿耿任劳任怨型的二把手。

1988 年 11 月,当够了"老二"的布什直取"老大"的宝座,以"大象党"总统候选人身份杀败了"毛驴党"总统候选人杜卡基斯,成功当选为美国第 41 任总统,乐颠颠地坐进了白宫。

这一年,布什 65 岁,虽然年龄有点老,但精力旺盛,浑身是胆,尤其是打起仗来,狠着呢。

75.掏枪掏钱帮小弟

布什入主白宫的时候,国际形势对美国来说一片大好。美国对抗了半个世纪的头号大敌——社会主义苏联在"衰路"上一路狂奔,越奔越远,永不回头:

它的政治,混乱了——敢和苏共蹭鼻子上脸的"帮派"越来越多;

它的经济,恶化了——连首都莫斯科也面临购物困难,老百姓严重受穷;

它的民族,闹事了——原先加盟苏联的诸多"小弟"民族哭着喊着闹独立;

它的军队,受创了——由于苏联红军常年不干人事,净搞侵略和镇压,世界人民对苏军又鄙视又愤恨;

…………

布什总统乐得手舞足蹈,多少位前任总统最最渴求的美事终于实现了,而且实现在他的任期内。

布什趁此良机,于 1989 年 5 月奋勇抛出了"超越遏制"战略,这个战略是啥意思呢?就是不再像他的前任总统们用强硬手段去"遏制"苏联了,而要以温柔招数对苏联及其一帮"社会主义小弟"进行忽悠,用经济文化技术全面渗透的方法让他们自己折腾自己,直到他们的社会主义制度自我毁灭。

布什的"超越遏制"搞得相当成功,在他笑眯眯的忽悠下,在苏联领导人戈尔巴乔夫和东欧各社会主义国家首脑的共同努力下,一贯与美国并称地球最牛国的苏联终于在 1991 年"咔吧"一下解体了,而苏联的小弟——阿尔巴尼亚、罗马尼亚、捷克斯洛伐克、匈牙利、波兰、东德等东欧的红色小国们也都在 80 年代末 90 年代初集体"脱红",接着投入"自由民主"的西方怀抱,全"叛变"成了美国的小弟。

布什那个兴奋啊,就在苏联崩溃的当天,他给脑袋上画地图的戈尔巴乔夫打了个电话,高度赞扬了老戈使苏联发生了历史性的转变,美国人民将永远记住他!

这位苏联末代 BOSS 听后几乎无语……

搞垮苏联只是布什忙活的重要工作之一,这个世界上需要他忙活的事儿还多着呢。想当年,这位石油公司老总在商场上拳打脚踢无往不胜,而如今,已是一国之主的他将其折腾商场的本事发挥到国际政坛,在搞苏联搞东欧的前后,他还搞了非洲搞中亚、搞了拉美搞中东,扛着星条旗绕着地球一阵猛搞!

布什总统坚定认为,在世界上有很多国家是不会自己管理自己的,而美国则非常有义务去帮助这些智商不高的国家来管理一下。从美国政府吼出的伟大言论来看,美利坚好像就是一无私大侠,"路见不平拔刀相助,侠之大者为国为民"。超人、蝙蝠侠、蜘蛛侠、闪电侠、钢铁侠和变形金刚的伟大精神要照亮全球,象征自由民主的星条旗要在世界各地高高飘扬,自由女神的博大爱心要去努力温暖整个地球的人民!

布什的"大侠行为"是这样的:为了把那些"独裁专制"又不听美国招呼的国家政权搞垮,他慷慨地掏钱掏枪给这些国家的反政府武装或政治反对派,让他们和自己的政府英勇干仗,无论是非洲的索马里、马里、埃塞俄比亚、安哥拉还是亚洲的阿富汗,他们都幸运地得到布什这样的优待。

对武器比较精通的细心的人们可以发现,在一些新闻图片和新闻镜头中,诸多非洲和亚洲的反政府武装,手里的暴力家伙都是一水的美国货。别说普通的枪炮了,就连灵敏如蛇的毒刺便携式防空导弹,布什也是慷慨地赠予这些国外的造反高手(主要是阿富汗的游击队)。

在国际上,布什越折腾越欢喜。他认为只用忽悠改革和援助军火的手段还是不够的,对于那些恶劣到一定境界的国家首脑,一定要亲自动手把他们干掉才行。比如拉美的巴拿马和中东的伊拉克。

先看看布什殴打巴拿马的过程,其主要原因是一个理科生出身的大毒贩惹怒他了……

76.活捉大毒贩

话说巴拿马有个国民大学理科生出身的将军,名曰曼纽尔·诺列加,他心狠手辣野心勃勃,最擅长杀人放火贩毒搞兵变,曾策划把政敌脑袋慢慢锯下来的变态之举。

1983 年,诺列加仗着手里有枪有炮有银子,自任巴拿马国民军司令,成为类似于咱中国历史上董卓、曹操、司马昭之类的军事独裁者,从此掌握了巴拿马的军政大权。

这诺列加在发迹前曾和美国中情局亲密合作,中情局还给他发薪水,他上台后,美国觉得他肯定对自己百依百顺,不料他得势后马上变脸,处处和美国对着干,不但大搞毒品走私"毒害"美国人民,还在巴拿马运河的控制权问题义无反顾地顶撞美国,这可把美国给气爆了。

拉丁美洲是美国的"后院",决不能让诺列加在"后院"捣蛋,损害美国利益!

布什早在给里根总统当副总统的时候,就打算干掉这个不识抬举的"白眼狼",如今他已经是大权在握的一把手了,更是把除掉诺列加作为自己对外折腾的重要内容之一。

在 1989 年 5 月参加一个毕业典礼的时候,布什对着记者说:"巴拿马人应该竭尽全力搞掉诺列加先生!"

记者吓一跳,堂堂美国总统竟然公开号召邻国的民众搞掉自己的领导人,实在耸人听闻!

记者又问总统,您这话是否还存在着某种限制呢?

布什厉声大喝:"没有!我不会对此补充任何谨慎的话!"

虽然布什的号召很有激情,但巴拿马人没有本事搞掉诺列加。

1989年10月1日,一个巴拿马女人神秘兮兮地告诉中情局特工一个惊天秘密:她亲爱的老公——一位巴拿马国防军的少校准备在第二天上午9点发动政变,推翻诺列加,希望美军能帮她老公一把。

但是美国人对她的话并不感兴趣,因为他们觉得这事儿不靠谱。

果然,到了第二天,那位巴拿马女人的极品老公并没有行动,美国人暗自庆幸自己没跟着掺和。

然而到了第三天,这位极品老公竟然行动了,政变开始!

布什得知消息后暗爽不已,赶忙开会商讨对策,但是还没等布什发话呢,这次政变就惨遭失败,那位巴拿马女人的极品老公被诺列加给逮住了。

此事一出,布什遭到国会议员的口水群殴,被指责为一个无能总统。布什气得半死,把国防部长、参谋长联席会议主席等军界头头们喊来一顿痛批。接着决定应该由美国人亲自动手干掉诺列加。

五角大楼的头头们在挨了总统的骂后,脑袋立马清爽了许多,工作积极性也顿时高涨,他们秉承总统旨意,制定了详细的入侵巴拿马的计划。到12月初,基本上已经是万事俱备只欠东风了。

东风是啥呢? 就是入侵的借口。

1989年12月16日晚,东风终于成功刮来——4个美国海军陆战队军官吃饱喝足后跑到巴拿马国防军司令部的大街上和巴军先骂架后动手,其中一个伤重身亡,两个负伤。

就在这事发生的半小时后,又有一对美国海军上尉夫妇也在这条街上出事了,他们由于迷路并闯了路障,被抓进巴拿马国防军司令部大楼,虽然不久就被放出来了,但据说男的被打了个半死,女的差点被强奸!

这下好了,终于有了打人的理由!

布什总统平静地对手下的将军们说:"动手干吧!"

12月20日凌晨,24000多名美军兵分五路入侵巴拿马。这次暴力行动被冠以一个特别美好的代号——"正义事业行动",充分体现了美国政府为了他国的"自由民主"而"仗义出手"的大侠精神!

美军最新研制的 F-117 隐形战斗机首次投入战斗,接着特种作战部队、空降部队、海军陆战队一起出动,导弹、炸弹、子弹集体轰鸣!

双方力量实在悬殊。半个多小时后,美军就突击到巴拿马首都巴拿马城,用大炮、坦克和飞机对着诺列加的司令部一阵狂踹。

不料贩毒高手诺列加甚是狡猾,他挎着两支半自动步枪溜进梵蒂冈驻巴拿马大使馆里躲了起来。

事实证明,经商高手布什比诺列加狠得多,他一面对梵蒂冈施压,一面出兵包围大使馆,以忽悠、威吓、暴力相结合的雷霆万钧之势压向敌手。

1990 年 1 月 3 日,诺列加终于被美军抓获,接着被押到美国迈阿密地方法院受审,最后以贩毒罪被判了 40 年监禁。

这是布什总统生涯中的第一次干仗史,美军以死亡 23 人的微小代价,几乎摧毁了整个巴拿马国防军,打死反抗者 1000 多人,逮捕诺列加的手下 5000 多人。

布什让那些骂他是"无能总统"的人见识了他的手段。

不听话的邻居巴拿马算是搞定了,而在遥远的中东,有一个比巴拿马难缠百倍的国家也在和美国叫板,这个国家的 BOSS 比诺列加厉害百倍,此人熊心豹胆,狼性虎威,以调戏美国为乐,以侮辱美国为荣。

这个国家,位于两河流域,伟大灿烂的古文明巴比伦就是在这地儿发源起来的,周杰伦《爱在西元前》唱的就是它古时候的事儿。不过到了现代,这地儿不文明了,它的名字叫伊拉克。

当时伊拉克的 BOSS 便是名震全球的萨达姆·侯赛因。

布什即将迎来他总统生涯中的第二次也是一生中最雄壮的一次干仗。

77.惹祸无极限的职业杀手

说起这萨达姆的大名,咱中国人(也包括全世界人民)绝对是家喻户晓妇孺皆知,曾几何时,此君一天到晚在电视新闻里蹦跶,实在是风光得很,当然,最终的结局是惨点,正所谓"苦不苦,想想人家萨达姆"。

萨达姆·侯赛因生于 1937 年，死于 2006 年，金牛座。性情叛逆，爱好暴力，冷酷无情，狂妄自负。他比他的对手老布什小 13 岁，和布什的家庭出身是天壤之别。他生于伊拉克一农民家庭，还没出娘胎，他爹就归天了。

萨达姆小时候穷得没鞋穿，还经常被后爹揍，导致心灵扭曲。每当他愤怒时，都会用一根烧红的铁棍去找小动物发泄，心情才能小爽一下。他 10 岁时离家出走，20 岁时加入"造反组织"——阿拉伯复兴社会党，从此成为一名宰人不眨眼的职业杀手。

20 多岁的萨达姆曾亲手杀了他的一个担任政府官员的本家姐夫，后又积极投身刺杀当时的伊拉克领导人卡塞姆的行动——在这次行动中，他抱着冲锋枪疯狂扫射卡塞姆的专车，结果被卡塞姆的警卫打伤左腿，刺杀宣告失败，萨达姆伤心地流亡埃及。

在多年的刺杀和造反生涯中，萨达姆显示出无论怎么闹腾也死不了的胆量和智慧，逐渐成为复兴社会党的重量级人物。1968 年，复兴社会党终于政变成功，上台执政，年仅 31 岁的萨达姆成为掌握伊拉克部分权力的二号人物——和他未来的对手布什一样，都当过国家的二把手。

1979 年 7 月，42 岁的萨达姆再次升级，成为伊拉克共和国总统和革命指挥委员会主席。这位爱好暴力的刺客上台后迅速组建了强大的军队，利用石油收入使劲发展经济，他觉得小小的伊拉克已经不够他折腾的了。

1980 年 9 月，刚上台仅仅一年的萨达姆就和邻居打了一架。这位邻居就是被誉为具有"超凡魅力"的伊斯兰牛人、每天 10 点整必须准时吃午饭的伊朗最高领袖霍梅尼。这一架一直打到 1988 年 8 月才停火，前后持续八年，伊朗挂了 60 多万人，伊拉克挂了 40 多万人，两国至少损失 9000 亿美元，还遗留下几十万寡妇，这场大架就是著名的两伊战争。

通过这场战争，萨达姆的伊拉克已经成为一个拥军百万的军事大国，并装备了诸如飞毛腿导弹这样的高科技生猛武器。当然，为了购买武器，萨达姆也欠了一屁股巨债，约有 800 亿美元，搞得国内经济很烂。

为此，萨达姆把目光瞄向了另一个邻居——盛产石油的科威特。这个小国面积只相当于北京那么大,但石油储量几乎和整个中国差不多!

萨达姆一直特自信地把这个科威特当作伊拉克的一个省,早就对它垂涎三尺。另外,科威特超配额的生产把石油价格给整得直下跌,愣是导致伊拉克的外汇收入受损,萨达姆对此非常愤怒。

1990 年 8 月 2 日凌晨,萨达姆下令早就摩拳擦掌蓄势待发的 10 万伊拉克大军入侵科威特,总数只有伊拉克军队百分之二的科威特军队哪里挡得住这波虎狼之师,一天之内就不怎么悲壮地沦陷了。

萨达姆欺负石油国的壮举震惊世界,更惹怒了一个石油商,他便是美国总统布什。

玩转石油生意无敌手的布什十分清楚,这萨达姆吞并了科威特不但让伊拉克每天狂增 2000 万美元的利润,拥有世界石油储量的百分之二十,还能操作世界石油价格,可以随便摆弄美国经济,这美国可就没好日子过了!

您要知道,这美国,可一直是玩别人的啊,倘若被萨达姆这个"流氓"给玩了,实在是天大的悲剧。当然话又说回来了,美国在历史上也没少被"流氓"玩,而且它自己也经常扮演"流氓"的角色。

绝不能让萨达姆祸害了"自由民主"的美利坚人民!

布什总统一肚子怒火满脑子压力,他赶紧召集国务卿贝克、国防部长切尼、总统国家安全顾问斯考克罗夫特、中情局局长韦伯斯特等一大帮军政精英就萨达姆的恶劣行为进行紧急商讨,这帮 BOSS 当即决定对萨达姆不能手软,必须以暴制暴!

美国要揍伊拉克,其实说来这事儿挺搞笑的,因为就在不久前,美国还和伊拉克媚眼乱飞卿卿我我。1977 年,美国向伊拉克的出口达到 2.11 亿美元,两年后"噌"地一下超过了 4.5 亿美元。此外美国的企业还给伊拉克提供了价值 5 亿美元的高科技设备,让萨达姆好好练习"武功"。

美国,对伊拉克军事力量的迅猛发展做出了不可磨灭的贡献。

老萨乐得眉开眼笑,觉得美国真够哥们儿,他一声令下,2000 多名伊拉克人被派到美国好好学习天天向上。礼尚往来,美国政府也派出一位叫拉姆斯菲尔德的人去拜访萨达姆,二人亲切会晤表示两国加强友好。

顺便说一下,这位拉姆斯菲尔德先生就是后来小布什政府的国防部长,整死萨达姆的伊拉克战争就是他踊跃参与、积极主持的。正所谓:此一时,彼一时,永恒不变是利益,友谊其实只是镜花水月……

在"美伊蜜月"的美好时代,对美国政府来说,那位一天到晚"输出伊斯兰革命"的伊朗领袖霍梅尼才是可怕的敌人,他比萨达姆邪恶多了。

而如今,萨达姆这个"白眼狼"翻脸不认人,真把美国政府气晕了。

78.必杀技第一招:盾牌吓之

不管老美的脑子里到底是咋想的,反正"白眼狼"们惹事了,总归是要狠狠收拾的。

决定暴力对待老萨之后,老布气运丹田,连续对老萨打出了三招炫目的"必杀技"——

第一招:"盾牌"吓唬之;

第二招:"风暴"席卷之;

第三招:"军刀"狂砍之!

咱说的这三招"必杀技",便是老布对老萨展开的三次军事行动,即"沙漠盾牌"行动、"沙漠风暴"行动和"沙漠军刀"行动。

咱先看布什是怎么玩"盾牌"的。

这要揍伊拉克,必须把大量的美国大兵和武器运送到离伊拉克近的地方,那么哪个地方最合适呢? 布什两眼一发光,瞅准了沙特阿拉伯。

那么沙特就那么同意美国在他们地盘上折腾吗? 别说,人家还真答应了。

因为布什于8月3日把沙特驻美国大使喊来骂了一顿,说:萨达姆是你的朋友吧? 你不是曾经告诉我,这个家伙不会出问题吗? 接着布什又吓唬大使,说有确凿证据可以证实沙特可能成为萨达姆的下一个目标。

两天后,布什又派出国防部长切尼亲自飞往沙特,忽悠沙特国王法赫德和王储阿卜杜拉,让他们赶紧同意美国出兵"保卫沙特"。

这位切尼部长是布什殴打萨达姆最卖力的主要帮手之一,此人长期患有严重心脏病,曾五次发作,但无论心脏怎么乱蹦或停跳,他总是大难不死,欢腾依旧,也总能保持强硬无情的风格。

理查德·布鲁斯·切尼生于 1941 年,水瓶座,小时候成绩一般,但擅长勾引校花,在耶鲁大学读书时由于成绩越来越烂,被学校劝退,很无奈地当上了架设高压电线的工人。从此他痛定思痛,发愤图强,经过一番儿玩命奋斗,终于光荣地进入白宫工作,1988 年被布什总统任命为国防部长,经常鼓动布什打仗。

萨达姆闹事后,切尼积极参与策划出兵殴打伊拉克。后来到了 2000 年,老布什的儿子小布什当选总统,切尼伺候完老子又伺候小子——出任小布什的副总统,继续扮演鹰派狠角色,经常鼓动小布什打仗,整天反恐,乐此不疲。

切尼先生帮小布什干仗的事儿,咱搁下不提,只说他帮老布什干仗的事儿。

话说切尼奉命来到沙特后,竭尽全力给沙特领导人洗脑,沙特王储很犹豫,但还没等他犹豫完,沙特国王就答应了,让美军进驻沙特。切尼立刻把这个好消息报告总统,布什大喜,于 8 月 7 日凌晨正式签署"沙漠盾牌"行动——即防止伊拉克入侵沙特,并采取一切手段迫使萨达姆从科威特撤军。

不过刚签完命令后,布什的脑子却突然秀逗,他在白宫的新闻发布会上连续口误,一会把"伊拉克谎称撤军"说成是"沙特谎称撤军",一会又把"保卫沙特"说成"保卫苏联"。这是咋回事呢?

原来这总统先生自打萨达姆闹事以来一直没睡过好觉,满脑子都是打仗那些事儿,越想越乱,于是乎,思维混乱了。

当然,这种糊涂只是暂时性的。在快速恢复了清醒状态后,布什发表电视讲话,向全世界宣布"沙漠盾牌"行动开始了!他把萨达姆比作希特勒,他告诉世人这次美国出动中东的目标是让伊拉克撤出科威特,为了海湾地区(即波斯湾地区)的安全和稳定,以及保护在国外的美国公民的生命财产安全。

这一次,布什说得很漂亮,没有一点口误。

邪恶的美国佬在行动上吓唬我，语言上糟践我，实在忍无可忍！萨达姆越想越愤恨，你布什不是玩起了"沙漠盾牌"吗？那我也玩一个"盾牌"，看谁的"盾"更硬！

被逼急了的萨达姆于布什签署"沙漠盾牌"行动的数天后，启动了"人质盾牌"行动——把8000到10000多名滞留在伊拉克和科威特的西方人（包括美国人、英国人、德国人、法国人、意大利人、加拿大人、瑞士人、荷兰人甚至亚洲的日本人）扣为人质！

同时，老萨让媒体跟着使劲煽呼，把他亲切摸着一个7岁英国男孩人质小脑瓜的画面传播到全世界，这下可了不得，全世界数亿观众吓得胆战心惊，都以为这个"变态恶魔"会杀死人质！

其实老萨只是想表现他的"仁慈"而已。

萨达姆以"人质盾牌"对抗"沙漠盾牌"，气得布什暴跳如雷，总统跑到五角大楼大骂老萨，说他"凶暴残忍，坑蒙拐骗，无恶不作，低劣至极……"

对地球上绝大多数国家来说，布什的"盾"是光明的，是正义的，而老萨的"盾"是龌龊的，是邪恶的。上自联合国安理会，下到各国普通百姓，都对老萨的行为展开愤怒狂喷，"沙漠盾牌"集结的各国兵力也与日俱增，老萨处境很糟，压力很大，不得不于12月宣布释放所有外国人质。

在这次"盾"对"盾"的较量中，布什玩赢了。

商人出身的布什心里明白得很，在中东的这次极具暴力色彩的"大买卖"只能赚不能赔。

如果赢了，不仅是"拯救"了美国以及整个西方世界，大大提高了美国的国际地位，自己也能成为一个万民崇拜的伟大领袖，甚至能和罗斯福有一拼。

如果败了，唉，那后果不堪设想，想想当初美利坚的前辈们在朝鲜和越南的遭遇就知道了……

79.史上最牛"黑军师"

教训萨达姆,是一项复杂而艰巨的军事任务,所以必须派出最有才能的军人去执行,为此,布什推出了他最欣赏的一黑一白两位大将。

咱这里说的"黑"和"白"可不是说这俩将军的性格和作为,而是他们的肤色,这就好比是张飞和赵云(其实《三国演义》和《三国志》里倒没说这二位猛将的肤色,只是评书戏曲和民间传说把他们塑造成了"白加黑")。

咱先说黑将军。

话说这位黑将军名曰科林·鲍威尔,乃美国陆军四星上将,生于1937年,白羊座。此人头脑冷静,正直刚毅,处事灵活,谨慎机敏,爱好看电视(尤其是类似于相声的脱口秀节目)和修理破烂汽车。

鲍威尔将军最大的优点是无论领导交给他什么任务,他都能迅速搞定,那真是天雷地火,风卷残云。人送美誉"黑色艾森豪威尔"。

不过多数人都不知道,这位黑人名将在年轻时是个著名的无能货加迷糊蛋。

鲍威尔生于纽约黑人贫民区,乃牙买加移民之子。小时候胸无大志,成绩不好,稀里糊涂,还有点不招人待见,干啥啥不行,学啥啥失败(学音乐失败,学体育也失败)。直到上大学时依然属于二混子类型。

有一次,教授让学生们画一张在空间与平面相交的圆锥体图形,所有同学都画了,只有鲍威尔想了半天也没明白教授说的是啥意思。

突然有一天,迷糊蛋男生鲍威尔看到了一群穿军装的学生,对这身行头一见钟情如痴如醉并毅然决然地从了军。

在部队里,原本平淡无奇的迷糊蛋突然才华大显豪情爆发,25岁时他英勇地参加了越南战争,后又在部队里顶着种族歧视的压力奋发向上努力拼搏,34岁时拿下了华盛顿大学MBA学位,46岁进入国防部工作,官运亨通,备受领导青睐。

无论是布什总统,还是国防部长切尼,都坚定认为,这位黑人将军的确很有才。其实切尼和鲍威尔这两位美军大腕儿很相似,都属于小时候学习成绩不咋样,但工作后尽显才能的牛人。而且和切尼一样,鲍威尔也是伺候完了老子伺候小子,那切尼不是给小布什当了副总统吗? 鲍威尔呢,后来给小布什当了国务卿。

所以说,这学校里的成绩,还真不能和一个人未来事业上的成功与否画等号。

1989 年 10 月,知人善任的布什总统任命鲍威尔为美国参谋长联席会议主席——这是美国军人所能获得的最高职务。就这样,52 岁的鲍威尔不但成为美国史上第一位黑人参联主席,还成了美国史上最年轻的参联主席。

咱前面说过的布什出兵巴拿马生擒诺列加的"正义事业行动",就是这鲍威尔亲自策划指挥的。

当时布什拍着鲍威尔的肩头说:"让我们干吧。"接着鲍威尔就干了,干的结果咱已经都知道了——诺列加被绑到了美国,真是干净利索,堪称秒杀的经典!

鲍威尔将军的历程告诉我们这样一个道理,一个人,选对了适合自己的道路,是多么重要啊!

自打搞定巴拿马后,布什对鲍威尔更加器重和信任了,如今要干萨达姆了,身为参联主席的鲍威尔自然又成了这一更加艰巨更加复杂行动的军事总指挥。当然,鲍威尔是参联主席,他的任务是在五角大楼坐镇,辅佐布什总统和切尼部长遥控指挥前线,类似于军师,而亲自奔赴前线的总指挥还另需他人。

布什总统选中的出击前线的猛将便是咱前面提到的那位"白将军",他的名字叫施瓦茨科普夫,江湖人送绰号"大熊"……

80.狂暴的大熊

诺曼·施瓦茨科普夫,军衔和他的上司鲍威尔一样,美国陆军四星上将,年龄比老鲍大 3 岁。他生于 1934 年,病逝于 2012 年,狮子座,出身新泽西州一军人之家,乃德国移民之后。此人生得身材魁梧,健壮如牛,身高近两米,体重约 200 斤,更兼性情暴烈,经常骂人,急躁时常说"他娘的"。

他曾抄枪殴打一位带来坏消息的信差,还曾敲桌子大骂一位和他意见不同的国防部文官,其火暴脾气比他的前辈血胆巴顿有过之而无不及。

他精通战术,干仗凶悍,出招迅猛,尤擅长操作高科技战争,经常出入丛林和沙漠,人送绰号"风暴诺曼"和"沙漠之熊"。他属于那种典型的经常"哇呀呀"爆叫,又能在万军之中取上将首级的狂野猛将。

施瓦茨科普夫毕业于西点军校,长期在步兵服役,参加过越南战争。越战时,他忙时在丛林奋勇血战,闲时和一越南美女快乐同居,尽情演绎铁汉柔情。越战结束后,他进入五角大楼工作,从此平步青云,升官发财,前途辉煌。

1983 年,里根总统发动入侵格林纳达的军事行动,担任机械化师师长的施瓦茨科普夫表现出色,受到里根嘉奖。1988 年 11 月,55 岁的老施晋升为四星上将,并被任命为美国负责中东军事事务的中央司令部的总司令。萨达姆闹事之后,他又被布什总统任命为海湾地区的美军总司令,全面指挥这里的陆海空三军。

回想当年,也就是 1946 年的时候,12 岁的施瓦茨科普夫就跟着去伊朗执行任务的老爹来到了中东地区,在这里,他第一次学会了打枪。那时的他,还是个纯洁的小男孩,对中东的感觉只是神奇多彩的异国风情。

如今,已经打了 40 多年枪的他,又以统领三军的大将身份来到这片熟悉的土地,真个是感慨万千,用他自己的话来说,那就是"上帝啊!这预示着什么?"

鲍将军谨慎稳重头脑灵活,施将军勇猛盖世行动迅捷,两位将军黑白配对,双剑合璧,扬威波斯湾,布什总统无比欣慰。

布什签署了"沙漠盾牌"行动后,鲍将军和施将军快速行动,前者协助总统和国防部长遥控前线,后者负责战场上的全盘指挥。鲍将军有什么事就向总统和切尼汇报,施将军有什么事就向鲍将军汇报。

整个美国军事指挥机构,高速运转,有条不紊,杀气冲天!

而萨达姆呢,依然无所畏惧,继续牛气烘烘,蹦来跳去,那架势就像是——有种你来揍我啊,来啊,来啊……

在鲍将军和施将军的努力下,成群结队的美国大兵和五花八门的陆海空尖端武器铺天盖地涌向波斯湾!

防护能力(能抵御各种反坦克导弹、炮弹和生化威胁)和攻击能力(能击穿伊军各种坦克装甲)超强的 M1A1"艾布拉姆斯"主战坦克来了;

曾在越南战场肆虐、最擅长玩"地毯式轰炸"的 B-52 轰炸机来了;

新研制不久、只具有相当于小鸟或大昆虫的雷达反射面积的 F-117A 隐形战机来了;

可携带 16 枚激光制导反坦克导弹的 AH-64"阿帕奇"武装直升机来了;

攻击时狠辣、拦截时生猛的"战斧"式远程巡航导弹和日后名震全球家喻户晓的"爱国者"导弹来了;

"肯尼迪"号、"萨拉托加"号、"中途岛"号、"突击者"号等世界最强悍的航母也来了……

此外,12 颗军事卫星大展千里眼顺风耳之神功,把地上的东西全都侦察得一清二楚。

这正是:布什切尼一声吼,鲍施二将快出手,金戈铁马杀声震,不败老萨不罢休!

81.猛熊将军生气了

其实,向萨达姆亮出铁拳抽出战刀的国度并不只是星条旗一家,在将大把大把的美国武装扔到中东的同时,布什还忽悠世界上其他国家"美事要分享,大家一起来",群殴萨达姆,能出兵的就出兵,不能出兵的就出钱,既不出兵也不出钱最好从其他方面为美国提供方便,比如借个机场用用,或者对萨达姆骂两句、吓唬一下都可以。

布什希望参加打老萨行动的国家越多越好。为此,他派出他的亲密哥们儿兼得力助手、国务卿贝克展开三寸不烂之舌绕着地球进行穿梭游说。

这位痴迷职业橄榄球赛和乡村音乐的外交大师受命后马不停蹄，就跟咱战国时代的苏秦张仪似的，满世界忽悠，从美国飞到阿拉伯国家（如埃及、沙特），从阿拉伯国家飞到欧洲，从欧洲飞到苏联，摇唇鼓舌，费劲口水……不少国家在贝克的成功忽悠下，都同意给伊拉克增压，并与美国保持一致。

这些国家之所以能听美国的，除了贝克的忽悠功极强外，主要有三个原因：

一是因为萨达姆的"壮举"确实达到了"千夫所指、万人狂喷"的境界，损害了太多国家的利益，您想想，哪个国家能离得开石油啊？

二是因为有些国家平日里得了美国太多的好处，拿人手短，吃人嘴软，这回到了该还人情的时候了；

三是有些国家实在不敢得罪美国，这家伙财大气粗兵强马壮，牛气盖宇宙，全球称第一，你要不听话了，它轻则经济整之，重则军事揍之，谁也受不了。

于是乎，这些美国的亲密盟友有钱出钱有力出力，没钱没力的跟着瞎咋呼，其中近 30 个国家都派出军队积极追随美国老大，合殴萨达姆！

友情参加殴打老萨行动的国家包括英国、法国、意大利、比利时、加拿大、荷兰、西班牙、丹麦、希腊、挪威、葡萄牙、澳大利亚、沙特、埃及、阿联酋、摩洛哥、尼日尔等。

这些友情参演的国家共出兵 22 万，其中一些"武功"高强的欧洲发达国家纷纷献上了自己国家最强悍的暴力工具，诸如英国的"酋长"式坦克、"旋风"式战斗机、法国的"美洲虎"攻击机、"幻影"战斗机等等，这些世界武器圈内的闪亮巨星全都云集波斯湾。

德国、日本等 11 个国家虽然没有出兵，但慷慨地掏银子了——那可是上亿上亿地赞助啊！

世界上诸多国家甚至包括苏联都表示力挺美国暴力伊拉克，那么作为联合国五大常任理事国之一的中国，也是布什工作过的地方，是啥态度呢？

咱中国政府从一开始就要求伊拉克军队立即无条件地撤出科威特，但并不赞同使用武力，而是一直主张和平解决。在 1990 年 11 月 29 日联合国投票表决"打还是不打"的特别会议上，中国投了弃权票。

这次会议是 1950 年美国帮助韩国殴打朝鲜以来，联合国安理会授予最广泛开战权利的决议！最终 12 票赞成，2 票反对（古巴和也门），1 票弃权（中国）。

美国国务卿贝克非常欣慰地说："决议非常明确，措辞就是授权动武！"

布什欢欣鼓舞，豪情万丈，顿感自己是地球上拥有无敌魄力的伟人！

联合国给美国暴力伊拉克开了绿灯的同时，进驻波斯湾的美国和盟国部队已达 40 多万人，其中大部分都是美国兵。另外，800 多辆坦克、900 多架飞机和 80 多艘舰艇（包括 6 艘航母）也云集波斯湾。气势汹汹，剑拔弩张。

您看这架势，再看这规模，可比当初杜鲁门总统搞的 10 多个国家组成的"联合国军"雄壮多了，担任这支"多国部队"总司令的就是美国的"猛熊将军"施瓦茨科普夫，和当年他的前辈麦克阿瑟一样，都属于"世界将军"。

看着自己亲手导演的这部真实的精彩大片，布什别提多兴奋了！

虽然布什的"沙漠盾牌"搞得那么厉害，但萨达姆还是一点不怕，这位职业杀手的军队也不可小视，他拥有总兵力 120 万人，坦克 5600 辆，火炮 6000 门，高射炮 4000 门，还有一种他最引以为豪的终极武器，这就是苏联研制又由伊拉克改型的飞毛腿导弹。

萨达姆的如意算盘是：20 年前，美国不就在越南碰得鼻青脸肿吗？既然它打不过越南，那肯定也打不过伊拉克，只要是跑到亚洲国家撒野，美国肯定悲剧！

职业杀手依然嚣张，石油老总更加愤怒，而那位"猛熊将军"施瓦茨科普夫则在前线不断地爆发他的熊脾气，因为老施总觉得华盛顿那帮领导战略不明！

到底部署这么多兵力是防御还是进攻？

要是进攻到底是什么时候？

"猛熊将军"越琢磨心里就越纠结,越纠结脾气就越大。

终于,"猛熊将军"被憋爆了,他一会儿对作战部长大吼"你放屁",一会儿对陆军参谋长大吼"狗娘养的"。就连鲍威尔这位他的哥们儿兼上司,"猛熊将军"也向他吼过"他妈的"这样的经典词汇。

好在鲍将军沉稳老练宽容大度,无论施将军怎么发飙,他都能先接招再化解。他一面柔情似水地好言安抚这位"猛熊将军",一面迅速给布什总统和国防部长切尼汇报计划,并鼓动他们快点明确目标。

很快,施瓦茨科普夫就爽了,因为总统终于下令开打了!

82.必杀技第二招:风暴袭之

1991 年 1 月 12 日,这是一个对布什来说大喜的日子,继拿到联合国允许他暴力伊拉克的"许可证"后,他又拿到了美国国会授予他的开打权。

1 月 15 日上午,本应乐翻天的老布却突然心跳加速,感觉浑身不自在,因为马上要签署开打令了,他异常紧张!

也许每个 BOSS 在作出这样的重大暴力决定前都会不淡定吧。

为了平复一下自己不安的情绪,布什独自来到白宫草坪上溜达了一圈,接着又返回办公室喝了杯茶。一摸心脏,不行,还乱蹦!

于是,总统又拿起电话召见两位和神仙有关的"大法师"——美国圣公大主教和参议院神父,让他们赶紧来白宫一趟,为美国向上帝祈祷,也为他本人向上帝祈祷。这就相当于信佛的人感觉情况不好,赶紧请和尚来念念经差不多。

感觉心跳正常了一些后,布什坐在办公室的高背椅上签署了开战命令,放下笔后他对身边的切尼部长说:"这个命令立即下达。如果今天午夜前,伊拉克宣布无条件撤军,我就收回命令。"

下午,切尼和鲍威尔也在命令上签上了自己的大名,接着发给了前线的"猛熊将军"施瓦茨科普夫,指令他 17 日凌晨 3 点对伊拉克发动全面空袭!

1月17日,憋了很久的"猛熊将军"老施可算是爽歪歪了,玩儿完了"沙漠盾牌"行动的布什总统终于打出了第二招——"沙漠风暴"行动!由老施亲自指挥,行动的宗旨就是一个字,那就是"炸"!

"该是我们一展雄姿的时候了,动手干!"老施果断下令,以美国为首的多国部队的战机把无数炸弹(也有少量英法空军的飞机)和导弹对萨达姆的部队展开无情摧残!

虽说伊拉克也拥有不少性能优异的来自苏法等国的好飞机,无奈伊拉克的飞行员技术太烂,再加上美军的电子干扰把伊拉克的雷达都给鼓捣残废了,制空权很快就落到了"猛熊将军"手里。

把伊拉克的军事系统炸瘫了,远远填不饱布什的胃口,这位生意达人突发奇想:如果直接把萨达姆给炸死了不是更赚? 于是乎,他勒令中情局成立特别小组,搜索萨达姆的藏身之处,无奈这老萨狡猾得很,美国人费劲好几天,愣是没找到他。

有人说,这个职业杀手可能藏在地下迷宫里了,也有人说,他弄了好几个模仿能力超强的"山寨版萨达姆"迷惑敌人(可惜到了小布什时代,萨达姆的隐形功夫失效了,还是获得了被活捉的下场)。

一贯以阿拉伯世界老大自居的萨达姆彻底被布什炸怒了,他决定报仇——别以为只有你们会炸,俺也会炸!

不过这萨达姆倒没有去炸美国,这个难度系数太大了,纵观整个20世纪也就当年的日本鬼子干得出来(当然,21世纪初的本·拉登也干得出),伊拉克,还没修炼到这个境界。萨达姆去炸的,是貌似无辜的以色列。

老萨的如意算盘是这样的:

用炸以色列的方式激怒以色列,让以色列赶紧添乱搅局,这犹太人的以色列和阿拉伯国家可是你死我活深仇大恨多少年了,如果伊拉克揍了阿拉伯国家的死敌以色列,伊拉克岂不是成了阿拉伯世界的大英雄?! 那些和美国一起大反伊拉克的阿拉伯国家岂不是可以转变立场? 如果以色列怒而参战,恨死以色列的阿拉伯国家肯定也得跟着一起打,那美伊战争就变成了全面的中东战争,整个中东搅成烂浆、打成一团,到时候,伊拉克的压力可就小多了!

萨达姆想得很美好,可是商人出身的布什多精啊,他赶紧通知以色列总理沙米尔,让他忍着,千万别来添乱,接着布什又下令拿出爱国者导弹紧急空运到以色列,对付伊拉克的飞毛腿。

打这以后,这两种导弹打来打去,经常在新闻报纸里亮相,已然达到了家喻户晓的地步,很多商家都趁机推出了各种以"飞毛腿"或"爱国者"冠名的产品,有吃的,有穿的,有玩的,有用的,就连我小时候都吃过一种名曰"飞毛腿"的雪糕。您瞧,这萨达姆和布什互发导弹射来射去,商家们却大发其财。

2月23日,布什感觉"沙漠风暴"算是玩得差不多了,就给伊拉克发出了最后通牒,限令萨达姆在纽约时间23日正午(北京时间24日凌晨1点)前无条件从科威特撤军,否则地面战争将开始,空中战斗将升级。

其实在这前后,世界上另一个超级大国苏联也来管这波斯湾的事儿了,脑袋上顶着块地图的苏联领导人戈尔巴乔夫蹦出来努力劝架,无奈布什根本不吃这套,这时候的苏联早已不是昔日那个跺一脚全地球乱颤的超级大国了,自己国内都那个衰样了,还有啥本事劝美国?

对苏联的"天真可笑之举",布什相当鄙视。

很快,限定的时间到了,萨达姆依然没啥动静,布什凶狠地扬起了战刀……

83.必杀技最后一招:军刀劈之

2月24日凌晨,布什的第三招"沙漠军刀"——即地面攻势,正式开打!

在"黑军师"鲍威尔将军的策划下,在"猛熊"施瓦茨科普夫将军的指挥下,美、英、法、沙特、阿联酋、埃及等13个国家组成的"多国部队"对伊拉克军队发起了大规模地面进攻!

同时美军的空降部队、波斯湾美军战列舰上的巨炮和沙特飞来的美军导弹集体出动,真个是雷霆万钧,地动山摇!

"猛熊将军"大显神威,挥师发飙,迅雷之势突袭之、声东击西猛踹之,分割包围狂灭之,厉声大喝怒骂之!

说到这儿,列位要问了,这咋还一边打人一边骂人呢?答:施瓦茨科普夫倒不是骂伊拉克军队,而是骂自己的部队。由于个别下属的行动让"猛熊将军"不太满意,所以狗熊脾气的他火一上来,就对下属大吼,让他们长记性。

哪个领导不骂人?哪个老板没脾气?正常,很正常。

多国部队的武器比较强大,"猛熊将军"的行动实在彪悍。由于早在"沙漠风暴"的时候老萨就失去了制空权,所以在"沙漠军刀"中,他的坦克刚开出来没几步就被美国的反坦克导弹打烂了,老萨心里怪难受的……

虽然老萨很雄武地亲临伊拉克南部前线指挥反击,但由于双方实力悬殊,任凭他怎么使劲,也无济于事。

似乎老萨目前唯一的办法就是吹牛了!他下令伊拉克军方发表战报,说伊军与敌军展开激战,阻止了敌军的进攻,使其遭受重大伤亡。

很多不知情的伊拉克人被成功忽悠住了,他们闻听"喜讯",欢欣鼓舞,大呼"我军威武、总统圣明、阿拉保佑,万岁万岁万万岁!"

这一吹牛型的战报刚发出,老萨的部队就因供应线被切断,导致食品和饮用水严重短缺,又饿又渴的伊军士气一落千丈。

萨达姆这种抽自己嘴巴子的行为引来一片嘲笑。

地面战争打了仅仅100小时,伊拉克军队就全面崩溃了。于是乎,人们把这次暴力行动称为"百时战争"。

2月26日,内心拔凉的老萨命令伊拉克军队全部撤出科威特,不过布什实在够狠,他宣称不相信伊拉克能那么"乖",下令"猛熊将军"老施要继续摧残萨达姆的部队。

于是乎,从26日晚到27日白天,美军飞机异常亢奋地蹂躏伊拉克的后撤部队,由于伊军后撤部队乌泱乌泱地乱作一团,所以美军飞行员压根儿就不怎么瞄准,只要把炸弹随便往下那么华丽地一丢,就能命中一片。

与其被炸死，不如快投降！

为了活命，不少伊拉克官兵果断脱离了他们"万岁的伟大领袖"萨达姆的怀抱，争先恐后地向"自由民主"的美利坚举起了曾经为"伟大领袖"扛枪的双手。

可能是被威武雄壮的美军吓傻了，在投降中，伊军不断犯"二"。诸如：

有一帮伊拉克士兵看到脑袋顶上有美国飞机，就赶紧挥手表示要投降，但飞机没搭理他们，后来才知道原来这是一架无人驾驶的遥控侦察机。

还有一次，美军一辆多功能车在伊科边境抛锚了，这时伊军一辆坦克和一辆装甲车突然冲来，多功能车上的美国兵受到严重惊吓，毫无准备的他们马上举手投降，然而美国兵打死也没想到，从坦克和装甲车里出来的伊拉克士兵不但没有收缴他们的武器，反而把自己的武器交给了他们，原来这帮伊军是来投降美军的！

这就是萨达姆吹嘘的"战无不胜、勇猛无敌"的伊拉克军队的真正素质。唉，看来老萨平时给他们"洗脑"洗得并不太成功……

2 月 27 日，"猛熊将军"施瓦茨科普夫指挥多国部队胜利开进科威特。28 日，布什总统兴奋地宣布"海湾战争停火啦！科威特解放啦！伊拉克战败啦！"

不过前线的老施似乎打上了瘾，憋着劲儿要把伊拉克军全灭，叫嚷着要继续干下去，很有点昔日的血胆将军巴顿灵魂附体的感觉！无奈总统下令停火，鲍威尔再三要求他乖乖听话，老施只能忍住不能再打的内心痛苦，咬着牙无奈地服从了上级的命令。

说到这儿，可能有人要问了，这"多国部队"那么牛、施瓦茨科普夫那么猛、萨达姆又败得那么惨，这老布什为啥不一鼓作气长驱直入端掉萨达姆的老窝巴格达把萨达姆直接灭掉呢？这样不就彻底解决了这个令美国政府头疼多年的大祸害吗？咱要告诉您，布什之所以没有乘胜接着干，就是"见好就收"也！

痛打老萨，但不要打死，这样美军就能以"防着萨达姆、保卫中东和平"的借口在波斯湾地区长期驻军了,这波斯湾地区,可是地球上数一数二的战略要地,美国兵能长期扛着导弹抱着枪在这儿蹲守着,那是多么好的事儿啊……至于萨达姆这个祸害,留着以后慢慢玩,反正他是永远玩不过美国的。

当然,没把老萨一次性干掉的明面上的原因是:联合国没授权。把老萨赶出科威特已经算是胜利完成任务了。

在这场被称为"第 2.5 次世界大战"的局部战争中,美国只死亡 343人,伊拉克挂掉 11 万士兵外加 4 万民众,此乃二战以来美国伤亡最低的一次战争。这是布什一生中做的最大的,也是最冒险、最成功的一笔买卖,他赢得极爽。

战败的伊拉克就惨到家了,战争的破坏、污染和联合国的禁运把这个发源了《爱在西元前》里所唱的那个灿烂文明的地方折腾得半死——经济稀烂、农业倒退、疾病流行、尸积如山! 因战争直接或间接死亡的伊拉克百姓,仅五岁以下儿童就有三万!

这正是:大人物,打得欢,哪管百姓有多惨。你方唱罢我登场,争来夺去不要脸!

作为战争总导演的布什威望大涨,身价倍增,公众对他的支持率狂飙到百分之九十。作为战后对外"打架"的美国总统,他超越了韩战时的杜鲁门,也胜过了越战时的约翰逊。

"感谢上帝,我们一下子把越战的阴霾完全驱散了!"

布什也是发自内心地觉得自己确实很伟大! 在他的领导下,美利坚雄风重振,威名再起,世人再次认识到——原来星条旗的军队还是挺牛的,地球第一实力的名号还真不是吹的,昔日的朝鲜战场和越南战场,也许只是山姆大叔一不留神儿崴脚了而已……

战争结束后,痛扁老萨的两位将星也和他们的领导布什一样,获得了极高的人气。

"猛熊将军"施瓦茨科普夫回国后受到热烈欢呼,游行、盛宴、授勋、访问、演讲……一连串的活动将他团团围住,这段日子他没怎么骂人,因为心情特好,尽哈哈乐了。虽然他在战争结束的 6 个月后就光荣退役了,但他的大名已经作为"战后美国最牛名将"和"现代高科技战争巨星"而载入史册。

老施的上司鲍威尔在 1993 年也光荣退役了。7 年后，这位西方历史上罕有的黑人名将重出江湖，当选为美国史上的第一位黑人国务卿，任命他担当此职的正是老布什的儿子小布什。

而挨了揍的萨达姆，依然不老实，他继续在海湾地区瞎折腾，与美国叫板。他哪里想得到，自己这辈子竟能被父子俩海扁——在被老布什收拾了之后还会被老布什的儿子收拾并最终玩儿完。

2003 年 3—4 月，已主掌白宫的小布什为爹争光，启动了伊拉克战争，美军的表现依旧生猛，伊军的表现依旧很烂，伊首都巴格达迅速被攻克，萨达姆政权被踹翻，俩儿子被打死。同年 12 月，老萨在家乡提克里克被美军生擒。

回顾往昔，历经腥风血雨和无数重击的萨达姆一直岿然不动，用他那西方人看起来巨邪恶的"慈祥微笑"面对镜头。他相信自己有真主保佑永远会化险为夷、遇难呈祥、笑傲一辈子。但这一次，他猜对了开始，却没猜对结局……

最后咱再说说故事的主角老布什先生，虽然打赢了海湾战争使他威名大振，成为民族英雄。但是悲剧的是，很快美国人就发现，他们这位干仗威猛的领导人在内政上简直一塌糊涂。

老百姓嘛，最关心的问题还是过日子。就像咱们中国历史上的秦皇汉武，都属于那种武功显赫的"超级打星"，但他们统治下的老百姓过得并不舒坦。

在布什执政期间，美国经济一直萎靡，经济增长率是战后以来美国最低的 4 年，丢了工作的人就跟被打败了的伊拉克部队一样——乌泱乌泱的！

没几天，美国民众对布什的支持率从刚打赢战争时的百分之九十，猛跌到百分之四十六！

1992 年 11 月，布什在总统大选中惨遭失败，气得布什大骂美国人忘恩负义，自己领导美国打遍地球无敌手的丰功伟绩怎么那么快就不记得了呢?! 骂完之后,布什于第二年 1 月带着无限的悲伤和眷恋离开了白宫。

这一场景,像极了昔日的雪茄肥男丘吉尔——赢得了大战,失去了大选。

好在布什的宝贝儿子算是给老爹争了气,在老爹被踢出白宫的 8 年后,小布什成功地杀入白宫,夺回总统宝座。当然此乃后话,这里不再详述。

退休的老布什基本上成了闲云野鹤,除了享受温馨的家庭生活就是满世界溜达参加一些乱七八糟的活动。他和咱中国的关系一直挺亲密。2006 年 12 月 14 日晚,老布什出席了在北京举行的"万众偶像世界华人慈善夜"活动,老布什和范冰冰亲切交谈,合影留念。这下可好,语不惊人死不休的娱记们纷纷炒作,什么"范冰冰搭上老布什""老布什迷上范冰冰""老布什和范冰冰对喷《墨攻》",等等,整个是天雷滚滚……

顺便说一下,就在老布什和范冰冰会面的十来天后,即 2006 年 12 月 30 日,曾被布什父子轮番暴打的萨达姆悲壮地挂了,他被伊拉克新政府的特别法庭判处绞刑,送上绞架。"职业杀手"终于在暴力下结束了他暴力的一生。

客观来说,这老布什算得上是 20 世纪美国最杰出的总统之一,当然,他的"杰出"只是体现在外交和军事上,而非内政和经济。

1991 年 1 月 7 日的《时代》周刊把布什评为"年度风云人物",封面设计很有意思:布什的脑袋一半彩色,一半黑白,文字标注为:两个布什的故事——国际舞台上具有远见卓识,国内则无所作为。

"一遇到打仗就兴奋,一管起经济就犯困。"这是美国人对老布什的评价。

看来这位老谋深算、胆大包天的总统虽然出身商人,擅长赚钱,却不懂得让美国老百姓赚钱,搞得经济稀烂(其实这也不能完全怪他,有时候经济问题确实不由人)。他的成功买卖都体现在了外交尤其是干仗上,海湾战争就是典型。面对萨达姆的"暴行",他的反应和行动都非常神速,以世界领袖之姿成功组团压之,以世界最强军力破之。身为战时领袖,当过飞行员的老布还算是懂军事的,他只做重大决策,具体的军事部署全部依赖于优秀的军师和大将,放手让他们大干,尽情发挥,终于秒杀敌手。他以商人的精明赢得了这场洗刷越战耻辱的大战。

虽然布什把经济搞得一塌糊涂,为此丢掉了总统宝座,但他失去大选之后,他和他的老婆芭芭拉依然是美国最受尊敬的人物(盖洛普民调),看来美国人民并不是完全"忘恩负义"嘛。

在大选中击败布什的人是一个来自阿肯色州的风流帅哥,他聪颖过人,机智幽默,口才绝佳,热爱美女。他在击败布什成为美国第42任总统后,果然不负美国人的重托,把布什时代搞得很烂的经济又给搞好了!而且和布什一样,他也打赢了一场高科技局部战争,干仗地点是处于欧洲巴尔干地区的科索沃,他的对手和萨达姆一样,都是被西方人誉为邪恶独裁者的乱世枭雄……

被称为"性爱上瘾"的克林顿主导了一场举世瞩目的零伤亡战争,地球上最生猛的干仗团伙"北约"在克哥的教唆下亮出了战刀……

风流狠辣"丑闻帝"
——美国总统克林顿和科索沃战争

84.狂迷政治的小帅哥

话说巴尔干地区自古以来就是个动辄群殴的暴力场所,该场所中的头号群殴达人要算是热爱足球的塞尔维亚(前南斯拉夫的一部分),这是个无比倒霉的地方,人类历史上第一次世界大战就是从这地儿引爆的,20世纪的最后一场大规模局部战争也是从这地儿引爆的。

下面登场的这位爷们儿就是这20世纪最后一战的主打BOSS,他的大名响彻世界、家喻户晓——比尔·克林顿。

和他的前辈肯尼迪、约翰逊一样,这克哥也是个好色总统,其性丑闻曾经轰动全球。

克哥在干仗上也够狠辣,八年总统任内,他拳打索马里、脚踢伊拉克、吓唬海地、教训波黑,最凶猛的一次就是1999年空袭南联盟的科索沃战争,此乃二战结束以来欧洲历史上的第一次大规模战争,以美国为首的北约只用空军就大获全胜,还整出来了个"零伤亡"。

这正是:

风流克哥很无敌,猛男不怕丑闻袭。

拉链为啥关不死?莱温斯基让人迷。

对外干仗更积极,欧亚非拉全出击。

狂轰滥炸是最爱,办倒米洛舍维奇!

话说这克林顿1946年8月19日生于阿肯色州,狮子座。这孩子原来不姓克林顿,姓布莱恩。他亲爹比尔·布莱恩是一汽车推销员,不幸的是,他亲娘怀了他6个月时,布莱恩这位搞汽车的男人就由于超速驾驶被汽车给弄死了。

小布莱恩 4 岁时，他娘又找了个搞汽车的男人结了婚，巧合的是，这个叫罗杰·克林顿的男人所经销的汽车和比尔·布莱恩出车祸时开的汽车都是一个牌子——别克。

打这儿起，小布莱恩就变成了小克林顿（其实直到 15 岁时，克林顿才正式改为后爹的姓）。

小克林顿的后爹不是个好男人，性格暴烈，酗酒成性，喝醉后常对小克林顿他娘拳打脚踢、棍棒伺候甚至拿手枪乱射，克林顿的童年充满了阴影。

14 岁那年，克林顿终于忍无可忍，爆发了。

当他看到酒鬼后爹再次暴力他亲娘时，他抄起高尔夫球棒冲到后爹身旁，厉声大喝："再不住手，我就打得你满地找牙！"

后爹被吓傻了，赶紧收住了他的拳脚。

后来，克林顿他亲娘和他后爹先离婚，又复婚，不厌其烦地瞎折腾。他后爹去世后，他亲娘继续折腾，又结了两次婚，也就是说克林顿的一生中拥有三个后爹。

混成牛人后的克林顿曾说：小时候的家庭暴力对俺政治生活影响不小，使俺学会了理解人性的技巧，无论黑暗的还是光明的，也教会了俺怎么样才能更好地去团结人。

不过也有人分析，克林顿长大后之所以变得那么色情，而且老闹丑闻，也和他小时候暴力的家庭环境有关，黑暗的童年导致他心理缺陷了。

克林顿狂迷政治，似乎是天生。6 岁时他就在教室里认真地阅读报纸，当老师认为这孩子是低着头做小动作时，他大声朗读了报纸上的一大段新闻，把老师和同学们全惊着了。

相比报纸，童年的克林顿更爱看电视，但他不看动画片，而是看美版的"新闻联播"和电视辩论。

读中学时的克林顿思维敏捷，能言善辩，雄心勃勃，对政治越来越爱。

每个年轻人都有自己的偶像，比如咱当今许多小孩都崇拜歌星影星球星之类，克林顿上中学也有偶像——当时的美国总统肯尼迪，只要是电视上一出现这位风流俊男的光辉形象,克林顿就会马上凑过去目不转睛。

1963年夏天,最让克林顿热血沸腾心脏乱蹦的时刻到来了！他作为优秀中学生奔向华盛顿,受到肯尼迪总统的亲切接见,那感觉就跟咱现在的追星小孩和自己的偶像一起见面合影一样心灵震颤。

克林顿从此立志杀向政坛,当总统的欲望腾腾燃烧,不可熄灭！而在此之前,他的梦想是当音乐家,因为他吹萨克斯管的本事甚是了得,还拿过州一等奖。

肯尼迪总统的才华彻底征服了克林顿,日后他处处以肯尼迪为榜样,也不知他的好色是不是也是受了肯尼迪的影响。

中学毕业后,克林顿先后在三所大学(即美国的乔治敦大学、英国牛津大学和美国耶鲁大学)好好学习天天向上,27岁努力拿下法学博士学位,大学毕业后当过一阵子大学教授。当然,教授始终不是克林顿的所爱,当一名美利坚合众国政府的领导干部才是他的梦想。

1976年,30岁的克林顿成功当选为家乡阿肯色州的总检察长,两年后迅速升级,首次当选为该州州长,此后虽在1980年再次竞选州长时失败,但在1982年卷土重来,夺回了州长宝座,并且一口气连任4届,成为"毛驴党"一颗小有光芒的新星。气定神闲之后,克林顿又把目光瞄准了白宫。

这克哥玩政治时既像不怕老虎的牛犊,又像机灵机敏的猴子。他仗着绝佳口才,一面忽悠选民说自己能让百姓日子红火,一面攻击政敌把他们说得一钱不值。不少选民都觉得这位年轻政治家谈吐幽默,亲切温暖,活力四射,值得信赖。

在竞选中,克哥尽显非常才华。某次在新罕布什尔州的一个小机场,克哥突然遭遇需紧急处理的政治事件(有人指责他当初耍花招逃越战兵役),他二话不说就拉着老婆及三名政治助手迅速冲进机场的女厕所！

在女厕中,克哥和老婆及助手紧急开会商讨,快速想出了应对方案,接着他淡定地走出女厕,面不改色心不跳,充分展示了一名优秀政治家的超强本事。

1992年11月,"毛驴党斗士"克林顿在大选中成功击败了刚暴打萨达姆成功的"大象党老将"老布什,当选为美国第 42 任总统,这一年他 47 岁,是继肯尼迪之后最年轻的美国总统,也是第一位战后出生的美国总统。1996 年 11 月,他再次竞选获胜,连任总统。克林顿不仅是 20 世纪最后一位美国总统,也是 21 世纪第一位美国总统。

一个集繁荣昌盛、残酷血腥和淫荡色情于一体的时代到来了……

85.色字头上一把刀

在政治拼搏的日子里,这克林顿离不开一位美女的帮助,她就是至今仍活跃在世界政治舞台上的希拉里·克林顿。

话说希拉里比她老公克林顿小一岁,和老公是耶鲁时的同学,不但相貌身材一流,而且智商极高,无论是搞法律还是搞政治都特擅长。

在克林顿打拼政坛时,希拉里或出谋划策,或密切配合,堪称一位才貌双全影响极大的超级猛姐。在克哥离开政坛的多年后,希姐依然活跃,并在 2009 年当上了奥巴马总统的国务卿。此乃后话,这里不再多叙。

这克林顿老婆虽佳,无奈风流本性难改,美国前总统福特更是惊悚地说他"性爱上瘾",需要专业的医疗救助。

克林顿平生做下的色情壮举中最著名的一件,便是"莱温斯基事件",也称"拉链门事件",堪称 20 世纪政治家桃色八卦中最轰动最牵动人心的一幕,吸引着全世界无数人的眼球。

据美国的档案披露,有好几次克林顿和莱温斯基在白宫办公室偷情时,希拉里也都在白宫。在老婆眼皮底下大干这事儿,克哥何其骁悍也!

其实这"莱温斯基事件"只是克哥平生主演的 N 多性丑闻之一。被各种美女控诉"性骚扰"或"强奸",对克林顿来说已是家常便饭。

早在当总统之前,克哥就欠下了一屁股风流债,入主白宫后依旧保持着英雄本"色",具体案例有:

"州长竞选团"志愿者胡安妮塔小姐说克哥强奸她,还说自己在"反抗中下唇都被咬肿了";

夜总会歌手珍妮弗·弗劳尔斯小姐说她给克哥当了 12 年的小三;

"美国小姐"伊丽莎白·格雷森小姐说她和克哥发生了"一夜情";

"阿肯色小姐"萨莉·珀度小姐说克哥对她性骚扰;

阿肯色州政府雇员葆拉·琼斯小姐说克哥在酒店里向她提出"性要求";

白宫实习生、51 岁的凯瑟琳·维莉大妈说克哥对她非礼(这个口味相当重了);

白宫实习生莱温斯基小姐和克哥被爆偷欢 30 次,轰动全球,以至于克哥遭遇弹劾,险些倒台,莱姐也成为名满世界的"史上最牛实习生";

此外,声称或被爆和克哥有染的女同胞们,还有律师、学生、空姐乃至妓女。

由此看来,希拉里能成为伟大的魅力女性说明这样一个道理:一个伟大女人的背后,总有一个花心的男人……

除了擅长搞性丑闻外,克哥还擅长搞政治丑闻,各种由他主演的"门"层出不穷,花样翻新,如:

"白水门事件"——和一名曰"白水"的房地产公司搞幕后交易;

"旅行门事件"——解雇白宫旅行办公室主任以安插自己的好友;

"档案门事件"——调阅共和党政府官员档案大玩作弊;

"特赦门事件"——收人好处,特赦诸多罪犯;

…………

了不起的克林顿,光荣地成为 20 世纪政坛最牛的丑闻高手,绝对一名副其实的"丑闻帝"。说到这儿,列位要问了,这克林顿那么好色那么胡搞,怎么还能稳坐白宫 8 年而且人气一直挺旺呢?

这咱得告诉您,因为这"丑闻帝"的政绩太出色了,所以美国人民原谅了他。

这就是:只要你让百姓过得好,管你乱搞不乱搞!

在克林顿的英明领导下,美国的经济和就业机会噌噌上涨,少女怀孕率哗哗下降。1998 年,美国预算出现了 700 亿美元的盈余。在克林顿时代,一种全新的产业开始蓬勃,这就是咱们今天离开就不能活的互联网。

克林顿在国内搞得不错,在国外搞得更火。执政期间,"丑闻帝"冲出美国走向世界拳打脚踢到处逞能。他仗着自己国家有钱有势，武器精良，谁也不怕，把美利坚的"自由民主"发扬光大。

当时世界上的其他几位国际牛人，无论是俄罗斯总统叶利钦还是法国总统希拉克，不管是英国首相布莱尔还是德国总理科尔，论折腾本事尤其是干仗能力皆不如克林顿。在"暴力"领域，克林顿绝对是独领风骚、气盖群英！

按说这克林顿搞政治搞经济搞丑闻都挺拿手，搞军事却是外行，而且他当总统前对军事也没多大兴趣，年轻时还逃过越战兵役。如今，他已经是一个总喜欢用暴力手段帮助他国实现"自由民主"的大国 BOSS 了，加上当时的国际形势波诡云谲，"瞎胡闹"的独裁者越来越多，所以克林顿不但必须要搞军事，还要使劲搞才行。

这克林顿到底是脑子好使，又有五角大楼的一帮军事精英在身边出谋划策，他搞军事搞得相当成功。

克林顿认为，他们美国现在可了不得了，在地球上的领导作用从未像现在这样重要，一定要抓住机遇，确保美国的安全和世界的和平，如果谁敢破坏美国的领导地位，美军要迅速做出反应，要确保美国能够用"少而精"的军队"打赢两场几乎同时发生的大规模地区战争"。

克林顿雄心万丈，为了"美国的安全"及"世界的和平"，他该出手时就出手，打遍地球四大洲！撩胳膊挽袖子对那些威胁美国的以及他认为威胁世界和平的国家实施无情暴打。克林顿时代，在中东、在拉美、在非洲、在欧洲，都能看到美国兵全副武装大打出手的像极了好莱坞战争大片的真实画面。世人惊诧地发现，这位风流哥不但搞丑闻时勇猛无敌，搞战争也是无所畏惧！

想当年，尚未成年的克林顿就敢手握高尔夫球棍殴其后爹，看如今，已是地球最强国之主的他更是敢手握世界最先进的武器装备，对付一切"邪恶力量"……

86.再扁"刺猬"萨达姆

在克林顿狠揍的"邪恶力量"中,有一个是美国的老朋友了,他就是咱前面说过的伊拉克总统萨达姆·侯赛因,美国人称他为"美国手里捧着的刺猬"。

自从在海湾战争中被老布什痛扁之后,老萨只是暂时老实了一阵子而已,等到缓过劲儿来,他又开始折腾了,真是屡教不改。

当萨达姆听说海扁他的敌手老布什在总统大选中惨败后,乐得眉飞色舞,对天鸣枪,兴奋大呼:"真主英明!"接着就开始不停地给美国捣乱。

此时沉浸于欢乐之中的萨达姆可想不到,新上台的克林顿亦非善茬,他揍人的力度不比老布什差半分。

早在大选时,克林顿就抨击老布什政府,说海湾战争打得并不成功,老布什太软弱,结束战争太早导致后患无穷。

您瞅克哥这话的意思多明显,老布什把老萨都打成那样了还不算成功?那克哥上台后肯定要把老萨活活打死喽?就算打不死,也能把他彻底打服喽?

事实证明,克哥在大选中所说的并非吹牛,他的上台,标志着老萨的苦日子再度降临。

1991年海湾战争后,美国为了防止老萨闹事,就在伊拉克的北部和南部设立了禁飞区,顾名思义,这些地儿不许伊拉克人乱飞。

你不让他乱飞,他就不乱飞了?萨达姆如果那么听话,他还是萨达姆吗?

自打"禁飞区"设立之后,老萨就隔三岔五派兵到"禁飞区"溜达一圈,每次来溜达,美国都会气得半死,接着先警告,再轰炸,而老萨兴致勃勃地和美国玩起来了"汤姆和杰瑞"的游戏:你警告,我不听;你来炸,我就撤。

到1996年8月31日,越玩越大的老萨不顾美国警告,派出4万伊拉克大军和450辆坦克加上大批直升机明目张胆、旁若无人地进入北部禁飞区。

倒霉孩子要倒霉！克林顿果断下手,于 9 月 3 日和 4 日连续往伊拉克发射了多枚战斧式巡航导弹,还说要让萨达姆在战略上的处境更为不利,同时又把禁飞区的地盘给扩大了,直接扩大到伊拉克首都巴格达郊区!

你越得瑟我越整你,看谁狠!

萨达姆继续上演"汤姆和杰瑞",和克林顿"逗你玩"——我闹事,你来打;你来打,我就服;我服了,你就撤;你撤了,我再闹……周而复始,乐此不疲。

两年后,即 1998 年 12 月,克林顿再次殴打萨达姆,这次克哥也玩得挺大,跟他的前任老布什玩的"沙漠风暴"相似——也是大规模空袭!原因还是伊拉克不听话,这次可不是不听美国的话,而是不听联合国的话——联合国武器核查委员会要监督伊拉克销毁大规模杀伤性武器,即所有生化武器和威力大的弹道导弹等,但萨达姆就是不配合。

克林顿很生气,这些年来萨达姆在武器核查问题上老是"调戏"联合国,这事儿美国不能不管。

12 月 17 日凌晨,克林顿没经联合国授权就对伊拉克发动了大规模空袭,代号"沙漠之狐"——和二战时德国名将隆美尔元帅的绰号一样。

这一次,克林顿不光是自己单干,还拉上了亲密盟友、同是年轻俊男政治家的英国首相布莱尔一起联合对付萨达姆,数百枚"战斧"导弹再次飞到了萨达姆的脑袋上。

萨达姆"流氓会武术,谁也挡不住"的劲儿又上来了,表示死也不服,又号召伊拉克人民英勇抵抗,直到胜利!

然而萨达姆虽然很流氓,但克林顿比他还流氓,一番天雷地火天崩地裂过后,伊拉克的一些政府大楼、通信线路、工厂、机场以及军事设施都被美英军队炸得一塌糊涂。

克林顿甚为欣慰,于三天后发表电视讲话,说这次空袭"严重打击了伊拉克生产大规模杀伤性武器的能力,胜利完成任务"。他还警告萨达姆,如果你想再闹事,我还揍你!

这克林顿还真不是吓唬人,到了 1999 年,美国又以老萨不听话为借口,对伊拉克进行了数不清的轰炸,老萨的军事设施确实被炸烂了不少,可怜伊拉克的老百姓也遭受了重大伤亡。

不过克林顿虽然够狠,但在他的任期内,始终没能把萨达姆彻底干掉,胜利完成端翻萨达姆政权这项"辉煌壮举"的 BOSS 乃是他政治对手老布什的儿子,这位老兄的形象比克林顿差很多,但干仗的积极性有过之而无不及。此乃后话,不再多叙。

中东这边算是炸得比较成功,克林顿基本上挺满意。

可是这个世界上的闹事分子何止萨达姆一个,克林顿需要忙活的还有很多。在非洲就有个国家也出了一个和萨达姆一样的"邪恶分子",克林顿也狠狠揍了他,这个非洲国家就是以海盗闻名全球的索马里。有一部挺经典的战争大片名曰《黑鹰坠落》,便是以美军的这次军事行动改编的。

87.黑鹰坠落折了面,吓唬海地捞回来

话说索马里这个非洲东部小国是个很穷很暴力的国家,经济落后百姓贫困还整天军阀混战匪盗横行,真个是越打越穷,越穷还越打。

20 世纪 90 年代初,索马里两大武装帮派的老大迈赫迪和艾迪德在首都摩加迪沙打得不可开交,其他十多个互相敌视的政治军事团伙趁机凑热闹,为抢地盘展开互殴,各地土匪也到处烧杀抢掠,本来就穷得要死的索马里更是雪上加霜,两年内有 30 万—50 万人死于饥荒,还有 100 多万难民到处流窜要饭。索马里乱如烂浆,联合国虽然派兵"维和"但费了很大劲也"维"不了,这时一贯喜欢"助人为乐"的美国一看,这事儿咱可不能不管,于是他们很仗义地来管了。老布什当政的时候,就于 1992 年11 月派出 2 万 5000 名士兵奔赴索马里拯救当地人民,号称"恢复希望"行动。

12 月,美军迅速占领索马里首都摩加迪沙,索马里的暴力团伙一看美国兵的武器装备比自己牛,全都暂时溜之,还表示从此再也不乱打仗

了,要实现"全国和解"。

然而大好形势没过多久,美国兵就悲剧了,索马里实力最强的军阀头子艾迪德对美军的干涉极端不爽,假装老实了不到三个月,他开始闹事挑衅。

1993 年 2 月底,艾迪德的武装发动暴乱,不断在摩加迪沙袭击美国兵;6 月,艾迪德武装又用"堆石头挡之、发火箭攻之"的手段对抗联合国维和部队。

克林顿从老布什手里接管了索马里这个烂摊子,他宣布要帮助索马里建立一个好政府,帮助的方法就是扩充美军力量狠狠打击艾迪德!

然而事与愿违,无论美国出动了多么精锐的部队,如威名赫赫的巨牛级反恐武装"三角洲部队"及超级精锐部队"游骑兵";使用了多么发达的武器,如 AH-1 眼镜蛇攻击直升机;喊出了多么高额的悬赏,如 2.8 万美元(这可是 20 世纪 90 年代初的近 3 万美元啊),也抓不到,更打不死嗜斗成性、狡诈多变的艾迪德。

1993 年 10 月 3 日,最恐怖的事情发生了!

艾迪德武装很勇猛地击落了两架美军"黑鹰"直升机,打死了 18 个美国大兵。为了糟践和恐吓美国人,艾迪德分子还拖着美国大兵的尸体在摩加迪沙街头示众!这幅画面通过电视传遍了全世界,美国人受到严重刺激,百分之六十的美国人开始强烈反对美军在索马里的行动,纷纷要求政府撤军。压力很大,克林顿感觉再这样下去,有损自己形象,对美国也实在没一点好处,他可不想变成约翰逊那种被战争屎坑毁掉的总统。无奈之下,克林顿于 1994 年 3 月撤出了索马里的全部美军。

这次在非洲的军事行动,最终以美国的失败而告终。索马里,继续很穷很暴力地折腾着。在战乱中,很多索马里人发现有一种挺刺激的工作可以迅速脱贫致富,那就是当海盗!

于是乎,索马里海盗人数飙升,对世界的危害也越来越大……

虽然克林顿在非洲受挫,但在拉美却捞回了面子,不但成功地办倒了敌人,还玩了一次"不战而屈人之兵"。这一行动地点是海地。

话说这海地共和国是拉美第一个独立的国家,但独立后没捞到啥好处,政治经济一团糟,领导人胡搞,老百姓受穷,美国还老来干涉,海地成了世界上混得最惨的国家之一,状况比惨不忍睹的索马里略微强点。

1991年9月,美国力挺的海地总统阿里斯蒂德被军队司令塞德拉斯将军干翻了,阿总统泪流满面地逃到了星条旗的怀抱,哭着喊着求保护。

新上台的塞将军和美国关系很糟糕,当联合国安理会派出主要由美军组成的部队来帮助海地"重建民主"时,塞将军派人高举写有"欢迎来到摩加迪沙"的横幅来羞辱美国人,这美国刚在索马里栽了跟头,海地人就故意哪壶不开提哪壶,狠揭美国人的伤疤!

克林顿又愤怒了,这事儿不管可不行。对美国来说,海地可比索马里重要多了。拉美地区是美国的后院,后院出了乱子,美国能睡踏实吗?克林顿于1994年5月6日鼓动联合国对海地实施全面贸易禁运,并冻结海地领导人的银行账户,但那位塞将军依旧欢腾,看来不来点硬的不行了。

同年9月19日,在克林顿的主导下,一支多国部队登陆海地首都太子港,一周后军队人数增至2.2万人,其中2万人是美国兵。同时克林顿又派出自己的前辈同行——前总统卡特奔赴太子港和塞将军谈判。

克林顿这左手枪炮右手橄榄枝的招数还真就打败了塞将军,事实证明,海地比索马里容易搞。在美国兵的威胁下,在卡特前总统的忽悠下,塞将军无奈地放弃了自己的权力。10月15日,被他干翻的阿总统终于回国。接着,克林顿为了让这个国家别再闹事,快速收缴了他们的3万件武器,免得他们哪天玩暴力的瘾又上来了抄家伙乱打。

不用打,敌人就自动认输,克林顿甚是得意。不过这种好事并不是在所有地区都行得通,像前面咱说的伊拉克、索马里这些地儿,任凭美国怎么打,他们总是不服!同样,在欧洲有一个地区,对克林顿来说,也是必须要使劲打一下的。

这地儿就是素有"欧洲火药桶"之称的巴尔干半岛,此地最令人崩溃的部分便是前南斯拉夫那片儿,整个跟火锅似的——滚烫沸腾,乱七八糟,啥料都有。

这前南斯拉夫为啥要加个前呢?因为这个国家已经没有了。咋没有了呢?真是说来话长。

88.狠揍波黑——打你,是为你好

咱在讲希特勒的时候说过,南斯拉夫还健在时,出了个名叫铁托的无敌牛人,此人乃南共领袖和南人民军元帅,拥有革命家、政治家、军事家、外交家等一大串光辉头衔,更兼风流多情,先后娶了四个老婆,一个比一个年轻,一个比一个美艳。铁托虽是小国 BOSS,但英雄虎胆,坚不可摧,敢打希特勒,敢顶斯大林,精心打造了南斯拉夫社会主义联邦共和国(1963—1992 年存在于这个地球上)。

铁托搞得定希特勒、搞得定斯大林,却怎么也搞不定民族问题。这"南联邦"是由六个共和国组成的,六国内民族众多,关系复杂,由于历史上老打来打去,一直互不待见,谁看谁都别扭,甚至恨不得弄死对方。

铁托在世的时候,"六兄弟"还能勉强手拉手展现出一片貌似亲密其乐融融的温馨和谐状态,当铁托于 1980 年去世后,他们暗藏的矛盾终于爆发。

1992 年,在这些民族的共同努力下,"南联邦"像切蛋糕似的,"咔咔咔"分成了好几块儿,它们分别是:前南联邦的"缩水版"南斯拉夫联盟共和国(由塞尔维亚和黑山两国手拉手组成,算是前"南联邦"主体部分)、体育强悍的克罗地亚共和国(曾摘得 1998 年世界杯的季军)、全国一半土地都是森林的斯洛文尼亚共和国、经济最烂的马其顿共和国和经济也很烂的波黑共和国(全称"波斯尼亚和黑塞哥维纳共和国")。

本来这五个共和国已经够乱的了,但还有更夸张的。"五兄弟"之一的波黑共和国内部又犯了病。

话说这波黑境内有三个主要民族,即穆斯林族、塞尔维亚族和克罗地亚族,仨族互相鄙视互相仇恨,他们觉得大伙分裂得还不够彻底,应该再努力努力,于是乎,仨族连年混战,不但玩儿命互殴,还互相屠杀,兴致勃勃地上演"波黑版的三国演义"。

仨族不但相互屠杀,而且花样翻新,它们的杀戮手段包括开膛、断肢、剜眼、剥皮等酷刑,触目惊心,毛骨悚然,令人作呕。

仨族不但互相杀戮,还互相强奸,比如塞族士兵经常强奸穆族女子,克族士兵经常强奸塞族女子,而且都是大规模的集体强奸,简直令人发指。

现代历史上的不少事实告诉我们,这个世界上无论出了什么大事,总是有超人一般的美国来拯救。本来这波黑互殴的事儿,应该由欧共体("欧盟"的原始版)和联合国来管,但美国坚决认为离了自己地球就没法转。

这不,波黑一乱,美国人又来了。

本来这克林顿对波黑的事儿兴趣不大,一是美国在波黑没啥太大的利益,二是克哥刚在索马里玩砸了,国际上对美国维和的支持率大大降低,克哥自己也有了心理阴影。但没多久,克林顿的思想就转变了。这是为啥呢?

原来自从波黑打成一锅糨糊以来,那欧洲人累得跟三孙子似的也搞不定自己的问题,俄罗斯又突然跑来凑热闹,在波黑忙活来忙活去,大有争抢美国风头的意思。此乃促成克哥思想转变的国际因素也。

波黑杀戮的恐怖画面传到美国后,美国人一看,感官和灵魂大受刺激,顿时有了种拯救这些不幸人类的使命感,怎么个拯救法呢? 那就是支持美国政府去波黑管一管。此乃促成克哥思想转变的国内因素也。

看来国内外大势所趋,克林顿终于得以开始放手大干了。

由于前不久在索马里吃了哑巴亏,所以克林顿这次决定谨慎行事,先不整暴力,而是耐心地劝架。

1994 年 2 月 23 日—3 月 18 日,美国政府对着波黑一声召唤,穆族和克族的代表都被请到华盛顿"喝茶用餐",在克林顿磨破嘴皮的温柔规劝下,穆族和克族终于暂时消停了,他们表示:摒弃前嫌手拉手,和平发展不互殴。

克林顿乐坏了,认为这是"实现波黑和平的第一步"。不过穆族和克族不闹了,塞族依旧猖狂。

此后,穆、克两族开始联手去殴打实力最强的塞族,很有些刘备、孙权合伙打曹操的味道。克林顿力挺穆、克两族,对塞族怒目横眉。

塞族仗着自己兵强马壮根本不搭理美国，更不搭理欧共体和联合国。后来美英法德俄五国联合起来好不容易鼓捣出一个和平方案，说尽好话劝塞族接受，愣是被塞族当成臭狗屎给扔得远远的。这下可好，软硬不吃的塞族，惹怒了整个西方世界。

克林顿，终于可以名正言顺地再次使用暴力了！

1994 年 11 月，在克林顿的积极推动下，一个拥有地球最强高科技尖端武器的团伙对波黑塞族阵地进行狂轰滥炸，这个"团伙"便是咱特别熟悉的"北约"。

在前面讲杜鲁门干仗史的时候咱就说过，该"团伙"是杜鲁门拉扯一帮"自由民主"的小弟兄如英法意加荷比丹葡等国组团而成的，当初的目的是对抗苏联为首的红色阵营，后来苏联解体了，苏联搞的同样性质的"团伙"——"华约"也完了蛋，而"北约"却越发雄壮，还吸收了苏联的"小弟"如捷克、匈牙利、波兰、保加利亚、罗马尼亚、阿尔巴尼亚以及拉脱维亚、爱沙尼亚等，为了欧洲人民的"民主自由"继续保持着强大的武装力量。"北约"最重要的军事指挥部门——北约欧洲盟军最高司令部的总司令，都由美国将军担任。

自打 1949 年北约成立以来，虽然牛气烘烘装备无敌但一直都在"冷战"中瞎晃悠，没啥真正掐架的机会，而这次波黑战争，北约终于尝到玩暴力的滋味了。

继 1994 年 11 月炸了塞族阵地后，北约又于 1995 年 5 月炸了塞族军队的弹药库，8 月—9 月更是对波黑首都萨拉热窝（又是这个惊悚的祸乱城市）等地的塞军阵地进行了大规模轰炸，共出动飞机 3200 架次，总投弹量超过 1 万吨，美军的"战斧"导弹又一次闪亮登场，凶猛出击。

这次空袭的规模仅次于三年前老布什主打的海湾战争，被称为"北约高新技术武器的试验场"。

这下波黑塞族彻底尿了，它的指挥控制通信系统集体崩溃，连塞军总司令也悲伤地承认，自己的军队遭受了空前的伤亡和损失。

塞族再也横不起来了，只好坐下来和谈。克林顿的"以炸迫和"终于大获成功！

1995 年秋天,在克林顿的主持下,昔日打得不可开交的三方开始了貌似友好的谈判,同年 12 月,参战三方正式签署了《代顿和平协议》。这场至少挂掉 25 万人的残酷战争终于结束了。看来,美国在地球大事件中所发挥的作用,还真是独一无二、无可替代。美国政府的领导干部们越来越相信,他们,还真就是超人,真的可以拯救世界……

虽然美国和北约对波黑实现和平也算是功不可没(当然,这一切归根到底还是为了自己的利益,正所谓无利不起早,这些事儿,美国干得越成功,欧洲就会越依赖美国),但他们并不能彻底消除巴尔干半岛尤其是前南地区的民族矛盾,这些民族只是在外人的强制下才被迫假装牵手的,心里依然互相不待见。

这种和平相当脆弱,火药桶还是火药桶,随时可能再爆。

克林顿为这事儿欣慰没多久,这片儿不打不欢乐的地方又出事了。克林顿即将主打一场他任期内最大规模的战争,也是 20 世纪最后一场战争。

克哥这次干仗的地点和他所要干的敌手,说出来您应该不会陌生——科索沃和米洛舍维奇。

89.娃娃脸的猛人

话说科索沃这地儿位于塞尔维亚和阿尔巴尼亚之间,面积只有 1 万多平方公里,它周边民族忒乱,在历史上跟个宝似的经常被别人抢来抢去。保加利亚人、拜占庭人、塞尔维亚人和土耳其人都曾经霸占过它。

巴尔干半岛的一代伟人铁托元帅打造和统治前南联邦的时候,科索沃作为"自治省"老老实实地归属前南,很听老铁同志的话。然而随着老铁的去世和前南的解体,科索沃出事了……

这科索沃地区活跃着不少具有阿族血统(即阿尔巴尼亚血统)的人,当"前南"乱成一锅粥的时候,他们哭着喊着也要独立,为此还专门搞了一支名曰"科索沃解放军"的武装。

科索沃的独立要求,遭到一个人的强烈反对和严酷镇压,此人便是米洛舍维奇。

斯洛博丹·米洛舍维奇,长得一张可爱的娃娃脸,曾被咱中国人亲切地称为"老米",此君比他未来的对手克林顿大 5 岁,乃塞尔维亚人,生于1941 年,逝于 2006 年,狮子座。

老米刚出生他爹妈就离婚了,老米 21 岁时,他爹感觉活着没意思,开枪自杀了;老米 33 岁时,他娘觉得没活头了,上吊自杀了。于是夸老米的人说,他爹妈的悲剧使他性情变得坚毅刚猛,贬他的人则说,爹妈的悲剧导致他冷酷扭曲。

老米毕业于贝尔格莱德大学法律系,当过南斯拉夫最大银行——贝尔格莱德银行的行长。51 岁时,即 1990 年 12 月,老米光荣当选为"南联邦"六大加盟国之一塞尔维亚共和国的总统,"南联邦"解体后,他又于1997 年 7 月当选为由塞尔维亚和黑山组成的"南联盟"的总统。

老米平时爱好喝加冰块的威士忌、吸意大利烟,能讲流利的英语,喜欢他的人认为他坚强勇敢,忠诚祖国,是继铁托之后最受塞尔维亚人爱戴的英雄领袖;痛恨他的人(比如克林顿等西方首脑)认为他残忍狡诈,专横好斗,血腥残暴,简直和希特勒有一拼,称他为"巴尔干屠夫",就连他的老婆、积极支持他的米娜女士也被西方媒体称为"巫婆"。

不管怎么说,有一点大家公认,老米是个挺能折腾的狠角色,非常擅长干出轰动全球的壮举。

波黑内战的时候,身为塞尔维亚人的老米自然力挺波黑的塞族,西方指责他的军队在战争中犯下了种族屠杀的暴行,老米娃娃脸一沉:俺们自己的事儿俺们自己管,你们这帮老外吃饱了撑的少来管闲事儿!

波黑消停了之后,科索沃又闹独立,老米认为铁托打造的"南联邦"虽然完蛋了,但他的"南联盟"还在,科索沃就应该听"南联盟"的。

科索沃的阿族人怒了,他们的解放军英勇袭击了塞尔维亚和"南联盟"的部队,还杀了不少塞族人。

老米也怒了,于 1998 年 3 月下令军队大举进攻科索沃解放军和科索沃平民。这时候,联合国和北约都出来劝架,但老米死活不听。

1999 年 1 月,恐怖事件发生了,人们在科索沃南部一个叫拉卡克的小村镇发现了 45 具尸体,死者都是阿族人,且都死于枪弹!

美国和西方盟国认定这绝对是塞尔维亚人干的好事!

米洛舍维奇立马跳出来声称,被打死的都是科索沃的阿族恐怖分子,还说美国及其西方盟友都是维护阿族恐怖分子的家伙,并下令前来科索沃调查真相的欧安组织观察员赶紧滚蛋!

3 月 20 日,由于老米态度强硬,欧安会还真就"滚蛋"了,紧接着老米的部队就对科索沃的城市和村庄发动了大举进攻!

老米不听话,西方诸国很生气! 本来美国及其盟友们的美好计划是这样的:让老米答应科索沃先自治,接着依靠民意来决定它独立与否;老米的部队必须全部撤出科索沃,让北约部队来"维和"。

美国及其盟友们还有一个目的,就是削弱俄罗斯在南联盟的影响。瘦死骆驼比马大的俄罗斯长期以来一直让他们不爽。

美国及其盟友们想得很美好,但老米不是傻子,这不是侵犯俺们南斯拉夫的主权吗? 老米坚决不从,誓死抵制,继续对科索沃动武。这下彻底激怒了美国及其盟友,北约诸国的 BOSS 们一商量,决定对老米下手,炸他! 而且他们认为,干这事无须联合国授权。

此时有两个美国大腕儿坚决主张狠揍老米,他们要打架的欲望超过了他们的领导克林顿,这二位一男一女,都属于凶猛的鹰派人物……

90. 雌雄双鹰

咱先说说"雌鹰"。

这位女士名叫玛德琳·奥尔布赖特,生于 1937 年,金牛座,乃一捷克移民,他们家由于纳粹的迫害才逃到美国的,她毕业于哥伦比亚大学,获得了博士学位。

该女的相貌身材都不咋样,但智商特别高,胆子特别大,能力特别强。她曾是一名温柔的贤妻良母,但 45 岁时突然被老公抛弃——老公在外面找了个年轻漂亮的女记者,奥女士的大脑受到严重刺激,从此丧失女人味,变成了一位性格彪悍、行事凌厉、比爷们儿还爷们儿的政治猛女。

1997 年，奥女士被克林顿任命为国务卿，成为地球最强国的外交掌门人，她也是美国史上第一位担当此职的女性。

自从米洛舍维奇闹腾以来，奥大妈就对他恨之入骨，认为老米这个"十足的恶棍"是"希特勒再世"，必须使用强大的军事力量狠揍他才能让他老实。她是克林顿政府中最凶狠的主战鹰派。在一般情况下，扮演这种狂猛鹰派角色的都是军人，像奥大妈这样的文官，而且还是女文官，如此强硬生猛，实属罕见。

奥卿的经历告诉我们这样一个道理，一个不忠的老公和一个无耻的小三很可能把一个女人变成心理变态、令人胆寒的疯狂娘儿们！当然，前提是这位女人必须具有潜在的强大小宇宙。

和奥卿一样对老米深恶痛绝的"雄鹰"名曰韦斯利·克拉克，身份是北约欧洲盟军最高司令。

克拉克生于 1944 年，摩羯座，自幼迷恋军事，在西点军校上学时成绩一直是第一名，争强好胜的心理极端严重，不说学习成绩，就连随便玩玩网球和慢跑锻炼，也必须拿第一，否则死的心都有。

克拉克的哥们儿克里斯曼中将对他推崇备至，说他是个"绝对无畏的猛士。不但随时准备打仗，而且随时准备打胜仗。如果你要上战场，肯定希望由他指挥，不论是连，是营，还是旅"。

1997 年，54 岁的克拉克被任命为北约欧洲盟军最高司令。克将军一贯主张对不听话的国家进行暴力，早在克林顿干涉波黑时，他就积极参与策划，还曾花费三年时间专门研究米洛舍维奇的一言一行一举一动，绝对做到了"知己知彼"。

这次老米闹事后，克拉克强烈渴望率领北约大军狂扁南联盟，当他听说科索沃有阿族人被塞维尔亚人屠杀后差点乐疯了，他说："我终于逮着他们的尾巴啦！等的就是这个！"

有人对克拉克将军有这么一个经典评价：一个天赋、才智、自负和顽固的疯狂混合物！

不过克拉克的好战态度得不到华盛顿那帮高层领导的力挺，除了彪悍大妈奥卿外，其他头头如国防部长科恩等人都对科索沃动武的事持怀疑态度,他们担心如果打不赢,情况会更糟。

克拉克特别鄙视这帮磨磨叽叽的文官,而文官也特别不待见疯疯癫癫的克拉克。

说到这儿,列位要问了,身为最高领导的克林顿是啥态度呢?

这克林顿啊,正忙别的事儿呢。

老米闹事时,正赶上在白宫工作的一个大胖妞也跟着闹事,该胖妞就是咱们提到多次的莫妮卡·莱温斯基小姐。"莱温斯基事件"搞得克林顿焦头烂额身心疲惫,国会要弹劾他,总统位子即将不保。克哥满脑子都是怎么才能保住屁股底下的位子。至于老米,实在没啥工夫搭理,爱咋咋地吧。所以对打南联盟的事儿,克哥真没多大热情。而美国媒体对莱姐的兴趣也远远超过了那个遥远的老米。

虽然在发动战争这事儿上,克林顿的表现没有他的国务卿和将军那么活跃那么激情,但他最终还是同意了开战,于是就有人猜测,克林顿之所以对南联盟动武,是想分散或转移人们对他性丑闻的关注,以此来摆脱这个麻烦。1999年3月24日,在美国的主导下,身为19国联军老总的克拉克将军正式抽刀砍向米洛舍维奇——从意大利基地起飞的美国B-52轰炸机和亚得里亚海的美国巡洋舰同时发飙,对南联盟首都贝尔格莱德等十大城市以及科索沃的塞尔维亚军事设施发射了第一批巡航导弹,拉开了空袭的序幕。

这次代号"联盟力量"的暴力行动和以前美国主导的很多暴力行动一样,没有得到联合国安理会的明确授权。只要美国想动手,谁也拦不住……

91. 谁是主角?

面对北约的暴力,老米毫无半点惧色,号召南联盟军民奋起抵抗,保家卫国!而北约诸国呢,在玩暴力的同时又玩起了忽悠,说塞族士兵在科索沃又屠杀老百姓了,不过却没有啥确凿证据。

战争爆发后,克林顿的表现甚为低调,按说这位"风流丑闻帝"是个很喜欢上电视出风头的人，但开战后有一段时间，他却没影儿了。

克林顿宣布轰炸后，就如隐遁了一般。总统顾问们找到他时，发现他竟然惬意地叼着雪茄在郊外玩高尔夫球，顾问们请总统赶紧回去工作，克哥坚决不从，他说："俺累坏了，得清醒一下脑子。"

这段日子里在媒体上亮相最多的美国高官就是奥尔布赖特，这位彪悍大妈要么顶着牛仔帽，要么穿着飞行服，一会儿说"炸得好哇"，一会儿说"老米赶紧投降吧"，反正一天到晚都是一副杀气腾腾的生猛女战士的状态，于是人们干脆把这场空袭称为"玛德琳（奥卿的名字）的战争"。

身为前线总指挥的克拉克更亢奋，在指挥部队玩儿命轰炸的同时，他不断要求扩大打击目标，说轰炸的地方越多越好，还强烈主张派出地面部队也来参战，因为他不认为只凭炸就能把老米给炸服了。

克将军的强硬态度得到一位北约成员国 BOSS 的强烈支持，有意思的是，此人还不是美国的领导，而是比克林顿小七岁的英国首相布莱尔。

托尼·布莱尔生于 1953 年，金牛座，出身律师家庭，毕业于牛津大学，年轻英俊，活蹦乱跳，思维敏捷，口才绝妙，手腕儿强硬，办事拉风，江湖人送绰号"工党神童"。

和他的政治哥们儿克林顿一样，布莱尔也是个狂热的音乐控，擅长弹吉他，上学时曾加入过摇滚乐队，成为一代潮男酷哥。但他并未把音乐作为他的职业。

自从 1997 年上台成为英国近 200 年来最年轻的首相后，潮男布莱尔对外政策的最大特点就是——"美国打谁，我就打谁"，而且在开打时表现得比美国总统还狠还猛还投入。

1998 年克林顿发动"沙漠之狐"行动殴打萨达姆时，布莱尔就跟着张牙舞爪积极参与，恨得老萨咬碎钢牙。科索沃危机爆发后，布莱尔又强烈主张武力收拾老米，在老米的心目中，布莱尔的浑蛋程度不比克林顿低。

北约空袭南联盟后，这位潮男首相的表现比他的亲密盟友克林顿还要活跃，他经常和克拉克将军凑到一起绞尽脑汁琢磨怎么才能制服老米，对克拉克出动地面部队的建议更是举双手赞成，搞得这克拉克好像不是美国将军而是英国将军似的。

有人说,在这场战争中,主角本来该是克林顿总统,可是布莱尔首相明显抢戏了。

顺便说一下,数年后,克林顿下台,小布什上台,布莱尔依旧稳坐唐宁街 10 号,继续坚持"美国打谁,我就打谁"的优良传统不变,积极配合小布什收拾萨达姆和本·拉登,即伊拉克战争和阿富汗反恐战争,直到 2007 年 6 月背着吉他离开首相宝座。从此,这位"工党神童"又得了一个比较难听的绰号——"美国总统的哈巴狗"。

除了生猛的奥卿、疯狂的克将军和狠辣的布首相外,还有一位西班牙络腮胡子眼镜男在这些日子里表现非常活跃,此人还是一位物理学博士呢——像这种不好好搞科学研究老使劲打仗的物理学博士实在罕见吧?

这位博士就是时任北约秘书长的索拉纳先生(打完科索沃战争后,他改任欧盟理事会秘书长)。

哈维尔·索拉纳先生是一个奇异人物,他 1942 年生于西班牙首都马德里,巨蟹座。60 年代在美国深造,获得物理学博士学位,回国后任大学教授搞物理研究。搞着搞着突然逆转,变成政治家了,还当上了西班牙的文化大臣、外交大臣等。

老索年轻时强烈反对北约,甚至还有段时间对共产主义表示同情,但从政多年后却积极参与北约的活动,并于 1995 年被任命为北约秘书长,个中缘由用他自己的话来说,就是——"我个人从未改变,是这个世界变了"——这是他 2004 年 3 月接受 CCTV 记者采访时的原话。

索拉纳积极参与了科索沃战争的全过程,他认为要让前南地区的人民过上好日子,就必须狠揍米洛舍维奇这个"邪恶魔头",发动战争是"为了阻止一场灾难"。空袭南联盟的命令就是他亲自签署的,没他的命令,克拉克也不会炸的那么欢。这位物理学博士用自己的行动完成了从科学牛人到暴力高手的转型。

别看这些牛人的表现都比克林顿活跃,但关键时刻,克林顿作为美国一把手在战争中还是起到了至关重要的作用。当布莱尔首相跑到华盛顿磨破嘴皮子劝说他出动地面部队时,他死活也不表态,最多也就来一句"不排除任何选择的可能性"这样模棱两可的话。

克林顿多聪明啊,他可不想让越南战争的噩梦在南联盟重演,军事专家对他说了,占领科索沃需要 7 万多兵力,控制南联盟更是最少要 20 万。美国和北约,不是玩不起,而是不敢玩,如果真玩了,很有可能就是伤不起了。

布莱尔对这位亲密盟友大失所望,前线的克拉克更是对他的领导极端不爽。从这事儿咱能看出,克林顿对军事还是挺谨慎的,并不是个脑袋发热的战争贩子。

92. 打出来个"零伤亡"

在克林顿的坚持下,北约始终没有出动地面部队,但仅仅是炸,就已经把南联盟蹂躏得遍体鳞伤、惨不忍睹了。

炸老米时,北约大玩"e 战",首次使用了电磁脉冲炸弹,这玩意儿只要炸开了花,就能把内部的化学能量变成电磁能,让周边所有的电子设备中的敏感电子器件全部致残!

还有些曾在海湾战争被老布什拿来对付萨达姆的牛 B 武器,这回再次闪亮登场,被克林顿拿来对付老米。比如貌似外星昆虫的"阿帕奇"武装直升机和大蝙蝠一样的 F-117 隐形轰炸机,漫天乱飞,逞凶肆虐。

战争中的头号明星武器要算是首次参加暴力行动的 B-2 隐形轰炸机。

这种战机贵得要死,每架 22 亿美元,是世界上最费钱的武器之一。它在敌人的雷达屏幕上看就跟小麻雀似的,一旦发飙,功力骇人,它投下的精确制导智能炸弹,比海湾战争时对付萨达姆的炸弹威力大得多。

B-2 隐形轰炸机在这次炸老米的行动中,仅占全部战机出动架次的百分之三,却击中了南联盟百分之三十三的目标!这好比武功一般的人,出 100 拳能打死 10 个敌手,而武林高手呢,只打 3 拳,就能要了 30 个人的命!然而,就是这个武林高手一般的明星武器,在这场战争中残害了无辜的中国人……

这些盖了帽的杀人利器都归克拉克将军操控,他说怎么炸,就怎么炸。

老米和南联盟军民脑袋顶上飞的到处都是这些恐怖杀手,他们的日子能好过吗?!

1999年3月24日—26日,是空袭的第一阶段,克拉克主要炸的是南联盟的防空设施。3月27日,物理学高手、北约秘书长索拉纳宣布升级,开始第二阶段,克拉克欣喜若狂,开始炸南联盟的地面部队。不料刚开炸,美军的宝贝蛋F-117就被打掉了一架。克林顿吓了一跳,那么牛的武器怎么会被老米的破烂军队打掉呢? 真是的! 克哥愤怒了,开始激情讲话,说坚决支持索拉纳扩大轰炸!

老米放眼四周,只见一片稀烂。老米悲愤至极,大喝一声,继续绷着娃娃脸保家卫国,抗战到底!

竟然还不服?! 那就别怪我们升级暴力程度了! 克林顿再次发飙,于4月13日宣布空袭进入第三阶段,下令出动更多的战机!

南联盟的公路、铁路、机场、电站基本上都被毁得差不多了,政府大楼、司令部大楼和电视大楼也被击中,南联盟首都贝尔格莱德到处都是残垣断壁。

都说美国的武器是精准的、是智能的,但不知是高科技也靠不住的原因,还是BOSS们的阴谋所为,北约武器轰炸的时候经常不长眼,南联盟被炸的不仅仅是老米的行政机关和军事设施,还有很多特无辜的地方。

村庄被炸了,学校被炸了,医院被炸了,公交车被炸了,火车被炸了,难民营被炸了,监狱被炸了……您说这些被炸死炸伤的村民、学生、乘客、病人、囚犯(就算犯了再大的罪过也不至于被活活炸碎了吧)都招谁惹谁了? 真是没处说理了。

最令人无法容忍的是,5月8日,中国驻南联盟大使馆也遭到北约导弹袭击(这就是22亿美元一架的明星武器B-2隐形轰炸机干的),导致三名中国记者遇难! 这激起了中国人民的极大愤慨,就连美国的历史学家都认为这次事件是"臭名昭著"的! 想必经历过此事的同胞们对此都记忆深刻,感触颇深吧。

对于"误炸"中国大使馆一事,克林顿、索拉纳这帮BOSS的解释是:

纯属意外啊！我们失误了！我们深感遗憾！我们道歉！

克林顿、布莱尔、索拉纳、克拉克等人在南联盟火热主演暴力大片的时候，地球上的另一个国际大腕儿也忙得够呛，只不过他不是忙打仗，而是忙劝架。此人就是俄罗斯总统叶利钦。这位最爱暴饮暴食、经常醉得五迷三道的肥胖 BOSS 从一开始就不主张克林顿去炸老米，老米挨炸后又强烈反对北约暴行，并派出特使切尔诺梅尔金（曾任俄罗斯总理）飞来飞去，到处呼喊，努力调停。

还有一位小学老师出身的首脑也积极投入劝架活动，他就是芬兰总统阿赫蒂萨里，这人最大爱好就是哪有暴力往哪跑，无论南联盟、伊拉克、印尼，还是北爱尔兰，甚至非洲，都曾活跃着他劝架的身影。2008 年诺贝尔和平奖得主就是此君。

在劝架高手们三寸不烂之舌的晃动下，在打架高手们无数恐怖导弹的摧残下，老米经过一番激烈的思想斗争后，终于挺不住了，他选择了妥协——同意从科索沃撤军，并答应听联合国的话，把科索沃交给联合国和北约管着。

6 月 9 日，南联盟在撤军协议上签了字，北约也说话算数，6 月 20 日，索拉纳正式宣布停止轰炸，瞎折腾的人们都消停了，而被折腾死的人们永远醒不来了……

这场历时 78 天的 20 世纪最后一场战争终于结束了，战争中南联盟军队挂掉 5000 多人，平民伤亡 1 万多人，而美国及北约则整出来一个"零伤亡"，这就是高科技玩成功的结果。

战争的主角之一米洛舍维奇在战后彻底悲剧。2000 年 10 月，这位西方人眼中的"新版希特勒"被反对派踹下了总统宝座，接着又被海牙国际战争罪行法庭宣布为战犯，说他在波黑内战和科索沃战争中犯下了 66 项罪行。2001 年老米被捕，2006 年 3 月 11 日，这位娃娃脸牛人在监狱中突然病逝，享年 66 岁。数万塞尔维亚粉丝为他送葬。两年后，他拼了老命誓死维护的科索沃宣告独立。

极具讽刺味道的是，另一位被西方人认为是"正面形象"的战争主角在战后竟然也小悲剧了一下，他就是炸人炸得特欢的北约盟军司令克拉克将军。这位"e 战高手"虽然打赢了战争,但由于他和华盛顿的头头们搞不好关系,顺便还可以充作"北约暴行"的替罪羊,结果被来了个"鸟尽弓藏",勒令于 2000 年 5 月提前下课。此事被评论家誉为"狠狠抽了克拉克一记世界级的大耳光"!法国媒体还说:"美国人对待克拉克就像甩掉一个廉价商品。"

克拉克将军的经历告诉我们,哪怕你的工作做得再好再出色,但和领导搞不好关系,照样被炒。

作为战争头号主角的克林顿最是春风得意,只凭借空袭就打服敌人的壮举让他在西方威望大增,性丑闻也没让他倒台,国内经济形势一片大好使美国人民继续支持他。

在克林顿担任总统的最后几个月里,民众对他的支持率高达百分之六十五,他满脸堆笑,到处旅行,频繁亮相,幸福得一塌糊涂。

2001 年 1 月,克林顿 8 年总统任期结束,带着老婆和女儿离开了白宫。美国的 BOSS 换成了整天闹笑话的小布什。8 年后,克林顿那位伟大的老婆希拉里成为新上任的奥巴马总统的国务卿,再次展现了一代魅力牛女的风采。

领导美国人民幸福跨入 21 世纪门槛的克林顿聪明绝顶,才华横溢,魄力非凡,手腕儿灵活,被誉为美国现代史上最有才的总统之一,虽说一辈子色情有瘾,丑闻不断,但总是人气极旺。

在克林顿当政时,美国无论经济还是科技都飞速发展,领先全球。

作为凶狠干仗的 BOSS,克林顿主打的好几场军事行动尤其是科索沃战争,声称都是为了所谓的"和平、自由、民主",但结果都给平民带来了巨大伤亡,很多人眼中所看到的更多的似乎并不是美国为了到处行侠仗义才使用暴力,而是仗着自己有钱有势兵强马壮满世界耀武扬威,谁敢不服就收拾谁,一切都按照美国的标准和利益来衡量。当然,也有支持者力挺克林顿的战争,觉得他确实为维护世界和平、打击"独裁暴政"做出了巨大贡献。作为一个对战争并不太感冒的政治家,克林顿的暴力行动都是深思熟虑之后决定的,而且打的时候都非常小心。

在科索沃战争中,克林顿的表现和手段虽然强硬,但比起盟友和下属们，还是比较冷静和谨慎的——稳扎稳打，有节有度，既放权让下属们去大干，又握权限制他们胡来，并在关键时刻收手。关于克林顿只空袭而没有派出地面部队这事儿，西方人评价不一，有的说他只用空袭就轻松赢得了战争，从而避免了自身遭受伤亡的灾难；但也有的说他没有及时派出地面部队，从而使塞尔维亚军队可以继续屠杀科索沃阿族人，不能真正拯救这些受苦的人民，这是非常不明智的决策。

如今提起这位总统，也许人们最感兴趣的或印象最深的不是他的政史或干仗史，而是他的"性史"。无论什么时候，"性"总比其他东西更能勾起人们的浓厚兴趣。

"丑闻帝"克林顿导演的空袭南联盟乃 20 世纪最后一场战争，随着克林顿的眉开眼笑和米洛舍维奇的泪眼婆娑，20 世纪的历史也画上了句号。

一晃眼，地球人民带着对未来美好的憧憬欢蹦乱跳地走进了 21 世纪，而最大的暴力——战争，也紧跟着进入新世纪……

不是结尾的结尾

——人类跨入新世纪,BOSS 继续玩暴力

如今,新世纪已过去十几年了,在波诡云谲的国际风云中,大国 BOSS 继续怒目横眉,亮出铁拳,为了自身的利益,狠狠地殴打那些惹了自己的敌手。其实说是大国 BOSS,倒不如直接说是美国的 BOSS,因为在这些日子里,在地球上吆五喝六拳打脚踢东讨西杀马不停蹄的大国几乎只有星条旗一家。

在美、俄(苏)、英、法、德、日这六大曾经军力最猛又杀作一团的列强中,德、日两国由于二战中玩得太疯,差点被暴打致死,战后被套上诸多枷锁,只能老老实实地光赚钱,不打架。德、日两国的经济、科技领先世界,但从不直接参与战争,就算出兵海外,也只是"维和"而已。更多的时候,德、日两国扮演的角色是用之不尽的"钱包"——美国为首的西方国家去干仗,德国和日本掏钱埋单,解决军费问题,如海湾战争。

法国,自从拿破仑挂了之后,就再没出现过太牛的干仗猛人。20 世纪的法国一战中表现一般,二战中表现很烂,战后在干仗方面也没啥露脸的壮举,还曾被越南人揍得损兵折将。当今,这个浪漫的国家是联合国安理会、欧盟和北约的重量级角色,拥有核武器和精锐部队,只不过难以单独在世界上发挥太大作用,出兵搞暴力也只是调停、维和与解决一些小冲突。

不过 2011 年 3 月爆发的利比亚战争,法国倒是表现得甚为生猛和积极,法国总统萨科齐先生仿佛拿破仑再世,无论是个头、脾气、情史还是干仗时的狠劲儿,萨科齐似乎都在"抄袭"拿破仑。

英国,自从脑袋顶上的日不落帝国光环熄灭了之后,就一直和美国保持着特殊的亲密关系。在打仗这一领域,除了劳合·乔治、丘吉尔和撒切

尔夫人这三位铁腕儿 BOSS 比较有个性外，其他的英国 BOSS 基本上是"美国打谁，我就打谁"。

从 20 世纪 90 年代的海湾战争、科索沃战争，到 21 世纪初的阿富汗战争、伊拉克战争和利比亚战争，都活跃着女王陛下的战士们的威武英姿，积极扮演着第一配角。如今的英国国防开支在地球上排名第二，海军实力也是地球第二。瘦死的骆驼比马大，米字旗手里的打架家伙依旧是世界上最强大的军事力量之一。

俄罗斯是个悲剧，苏联时代打个哈欠地球也能抖三抖的超级巨人的感觉一去不复返了，不但经济不给劲，还总被美国挤对，日子着实不好过。如今的俄罗斯虽然拥有地球上最大的核武库（大约 16000 枚核弹头），看起来也挺吓人，但其军事力量总体来说还是继承了苏联的东西，虽然雄壮威武，但多少有些过时。

苏联解体后，俄罗斯对外暴力的行动主要是两次车臣战争（1994—1996 年，1999—2009 年），算是家门口打架，自己解决自己的问题，对地球上其他地区影响不大。也不知壮志凌云的柔道高手普京能否重振北极熊的昔日雄风。

德、日、英、法、俄（苏），在某种程度上都算衰了，当今地球上，唯独美国猛劲不减，傲视群雄。它的经济总量占全世界百分之二十，国防开支占全世界百分之四十，在地球上拥有 700 多个军事基地，俨然地球霸主。

为了扩大利益和影响，美国对其他国家软硬兼施，软的是要么慷慨地掏美元帮你发家致富，要么用它那套足以迷死无数人的文化，比如好莱坞电影、迪士尼、美剧、流行乐，以及各种风靡全球的美国品牌猛赚你的钱，同时还给你洗脑。硬的就是依仗着全球最强军事力量动手打人，而且每次打仗自己死的人数都远远小于被它打死的敌人。

21 世纪的头十几年，至少有四位叱咤风云的小国牛人遭到美国的凶猛殴打，一位是出身贫农的独眼猛男，一位是至少拥有 5 亿美元财产的富二代公子，一位是 10 岁就离家出走的职业杀手，一位是整天女保镖不离左右的游牧战士。

这四位牛人的大名您肯定不会陌生，他们分别是：

阿富汗塔利班掌门人——毛拉·穆罕默德·奥马尔（独眼猛男）；

阿富汗基地组织老大——本·拉登（富二代公子）；

伊拉克总统——萨达姆·侯赛因（职业杀手）；

利比亚领导人——穆阿迈尔·卡扎菲（游牧战士）。

下令动手海扁这四位小国牛人的美国 BOSS 有两位，一位是三天两头闹口误，擅长躲避飞鞋袭击的小布什；一位是狂爱篮球，很有 NBA 味道的美国第一位黑人总统奥巴马。

2001 年 9 月 11 日上午，恐怖分子用民航客机撞击纽约世贸中心和华盛顿五角大楼，当时小布什正在佛罗里达一个小学给同学们亲切地讲故事。当总统的大脑反应过来他的国家遭遇了珍珠港以来最惨重的袭击后，立即斗志昂扬，决定出兵阿富汗，投入伟大的反恐战争之中。参加此次行动的还有一贯"美国打谁我打谁"的英国，以及痛恨塔利班的阿富汗北方联盟。

小布什殴打的对象是"9·11"的幕后总策划、美国培养出来的"白眼狼"本·拉登以及罩着本·拉登的阿富汗塔利班政权。

在这场 2001 年 10 月 7 日开始，2003 年 5 月 1 日战斗暂时结束的阿富汗战争中，"独眼猛男"奥马尔领导的塔利班被打翻，奥马尔带着难兄难弟们流窜到山区继续反美。在美国的支持下，阿富汗建立了新政府。奥马尔的亲密战友本·拉登不知躲到了哪里，美军对他的追捕行动一直持续到奥巴马上台。

在阿富汗大玩反恐的同时，小布什还把枪口对准了另一个美国的敌人——伊拉克总统萨达姆，这是小布什他爹和他的前任克林顿都狠揍过的敌手。"9·11"时，萨达姆欢快地说美国是自作自受，于是小布什认定这厮和本·拉登有勾搭，同时白宫还认为伊拉克境内有大规模杀伤性武器，美国应该"路见不平，拔刀相助"，去解放受苦受难的伊拉克人民。

2003 年 3 月 20 日，随着小布什的一声"let's go"，伊拉克战争（也称"第三次海湾战争"）打响。在这场持续六周的战争中，美军再显神威，英军依旧配合，迅速攻占伊拉克首都巴格达，踹翻了萨达姆政权。战略上和经济上都能带来极大好处的伊拉克终于被美国扳倒了。同年 12 月，萨达姆在家乡提克里特被美军逮住,2006 年 11 月被伊拉克法庭判处绞刑,12 月 30 日被绞死。老爹和前任没能完成的壮举,在小布什的手里彻底搞定。

2009 年 1 月,白宫换了新主人,奥巴马成了掌握地球最牛权力的黑人,这位被誉为"肯尼迪第二"的魅力总统刚上台不到一年就因"促进国际外交和各国人民合作所作出的非凡努力"获得了诺贝尔和平奖,和平奖拿到手不到 5 个月,奥巴马就凶狠地玩起了暴力,于 2011 年 3 月 19 日对利比亚发射战斧导弹。这次美国殴打的对象是和萨达姆一样的独裁者,统治利比亚 42 年之久、身边整天跟着一群美女保镖大玩"制服诱惑"的卡扎菲上校。

有意思的是,在这次暴力行动中,一向低调的法国率先动手,身高一米六五却娶了世界名模当老婆的法国总统萨科齐气势汹汹,杀气腾腾,表现积极,急欲重振法兰西雄风,大有拿破仑灵魂附体的感觉。

卡扎菲这边继续顽抗着,另一位美国的敌人却壮烈挂掉。2011 年 5 月 2 日,奥巴马总统宣布本·拉登在巴基斯坦一豪宅内被美国海豹突击队打死了,美国终于解决了一个心头大患。十来天后,阿富汗情报部门又说塔利班领导人奥马尔也被打死了,但塔利班死活不承认,说老大的死纯属虚构。三个月后,在利比亚祸害了 42 年之久的卡扎菲被北约武装积极配合的反对派踹下了台。同年 10 月 20 日,这位喜欢"制服诱惑"的前独裁者在其家乡苏尔特被捕后因伤重毙命,死亡画面极其恐怖……

21 世纪,我们的地球依旧在硝烟战火中战栗,擅长恃强凌弱和组团群殴的 BOSS 依旧不停地挥动铁拳。其实很多时候 BOSS 积极干仗,并不完全取决于他们自己的思维、个性和喜好。在他们的背后,总有一些团伙,政治的、经济的和军事的,这些团伙为了自己能捞到极大的好处,会一个劲儿地教唆 BOSS 去玩暴力,倘若 BOSS 不满足他们,屁股底下的位子很可能保不住,所以必须打一架。于是乎,枪林弹雨,硝烟弥漫,血流成河,生灵涂炭!

由列强 BOSS 主导的现代史上的一切战争,归根结底,都是为了利益尤其是经济利益,说白了,都是钱闹的。那些听起来异常动人的干仗理由,诸如"解放、民主、自由、维和……"基本都是扯淡。虽然有时候这些暴力壮举也确实能够把一些祸国殃民的流氓做掉,解救了那些被流氓祸害的老百姓,但似乎一个流氓被打倒,另一个流氓更邪恶,这就是群雄逐鹿的残酷现实。

虽然我以轻松的文字来讲述过去的战争,虚拟游戏中的战争也非常刺激,但现实中的战争却是极具毁灭性的,它所吞噬的不只是士兵,还有平民乃至老弱妇孺,战争总是伴随着对财产的破坏和对平民的杀戮。当BOSS 轻松地甩出一句"干吧",也就注定了成千上万的人丧命,成千上万的家庭被摧毁。只要国家这种形式还存在,战争就不可能避免,也许只有电影《2012》中那种灾难降临地球的时候,人类的互殴才能停止吧。

战争,看似很过瘾很精彩,但真的不好玩,咱们老百姓玩不起,更伤不起。